# 天宫

# 天宮

**초판 1쇄 인쇄** 2018년 7월 10일
**초판 1쇄 발행** 2018년 7월 15일

**지은이** 도솔천(도를 거느리는 하늘)
**펴낸이** 金泰奉
**펴낸곳** 한솜미디어
**등 록** 제5-213호

**편 집** 박창서, 김수정
**마케팅** 김명준
**홍 보** 김태일

**주 소** (우 05044) 서울시 광진구 아차산로 413(구의동 243-22)
**전 화** (02)454-0492(代)
**팩 스** (02)454-0493
**이메일** hansom@hansom.co.kr
**홈페이지** www.hansomt.co.kr

ISBN 978-89-5959-493 1(03150)

*책값은 표지에 표시되어 있습니다.
*잘못 만들어진 책은 구입하신 서점에서 친절하게 바꿔드립니다.
*지은이 연락처_ 천궁(天宮) 02)3401-7400

# 天宮

도솔천 著

영혼들이 돌아 가야할 천상궁전/ 사후세계는 실제 존재하는가?/ 생령과 조상님들을 구해주는 하늘/ 천상세계는 어디에 있나?/ 죽으면 어디로 갈 것인가?/ 허공중천에서 춥고 배고파 슬피 울며 살려 달라 애걸복걸하는 조상님들을 구해드리는 것은 곧 자신과 가족들의 현생과 내생을 영원히 구하는 것!

한솜미디어

## | 책을 집필하면서 |

대우주와 천지만생만물 삼라만상과 천지인의 창조자이시고, 천상천궁(도솔천+자미천)의 하늘께서 "태상천존 자미 천황태제" 폐하란 이름으로 인간세상에 강세하시었고, 도통천존 도솔천황 폐하, 재물천존 옥황천황 폐하께서도 저자 도솔천을 통해서 만 세상에 존재를 나타내시었다.

첫째, 하늘과 조상님을 팔아 착취하고 있는 잘못된 종교를 천궁 하나로 통합하시고, 종교의 노예가 되어버린 인류를 구원하시어 종교로부터 모두를 해방시키시고, 또한 더 이상 무당, 도사, 법사, 보살, 스님, 신부, 목사 등 종교인으로 탄생하는 것을 예방하시기 위하여 강세하시었다.

**둘째, 모든 귀신, 원혼귀, 마귀, 악귀, 잡귀, 요괴와 사악한 악령들과 사탄으로부터 인류를 하늘의 신명들로 하여금 보호하게 하시고자 강세하시었다.**

**셋째, 장차 다가올 무서운 괴질과 천체 충돌, 해일, 화산폭발, 지진, 토네이도, 태풍, 폭우, 폭설, 이상난동, 이상한파 등 천지 대재앙이 일어났을 때 하늘의 백성인 천손민족들을 무수히 구원해 내시고자 강세하시었다.**

**넷째, 불확실한 미래에 대한 공포와 불안을 해소하고, 원인을 알 수 없는 모든 사건, 사고, 관재, 질병, 자살, 돌연사, 살**

**해, 사업실패, 우환, 가난, 우울증, 이혼으로 고통받는 불쌍한 하늘의 백성들을 구원해 내시고자 강세하시었다.**

**다섯째, 허공중천을 떠돌며 자손들 몸에 몰래 숨어들어와 살고 있는 원과 한이 많은 억울하게 죽은 불쌍한 조상님 영가들을 구원하시고자 강세하시었다.**

**여섯째, 인류가 오랜 세월 갈망하며 노래 부르던 꿈의 세계인 이상향의 무릉도원 세계를 지상에 실제로 펼치시기 위하여 강세하시었다.**

**일곱째, 생로병사를 초월하여 불로수명 장생하는 신선의 나라 도솔자미천 천궁을 세우시고자 강세하시었다.**

우리 인간들 모두가 근심걱정 없이 하루빨리 잘살기를 원하며 바라고 있듯이, 사후세계에 계신 각자의 모든 조상님들도 자손들처럼 근심걱정 없이 행복해지고자 천상궁전으로 입천되시고 싶어 자손들이 찾아주기를 어제도 오늘도 지금 이 순간도 손꼽아 기다리고들 있다.

살아서의 삶은 무엇을 의미하고? 죽음 이후의 삶은 무엇을 의미하는 것일까? 우리 모두는 죽음 이후에 어디로 가야 하는 것인가? 또한 이미 가신 분들은 도대체 어디에 가 계신 것이며 무엇을 하고 계신 것일까?

우리의 의지와 상관없이, 우리 산 사람 모두가 언젠가는 가야 할 사후세계가 분명하건만, 아무것도 모른 채 사후세계로 돌아들 갈 것인가? 또한 그 길이 어느 길인지도 모른 채 넋 놓고 있다가 갈 것인가?

인생은 길어야 80세에서 100세이지만 죽음 이후의 세상은 장구하고도 장구한 세월이다. 그 장구한 세월에 대하여 아무런 대책들도 없으니 실로 답답한 일들이다. 지금까지 수많은 사람들이 이 땅을 다녀갔지만 이 진실 자체를 아는 사람들이 없었다. 진실 자체를 아는 사람들이 없다 보니 밝힐 수도 없었고 가르쳐주는 이도 없었다.

하지만 나는 많은 고통의 시간을 통하여 어느 누구도 몰랐던 하늘의 진실, 조상세계의 진실을 알게 되었다. 하늘의 진실, 조상세계의 진실을 알게 됨으로써 그들 모두가 원하고 바라는 뜻도 알게 되었고 그 해법도 알게 되었다.

그들 모두의 해법을 알게 되면서 우리 인간이 신과 조상님으로부터 자유로워져 우리 사람들도 인간사를 사는 동안 근심걱정 없이 잘살 수 있는 방법도 알게 되었고, 사후세계에서도 행복해질 수 있는 방법을 알게 되어 이들 모두의 뜻을 책으로 집필하여 전하고 있다.

왜? 사람으로 태어났는가? 희로애락 그 속에 담겨진 숨은 뜻은 무엇인가? 나는 누구인가? 현재의 생은 무엇을 의미하고, 보이지도 들리지도 않는 다음 생은 무엇을 의미하는 것일까? 이 한 권의 책은 그동안 여러분 스스로가 궁금히 여겼었던 많은 부분에 대하여 해법을 제시해 줄 것이고, 명쾌한 정답을 내려줄 것이다.

생소한 용어들이 책 속에 있긴 하지만 정독을 하면 자신도 모르게 신비한 기운을 각자의 몸으로 체험하게 될 것이다. 각자의 가정과 가문의 운명까지도 바꾸어줄 세계 최고의 무릉도원 비결서이다.

지금 이 순간도 허공중천 구천세계를 방황하고 또는 자손들의 몸 안에서 구원해 주기만을 바라며 울고 있는 자신의 조상님들을 생각해 보라. 본인들 각자 인생의 불행인 사기, 배신, 고소고발, 사업실패, 금전고통, 가정의 파탄, 자손의 가출, 정신병, 우울증, 불면증, 단명은 어느 누구의 탓이 아닌, 원과 한이 쌓인 본인들 각자 조상님들의 눈물과 아픔이다.

주위 사람 원망하지 말고, 세상 원망하지 말고, 낳아주고 길러주신 육신의 조상님들을 구원 못한 각자의 탓이니, 각자의 조상들을 구원 못한 본인들 스스로를 원망하라.

옛날부터 "안 되면 조상 탓"이라고 했다.

지금까지 속고 속은 천도재나 굿, 기도가 아닌, 하늘의 신성한 입천제 의식을 통하여 조상님도 구원하고, 우리 산 사람도 구원받아야 한다. 조상님 입천제 의식은 조상영혼, 악령, 악신 등을 영원히 우리 산 사람과 구분되게 하여 산 사람은 지상에서 사람답게 살고, 조상영혼은 구천이 아닌 가장 높은 곳 천상궁전에서 살게 해주는 의식이다.

조상님 입천제 의식은 일생에 한 번으로 끝나는 것이며 영원히 사람과 조상영혼 각자의 길을 편히 가게 인도해 주는 의식으로써 인류 역사상 도솔자미천에서만 최초로 행해지는 고귀하고 신성한 하늘의 의식이다.

조상님 입천제 의식은 모든 종파, 종교에 얽매이지 않아도 된다. 영혼세계를 구원하고 인류를 구원하고자 종교의 세계가 아닌 하늘의 본 세계가 이 땅에 열리고 있다. 모든 것은 때가 되면 원래대로 돌아가게 되어 있다.

종교의 이론이 선량한 사람의 마음과 불쌍하고 억울하게 죽은 영혼들을 속여 잠시 잠깐 그들을 현혹시켜 인간의 배를 채웠을지는 모르나, 종교의 거짓된 이론으로 하늘을 능멸하고 진정한 진실을 왜곡시킬 수는 없다.

이곳 도솔자미천(도솔천+자미천) 천궁에 인간, 생령, 사령(조상), 신명이 들어온다는 것은 하늘의 시험을 통과하고 하늘께 뽑혀야만 들어올 수 있다. 기존의 종교처럼 아무나 마구 들어올 수 있는 곳이 아님을 20년의 세월 동안 뼈저리게 체험해서 알게 되었다.

여기 들어올 인간, 생령, 사령(조상), 신명들이 책을 정독하는 도중에 하늘에 뽑혀야 감동, 감탄, 감격, 감명, 공감의 기운이 강하게 느껴져 들어오게 된다.

저자 도솔천(道率天)은 '도를 거느리는 하늘 즉 도통천존, 도법천존'이란 뜻이기에, 불가에서 수천 년 동안 전해 내려오는 미륵세계 도솔천(兜率天)과는 전혀 뜻이 다름을 밝혀둔다.

– '도를 거느리는 하늘' 도솔천 著 –

| 목차 |

## 제2부 영혼들의 천상궁전



## 제3부 조상님들의 하늘

【제1부】

# 사후세계의 무서운 공포

# 天宮

## 생령과 대화 나눌 수 있는 영능력자

영(영혼)들은 두 가지 종류로 나뉘고 그 기준은 인간 육신이 살아 있느냐 죽었느냐에 따라서 분류된다. 육신이 살아 있으면 생령(生靈)이라 하고, 육신이 죽었으면 나이가 많든 적든 사령(사령) 또는 조상, 영가라고 하며, 여기서는 생령과 사령을 합쳐서 생사령(生死靈)이라 부른다.

그런데 우리네 인생의 길흉화복, 생로병사, 흥망성쇠, 성공과 출세, 수명장수는 하늘의 기운에 의해서 좌우되고 천당, 극락, 천국, 선경세상으로 올라가는 것 역시도 하늘의 기운에 의해서 좌우되기에 진짜 하늘 찾아 3만 리 여정을 마다않고 이 종교 저 종교로 다닌다.

왜냐하면 인간들의 목숨은 한 세상 왔다 가면 끝나지만 영들은 생령이든 사령이든 하늘의 기운을 받아먹지 못하면 죽은 목숨이나 마찬가지이고, 그 고통이란 것은 인간 육신들이 상상조차 못하는 명부전 지옥세계의 모진 고문과 형벌, 추위와 배고픔, 구타와 성폭행이 끊임없이 이루어진다.

그래서 이런 명부전 지옥세계의 모진 고문과 형벌, 허공중천 구천세계의 추위와 배고픔, 구타와 성폭행이 없는 꽃 피고 새 우는 이상향의 유토피아 세계로 알려진 천당, 극락, 천국, 선경세상으로 올라가 모든 근심과 걱정에서 벗어나고자 하늘 찾아 준다는 종교세계를 찾아들어간 것이다.

그래서 이 나라는 물론 전 세계적으로 종교 사업이 흥행하여 76억 3,000만 명의 인류 중에서 90%에 해당하는 69억 명이 어떤 형태든 종교세계를 다니고 있다. 종교의 이론은 그럴듯하나 지구촌에 성업 중인 5,527,000개의 종교가 영들을 창조하신 진짜 하늘을 사칭한 가짜 하늘을 믿고 있다는 충격적인 사실이 확인되었다.

수십 수백 수천 년 전에 죽은 사람의 사령들이 찾아와서 구해 달라, 살려 달라 고백한 내용인 즉 살아생전 세상에 알려진 종교숭배자들을 열심히 받들고 섬겼으나 구원받지 못해 고통스럽다고 고통스런 세계에서 구해 달라고 애걸복걸하며 눈물로 하소연하였기 때문에 알게 되었다.

국내외 유명 인사들의 생령과 사령 그리고 세상 사람들에게 수천 년 동안 존경의 대상으로 추앙받고 있는 종교의 숭배자 사령들을 불러서 장시간 대화를 나누어 보았으니 인류 최초이자 경천동지할 일이라 해야 할 것이다.

나에게는 인류 탄생 이후 이제까지 종교인들에게 한 번도 허락되지 않은 산 사람들의 생령들과 천상의 신명들을 자유자재로 부를 수 있는 신령스러운 하늘의 천지기운을 받았기에 살아 있는 자들의 생령과 죽은 자들의 사령을 자유자재로 불러서 대화를 나누고 있다.

영(생령과 사령)들의 세계는 산 자들보다 하늘을 찾으려는 열망이 엄청나게 강하다는 것을 확인할 수 있었다. 인간 육신을 가진 사람들은 하루하루 돈 많이 벌어서 잘 먹고 잘사는 것이 소원이자 꿈이고 행복이다.

그런데 영들은 진짜 하늘을 만나 천상궁전으로 오르려고 혈안이 되어 있고, 인간 육신들과 진짜 하늘을 찾으려고 이 종교 저 종교를 열심히 찾아다니고 있지만 어느 종교가 진짜인지 몰라서 갈등하고 있다.

인류의 90%가 믿고 있는 종교세계는 하늘의 기운이 내리지 않기 때문에 구원 자체가 안 된다는 사실을 알아야 한다. 왜냐하면 천상에는 종교 자체가 없고, 하늘의 뜻이 아니기 때문이다. 그것은 하늘의 역천자들이 이 땅에 종교를 세워 영들에게 천상으로 돌아가지 못하게 막기 위함이었다는 충격적인 진실이 사상 처음으로 밝혀졌다.

이 땅에 종교를 세우게 한 것은 천상에서 반대파가 지구로 도망쳐 나와 영들의 고향으로 돌아가지 못하게 종교세계 감옥에 가두어 넣기 위함이었다. 종교 교리와 이론에 세뇌당하면 눈 막고, 귀를 막아 하늘이 내리시는 모든 진실을 부정하기에 이곳 도솔자미천 천궁으로 들어오기가 하늘의 별 따기 만큼이나 어렵다.

최근 수많은 생령과 사령들을 불러 상세하게 대화를 나눈 82명 인물들 명단인데 사연도 가지각각이고, 사후세계는 사람들이 생각하는 것 그 이상으로 엄청 공포스럽고 고통스러운 세상이라는 것을 알아내었다. 그래서 생사령들이 무서움과 고통 없는 천궁으로 오르려고 혈안이 되어 있다.

**대통령급 생령들**

문재인 현 대통령, 김정숙 영부인, 이명박 전 대통령, 박근혜 전 대통령, 김정은 국무위원장, 노동당 제1 부부장 김여정, 김정은 형 김정철

**대통령급 사령들**

이승만 전 대통령, 박정희 전 대통령, 육영수 여사, 최규하 전 대통령, 김영삼 전 대통령, 김대중 전 대통령, 노무현 전 대통령, 김일성 주석, 김정일 국방위원장, 김정은 모친 고영희

**세계 국가원수 생령들**

시진핑 중국 주석, 도널드 트럼프 미국 대통령, 푸틴 러시아 대통령, 아베신조 일본 총리, 마하 와찌랑롱꼰 태국 국왕

**역대 제왕 사령들**

고구려 광개토대왕 담덕, 선덕여왕 김덕만, 태조 왕건, 태조 이성계, 태종 이방원, 세종대왕 이도,

**세계 제왕급 사령들**

칭키즈칸, 푸미폰 아둔야뎃 전 태국 국왕, 후세인 요르단 국왕, 프랑스 루이 16세 왕비 마리 앙투아네트, 이집트 클레오파트라 7세 프톨레마이오스

**국내 재벌급 생령들**

홍라희 여사, 이건희 회장, 이재용부 회장, 신격호 회장과

부인 서미경 여사, 현대중공업 부사장 정기선, 현대자동차 부회장 정의선, 현대 비에스앤씨 사장 정대선

**국내 재벌 사령들**

재벌총수 이병철 회장과 박두을 여사, 정주영 회장과 변중석 여사, 구인회 회장과 허을수 여사, 홍진기 회장과 김윤남 여사

**세계 재벌 생령들**

빌 게이츠, 마크 저커버그, 카를로스 슬림, 워런 버핏, 일본 재벌 손정의(일본 이름 손 마사요시), 미국 애플 현 대표 팀 쿡

**고승 및 도승급 대사 사령들**

원효대사, 도선국사, 무학대사, 사명대사, 진묵대사

**역대 장군 사령들**

이순신 장군, 김유신 장군, 계백 장군

**국내 유명인사 사령들**

신사임당, 신라 진흥왕 때 실권자 미실, 최진실, 최진영, 조성민, 박지성 모친 장명자, 김주혁, 장진영

**세계 유명인사 사령들**

마릴린 먼로, 에디슨, 나이팅게일, 스티브 잡스, 마이클 잭슨

**종교적 숭배자 사령들**

석가, 예수, 마리아, 여호와, 공자, 구천상제 증산 강일순, 옥황상제 조철제, 인존상제 박한경

육신이 죽은 이들 사령들의 공통점은 생전의 높은 권력을 누리던 지위고하를 막론하고 하나같이 모두가 옷을 빼앗겨 발가벗은 상태로 추위에 떨고 있었다. 하늘의 기운을 받아먹지 못해서 배고픔으로 고통받고 있었고, 구타와 성폭행으로 참혹한 사후세계를 살아가고 있었다.

산 자들의 눈에는 보이지 않는 사후세계 비참함! 생전에 종교를 열심히 믿었던 사람들은 죽어서 구원받을 줄 알았는데 하나도 구원이 안 되었다. 구원이 되었는지 독자 여러분의 사랑하던 가족들 중 돌아가신 부모, 형제, 배우자, 자녀의 사령들을 불러 줄 테니 직접 만나보면 금방 확인할 수 있다.

말이나 글은 속일 수 있지만 하늘이 내리시는 기운은 속일 수가 없고, 가족들의 사령과 만나면 자신의 핏줄인지 아닌지 본인들 스스로 온몸의 기운으로 느껴지기 때문에 거짓말을 할 수 없고 맞으면 대성통곡하거나 온몸으로 전율을 느끼게 된다.

생사령과의 만남을 통해서 인생사에 얽히고설킨 문제들을 풀어야 하고, 하늘의 기운을 받고 살아야 행복한 세상이 열린다. 인간 육신은 살아생전에 천(하늘, 신), 지(사령, 조상), 인(생령, 육신)을 풀어서 하늘이 내린 명을 완수하기 위해서 만물의 영장인 사람으로 태어난 것이다.

귀신이 되면 아무것도 행할 수 없기에 사람으로 있을 때 하늘이 내리신 숙제를 풀고서 마음 편히 세상을 떠나야 한다.

## 사람이 죽으면 영혼은 어디로 가나?

세상 그 어떤 사람들도 피할 수 없는 숙명적인 죽음 앞에 누구나 숙연해지고 자연의 섭리 앞에 고개를 숙이지 않을 수 없는 것이 인간들의 정해진 운명이다. 사람이 죽으면 눈에 보이는 시신은 화장하거나 매장하는 것이 고유 풍습이다.

장례식은 번잡한 것 같지만 영혼들에 비해서 의외로 아주 단순하다. 육신은 죽음으로써 이 세상의 모든 것이 끝났기 때문에 사람들의 머릿속에 추억으로만 남는데 그것도 세월이 많이 흐르면 자연적으로 잊혀 진다.

너무나 사랑했던 가족들을 잃은 슬픔은 가슴에 원과 한으로 남아있을 테지만 세월 따라 기억 속에서 희미하게 망각의 세월 속으로 빠져든다. 육신이 죽으면 문제가 되는 것은 생령이었던 존재가 사령이 되는데 통상 혼령 또는 조상이라고 한다.

육신을 잃어버린 혼령들이 사후세계에서 어떻게 지내고 있는지가 사람들에게는 가장 큰 궁금증이다. 사후세계를 믿는 사람들도 있지만 죽으면 그만이지 무슨 사후세계가 있느냐고 부정하는 사람들도 많이 있다.

천당과 지옥도 존재하지 않는다고 완전 부정적인 사람들을 주위에서 흔히 볼 수 있다. 그런데 사후세계도 존재하고 천상세계도 존재하고 영혼세계도 존재하며 신명세계도 존재하고 있음이 낱낱이 밝혀지고 있다.

사람이 죽으면 어떻게 되고, 혼령은 어디로 가는 것일까 모두가 궁금할 것이다. 살아생전 종교세계 열심히 믿었으니 좋은 세계로 올라가서 편히 잘 지내고 있을 거라고 생각하고 있는 사람들이 거의 전부이다.

사후세계를 가장 많이 알고 싶은 것이 살아있는 인간 육신들이다. 그런데 각자들의 영들마다 영적 수준이 천차만별이기 때문에 육신의 죽음을 맞이한 뒤 각양각색의 모습들을 보여주고 있다. 죽음을 곧바로 인정하기가 어려워 괴로워하며 대성통곡하며 울부짖는데 이때부터 가정에 풍파가 몰려온다.

죽음을 도저히 인정 못해서 울고불고 난리치며 발버둥치는 영가들이 대부분이고, 자신의 육신이 화장터에서 불에 타거나 땅속에 매장되는 것을 지켜보고 상복을 입은 수많은 사람들이 모여서 향불을 피우고 술을 따르며 절하는 광경을 바라보며 진짜 죽음을 조금씩 인정한다.

그러면서도 뒤돌아서서는 '나 안 죽었다'고 고래고래 소리지르며 가족들을 붙잡고 말을 걸어보지만 가족들이 들은 척도 하지 않고 딴청을 피우자 이게 꿈인가 생시인가 하면서 꼬집어보고 나서야 땅을 치며 대성통곡하고 울부짖는다.

죽음이 믿어지지 않아 자기 육신이 안치된 묘지, 납골에 머물러 있지 않고, 장례식을 끝내고 돌아가는 가족들의 몸으로 따라서 집으로 함께 들어온다. 가족들에게 말을 걸어도 아무런 대꾸도 안하자 자신이 정말 죽은 것임을 알고 체념하며 가족들의 몸을 옮겨 다니며 동고동락한다.

이때부터 가정에 알 수 없는 괴이한 변고가 일어나기 시작해서 가족들이 어느 날 갑자기 질병에 걸리고 우울증, 불면증, 조울증으로 병원을 찾기 시작한다. 그리고 가게든 기업이든 이상하게 말도 안 되는 사건사고, 화재가 발생하여 걷잡을 수 없이 몰락의 길로 접어들게 된다.

육신이 살아 있을 때는 사랑하던 가족들이었는데 죽어서 귀신이 되고 보니 신분이 180도 바뀌어 처량 맞고 비참한 신세로 전락한다. 이때부터 추위와 배고픔에 시달리며 눈물 흘리고 무척 고통스러워하지만 해결방법이 없다.

죽은 영혼들의 고통이 얼마나 고통스러운지 살아 있는 자들이 뼈저리게 실감하지 못해서 조상님들의 아픔과 슬픔에 대해서 강 건너 불구경하듯 바라만 보고 있는데 내가 조상들을 불러서 많은 대화를 나누며 체험한 내용의 일부이다.

첫째는 돌아가신 여러분의 조상님들은 옷을 하나도 입고 있지 않다는 점이다. 일단 장례식 때 입고 간 안동포 수의 옷마저 빼앗겨서 발가벗고 다닌다는 아주 특이한 점을 발견하였다. 왜 옷이 없느냐고 물었더니 힘센 귀신들에게 빼앗겼기 때문이라고 말하며 여자 조상들은 가슴(유방)과 밑(음부)이라도 가리고 다니게 천 쪼가리라도 있으면 달라고 아우성이었다.

한겨울 북풍한설 휘몰아치는 엄동설한에 옷을 입지 않고 발가벗은 채로 밖에 서 있는 것과 같은 입장이 사후세계에 있는 독자 여러분의 모든 조상님들 모습인데 죽어보지 않은 사람들은 상상조차 못할 참혹한 모습이다.

사후세계에서 너무나 고통스러워하며 피눈물을 흘리고 살려달라 울부짖고 있는 자신의 조상님들이 천당, 극락, 천국, 선경이라는 좋은 세계에 올라가서 편히 계실 것이라고 종교사상에 세뇌되어 있는 것이 현재 여러분 독자들이다.

여자 조상들은 사후세계에서 성폭행으로 엄청나게 고통스러워하고 있음이 처음으로 나에 의해서 밝혀졌다. 옷이 없어 발가벗고 다니기 때문에 남자 조상들로부터 끝도 없이 성추행과 성폭행을 당하며 고통스럽게 지내고 있다.

육신이 없는데 무슨 성폭행이냐고 물어볼 독자들이 무척 많을 것인데 영혼들도 살아생전의 형상 모습을 그대로 하고 있기에 실제로 성폭행이 이루어지고 있다. 또한 오르가즘의 쾌락도 산 자들과 똑같이 느낀다.

1:1 성폭행이 대부분이지만 종종 집단 성폭행(윤간)당하는 사례도 적지 않다. 언론방송에 유명인들이 성추행과 성폭행으로 고통스러워하며 고소고발하고 있는데 이 모습이 바로 각자의 조상들이 사후세계에서 그렇게 성폭행당한 모습을 자손과 후손들에게 그대로 보여주고 있는 것이었다.

성추행과 성폭행 가해자와 피해자의 양쪽 조상들이 사후세계에서 똑같이 그렇게 당했다는 모습을 현실로 생생히 보여주고 있었다는 경천동지할 진실을 알아내었다. 영적 세계에서 이루어진 것이 현실세계 그대로 이루어지고 있었다. 여자 조상들은 저항할 힘이 없기 때문에 그대로 성폭행을 당하고, 반항하면 인정사정없이 두들겨 맞기에 거부할 수 없다.

그리고 남녀 조상들 모두 구타당하는 것이 일상적이라서 피해 다니기 바쁘다. 사후세계는 무법천지이기에 살아생전의 권력이나 돈, 명예가 전혀 소용없고 오직 힘센 조폭귀신들만이 판치며 지배통치하는 세상이다.

사랑하는 여러분의 조상님들이 조폭귀신들의 종살이, 노예살이를 하고 있다고 보면 된다. 살아생전에 권력자와 재벌조상, 유명인사의 조상들은 조폭귀신들의 좋은 먹잇감이기에 다른 조상들보다 몇 십배로 구타와 성폭행의 고통을 무수히 당한다. 살아생전에 떵떵거리고 부귀영화 누리며 안하무인으로 잘났다고 거들먹거린데 대한 조폭귀신들의 앙갚음이다.

사후세계는 현실세상과 정반대의 세상이 열린 곳이라고 보면 틀림없다. 살아생전에 높은 권력자와 재벌, 명예를 누리며 잘 먹고 잘살았던 부귀영화 누린 자들은 반대로 추위와 배고픔, 구타, 성폭행으로 참혹하게 보낸다는 진실을 이 세상 사람들 아무도 몰라보고 있다.

두 번째는 배고픔이다.

죽어서 육신이 없는데 무슨 배고픔이냐고 반문할 독자들이 거의 전부일 것이다. 사람이 죽으면 먹는 것만 찾아다니는 축생과 다를 바 없다. 육신의 형체를 갖고 있고, 살아생전 매일 같이 먹었던 습성이 몸에 배어있기 때문이다.

그렇기 때문에 육신이 죽었지만 먹을 것을 찾아서 떠돌아다닌다. 천지만생만물은 먹어야 기운으로 생존할 수 있기 때문에 항상 먹는 것이 본능적이다. 남의 제삿날에 밥 얻어먹으러 다니는 조상들이 무척 많지만 힘센 조폭 조상귀신들이 모두 먹어치우기에 제사를 받는 당사자 조상들도 제사음식을 하나도 먹지 못한다는 엄청나게 충격적인 진실이 밝혀졌다.

그래서 조상들은 늘 춥고 배고파하며 구원자이신 영혼의 부모님 하늘께서 어떤 종교, 어느 종교인의 몸으로 내려오시는지 수천수만 년의 세월을 참으며 애타게 기다려 오고 있었는데 마침내 그날이 눈앞에 왔다.

그런데 인간 육신들은 자신들의 인간세상사 욕심 채우기에만 급급하다. 일이 막혔다는 둥, 돈이 없다는 둥, 몸이 아프다는 둥, 사건 사고로 골치가 아프다는 둥, 투자손실이 엄청 크다는 둥, 부인과 매일 부부싸움 한다는 둥,

자식이 속을 썩인다는 둥, 남편이 바람을 피운다는 둥, 부인이 바람을 피운다는 둥, 취직이 안 된다는 둥, 선거에서 떨어졌다는 둥, 시험성적이 나쁘다는 둥, 남편이 술주정, 도박, 마약에 빠졌다는 둥,

주식, 선물옵션으로 돈을 많이 잃었다는 둥, 불면증, 우울증, 조울증으로 고생한다는 둥 온통 인간세상사 이야기뿐이지

자신의 돌아가신 부모 조상, 배우자, 자식, 형제들이 사후세계에서 어떻게 지내고 계신지 안부를 묻는 것은 아예 생각조차 안 하고 사는 것이 요즘 사람들의 공통된 모습들이다.

죽은 자들만 안 되었는데 독자 여러분들 또한 마찬가지로 먼저 돌아가신 조상님들처럼 고통스런 사후세계에서 살아갈 것인데 이것이 사후세계의 무서움이다.

살아생전 종교를 열심히 다녀 죽으면 천당, 극락, 천국, 선경세상으로 올라가는 줄 알았는데 종교숭배자들을 목이 터져라 소리쳐 불러보아도 아무도 찾아오지 않아 분노를 폭발하며 온갖 눈에 보이는 모든 것을 집어던지고 난동을 부린다.

살아생전 현생의 죄가 너무 크고 많아 죽는 순간 지옥세계 명부전으로 저승사자들에게 끌려가 매일같이 가혹한 고문형벌 당하는 영가들이 가장 많다. 지옥세계 명부전에서는 현생에서 지은 죄뿐만이 아니라 이 땅에 태어나기 전 전생의 천상에서 지었던 죄까지 심판을 한다.

죄목들 중에서 큰 죄가 첫째 하늘을 사칭하고 능멸한 역천자의 죄인데 창시자, 교주, 종교지도자들이 모두 여기에 포함된다. 그 다음 둘째가 종교인들의 말을 믿고 종교숭배자들과 창시자, 교주, 종교지도자들을 받들고 추앙하며 존경한 일반 신도들이고, 셋째가 인간세상에서 지은 일반적인 죄이다.

육신이 죽는 순간 즉시 추위와 배고픔의 고통을 느낀다. 죽어서 허공중천 구천세계를 추위와 배고픔으로 정처 없이 떠돌아다니며 밥 얻어먹으러 다니는 영가들과 죽어서 곧바로 짐승, 개, 돼지 닭, 소, 말, 쥐, 뱀, 곤충, 벌레, 물고기, 새로 환생하는 영가들이 많다.

가족들의 몸에 머무는 영가들, 묘지에 머무는 영가들, 집 안에 자신의 옷이나 아끼던 물건에 머무는 영가들, 자신이 살아 생전에 타고 다니던 차 안에 머무는 영가들, 구원받아 보려하는 마음으로 종교세계에 머무는 영가들, 종교인들의 몸으로 들어가서 동고동락하는 영가들, 신도들 중에 자신의 영적 차원과 맞는 사람 몸으로 들어가는 영가들, 고목에 머무는 영가들. 거대한 바위에 머무는 영가들이 있다.

일단 죽으면 죄가 많고 큰 자들은 고문의 형벌이 가해지는 지옥세계 명부전으로 끌려가고, 그 다음은 허공중천에서 추위와 배고픔에 고통스러워하며 떠돌아다니고, 그 다음은 천지만생만물로 윤회(환생)한다.

인류의 수많은 생령과 조상영가들에게 기쁨과 쾌락의 영생을 누리는 꿈의 세계, 천상낙원, 유토피아, 이상향 세계, 무릉도원 세상으로 알려진 천당, 극락, 천국, 선경세상은 그림의 떡이고, 인류가 탄생한 이래 천상궁전 도솔자미천 천궁으로 돌아간 영가들이 하나도 없다는 사실이 매우 충격적이다.

산 자의 영들이나 죽은 자의 영들이 천상궁전으로 돌아가고자 종교세계 안에 수천 년 동안 숭배자들과 종교인들에게 목숨 바쳐 충성맹세하고 헌신 봉사하며 매달려 있으나 인류가 이 땅에 태어난 이후 그 어떤 영들도 영들의 고향인 천상궁전

자미천과 도솔천 천궁으로 돌아간 영들이 없었다.

산 자의 영들은 자미천으로 올라가야 하고, 죽은 자의 영들은 도솔천으로 올라가야하기에 이곳을 도솔자미천 천궁이라고 한다.

육신이 산 자의 영들을 구해주시는 하늘 "태상천존 자미 천황태제 폐하"께서 계시고, 육신이 죽은 영들을 받아주시는 하늘 "도통천존 도솔천황 폐하"께서 계시다는 천상세계의 진실을 지금까지 인류 그 어느 누구도 모르고 있었다.

하늘이라고 사칭하는 가짜 하나님, 하느님은 밤하늘의 수천억 개의 별들처럼 많고도 많지만, 진짜 여러분의 몸 안에 있는 생령과 조상님들의 영들을 창조하신 하늘을 만나 구원받으려면 종교세계를 박차고 이곳 천궁으로 들어오는 길뿐이다.

이곳은 종교처럼 불경, 성경, 도경의 경전이나 이론을 전파하여 세뇌시키는 곳이 아니고 라이브로 생령과 사령을 불러서 직접 대화를 나누게 해주고 천상궁전의 진실을 전해주고 있는 전 세계 유일한 곳이다.

독자들의 눈에 조상님들의 모습이 보이지 않고 귀에 들리지 않아서 자신의 조상님들은 좋은 세계에 올라가서 편히 지내시는 줄 착각하고 있는 사람들이 전부이다.

## 신왕(神王)으로 다시 탄생

자신들의 조상들을 천상궁전으로 구원해 드리고, 자신의 사후세상을 보장받아 천상궁전으로 오르는 천인합체를 행한 사람들에 한하여 천상의 신과 하나 되는 신인합체를 행할 수 있는데 이것이 인류에게 내려줄 구원과 희망의 빛과 불이란 사실을 밝혀내었다.

나를 만나 천인합체를 행하면 죽음의 공포에서 벗어난다. 천인합체란 육신이 죽었을 때 영들의 고향인 천상궁전으로 생령들이 곧바로 돌아갈 수 있는 전 세계 유일한 의식이기에 죽음이 전혀 두렵지가 않다. 영들이 천상궁전으로 갈 곳이 정해져 있기 때문에 죽음이 하나도 무섭지 않고 두렵지도 않다.

인간 육신은 어차피 죽게 되어 있고, 다만 그 시기만 미정인 상태일 뿐이다. 만생만물이 오고 감이 천지이치의 진리라면 마지막으로 종교의 굴레를 벗어나 진짜 천상으로 돌아갈 수 있는 길이 맞는다면 이곳에 찾아와야 한다.

천인합체의식을 행하여 생령들이 천상궁전으로 입궁이 예약되었다면 이제는 살아서 신이 되는 신인합체의식을 행하여 신왕(神王)이 되어보면 또 다른 세상이 열린다. 자신이 몸담고 있는 사업이나 직장에서 최고가 될 수 있는 각 분야의 신왕(神

王)과 합체를 시켜준다.

인간의 능력으로는 불가능하였던 일들과 인생길이 막혀서 고민 걱정하던 일들이 현실로 이루어지는 신비함을 체험할 수 있다. 우리네 인생길은 날씨처럼 쾌청한 날, 맑은 날, 흐린 날, 잔뜩 흐린 날, 비바람이 몰아치는 날, 눈보라 휘몰아치는 날, 우박이 쏟아지는 날, 바람 부는 날, 태풍이 부는 날, 천둥번개 벼락 치는 날, 추운 날, 더운 날, 혹한, 혹서, 폭염, 지진, 해일, 화산폭발이 반복되는 것과 같다고 보면 된다.

즉 인생사 아무런 근심걱정 없이 살아가는 사람들이 하나도 없다는 뜻이다. 배우자, 자식, 손자손녀, 형제, 친척, 직원, 상사, 사장, 동료, 친구, 애인, 거래처 등과의 여러 분쟁으로 골머리 아픈 것이 우리들의 인간세상에서 항상 겪는 일이다.

이 모든 근심걱정에서 벗어나 매일같이 태평스럽게 살 수 있다면 얼마나 좋을까마는 마음대로 안 되는 것이 세상사 일이다. 하지만 신인합체를 행하여 신왕(神王)으로 살아간다면 웬만한 장애물들은 해결할 수 있고, 불행이 발생하는 자체를 막을 수도 있는 신비의 능력이 생긴다.

### 청선과 홍선으로의 탄생

신인합체를 행할 때 직업이 없는 남자들은 남자 신선으로 살 수 있는 청선과 신인합체를 행하고, 직업이 없는 여자들은 여자 신선으로 살 수 있는 홍선과 신인합체를 행하면 된다. 남자 신선 청선은 21세~28세의 젊은 모습들이고, 여자 신선 홍선은 15세~20세의 아름다운 미모를 갖춘 모습들이다.

이렇게 청선과 홍선으로 신인합체를 행하면 천상의 기운이 흐르고 피부 노화를 방지하고 젊어진다. 이것이 인류가 오랜 세월 동안 꿈꾸어 오던 이상향의 유토피아 세상을 말하는 무릉도원 세상의 삶일 것이다.

하늘로부터 받은 계시대로라면 수명장수 또는 수백수천 년을 더 살 수 있는 유일한 천상의 비결이다. 현대의학으로는 절대로 불가능한 일이지만 영적 세계에서는 충분히 있을 수 있고 가능한 일이다.

인간 육신들은 하늘이 내려주시는 영적 기운과 음식을 섭취해서 육적 기운으로 살아가는 것인데, 어느 한쪽의 기운을 받지 못하면 음양기운에 불균형이 오게 되어 만병의 근원이 되고 노화가 빨라지는 것이다.

신인합체를 하여 천상 자미천궁에서 하강하는 신들도 신분과 계급, 서열이 천차만별이기에 신인합체 품계등급을 어떻게 행할 것인지 심사숙고해서 정해야 한다. 인간 사회도 계급과 신분 서열이 존재하듯이 천상계 신들도 마찬가지이다.

신이란 존재에 대해서 해석이 천차만별이다.

지상령에서 입천의식을 행하여 천상궁전으로 올라가서 천상령이 되어 신명의 반열에 오르려면 수억만 년의 장구한 세월이 걸리고, 하늘의 주인으로부터 신명으로 임명장을 받아야 가능한 일이기에 아무나 신명이 될 수 없다.

신비로운 능력을 발휘할 수 있는 영적 존재를 신명이라고 하는데, 이 땅에서 스스로 신명이 될 수 있는 길은 없다고 보면 된다. 천상령이 아닌 지상령들이기 때문에 하늘로부터 신명 임명장을 받을 수 없어서 신이 될 수는 없다.

그래서 천상궁전에 있는 신명들과 합체의식을 행하여 신인으로 재창조되는 의식을 행해야 한다. 하늘은 알아주는 자의 편이신데, 독자 여러분이 신인합체를 행하는 자체가 하늘을 인정하고 알아주는 것이다.

신명이란 하늘께서 어떤 벼슬자리에 임명하신 천상의 신하(臣下)들을 말하고, 인간세상에서는 공무원 계급사회와 비교하면 맞다. 같은 공무원이라도 계급과 부서, 호봉이 천차만별이듯이 천상계 신명들도 품계가 천차만별로 다양하다.

인간 자체로는 절대로 신이 될 수 없기에 천상계 신명들과 결합하는 차선책을 쓰는 것이 인류 최초의 신인합체의식인데 종교의 신인합일과 무속세계에서 행하는 신 내림 굿과는 근원적으로 차원 자체가 다르고, 점을 봐주는 조상신이 아닌 고차원적 신명들과 합체를 하는 것이다.

하늘의 윤허를 받아 천상계 신명과 하나 되는 신인합체는 인류의 끝없는 희망과 행복을 안겨줄 것이기에 여건이 된다면 즉시 행해야 한다. 각 분야에서 최고가 될 수 있는 신왕(神王)급 신명들과 함께하는 대경사이다.

## 종교 기부금은 나쁜 기운을 불러들여

어려운 불우이웃을 돕는 금전, 종교단체에 기부하는 헌금, 시주, 정성금을 선행이라 생각하고 크던 적든 많은 사람들이 동참한다. 불우이웃 돕는 것은 동정심이 발동해서 하는 것이고, 종교단체에 내는 기부금은 좋은 기운 받으려고 내는 것인데 여기에는 우리가 알지 못하는 영적 세계의 무서운 비밀이 숨겨져 있다.

좋은 일하고, 좋은 기분으로, 좋은 기운 받으면 그 얼마나 좋을까? 하지만 정반대의 기운으로 작용한다는 것을 알아냈다. 선행으로 행한 것이 오히려 인생사의 아픔과 슬픔, 고통과 불행으로 다가오리라 생각하는 사람들은 아무도 없다.

그대들 독자들이 불우이웃을 돕는다고 금전을 어느 단체에 기부하는 것은 그들이 겪고 있는 불행을 돈 주고 사들인다는 엄청난 무서운 진실을 아는가? 왜 그럴까 의아해 할 것인데 그 이유는 단순하다.

춥고 배고픈 귀신들도 악하고 독한 자들을 싫어하고, 순하고 인정 많은 착한 자들을 좋아하기 때문이었다. 즉 귀신들을 불러들이는 것이 불우이웃 돕는 단체에 기부금을 내는 것이었다는 말뜻이다. 영들인 귀신들에게는 시공간의 거리개념이 없기에 돈을 내는 순간 귀신들이 치고 들어와서 동고동락하며 온갖 아픔과 슬픔, 고통과 불행이 시작된다.

또한 귀신들이 살아생전 앓고 있던 질병들을 그대로 앓게 되는 경우가 대부분이다. 아름다운 선행으로 행했던 불우이웃 돕기가 오히려 산 자들에게는 불행으로 다가온다는 무서운 진실을 이 세상 사람들은 아무도 모른다.

인간세상 잣대 기준으로는 분명히 아름다운 일이라서 선행이라며 많은 사람들로부터 칭찬을 받고 방송에까지 이름이 보도되고 있다. 그러면 좋은 일을 하지 말고, 좋은 기운도 받지 말라는 얘기냐 하면 그건 아니다.

불우이웃의 대상과 좋은 기운을 내려주는 대상이 누구인지 그것이 문제이다. 사람들은 눈으로 보이고 귀로 들리는 것만 믿으려고 하는 것이 잘못되었다.

독자들에게 진짜 불우이웃은 자신의 육신을 이 땅에 태어나게 하시고, 애지중지 길러서 키워주시며 어른으로 성장시켜 시집장가 보내주신 후에 이 세상을 떠나가신 여러분의 핏줄인 부모님과 윗대 조상님들이다. 돌아가시었다 해서 모든 것이 끝난 것이 아니라 또 다른 사후세상이 시작되기 때문에 부모님과 조상님들을 극진히 보살펴드려야 한다.

돌아가신 부모님과 조상님들은 눈에 보이지도 않고 들리지도 않아 대화가 안 된다는 이유로 방치해 놓고 있다. 기껏 해봐야 굿과 천도재, 제사와 차례, 호화묘지 조성, 벌초, 성묘하는 것이 효도하는 것이라고 생각하며 살아가고 있다.

이 세상에서 가장 불우한 이웃은 신문방송에 보도되는 사람들이 아니라 여러분 독자들을 낳고 키워주신 부모님과 그 윗대 조상님들이다.

어머니의 마음과 불효자는 웁니다의 노래 가사가 있고, 학창시절 또는 어른이 되어서 애절한 그 노래를 부르면서 얼마나 가슴이 메어지며 남모르게 눈물을 흘렸던가? 효와 예를 내일로 미루지 말자. 어느 날 갑자기 부모님이 돌아가시어 원통해하고 땅을 칠지도 모른다.

**어머니의 마음**

1절

낳실제 괴로움 다 잊으시고
기를제 밤낮으로 애쓰는 마음
진자리 마른자리 갈아 뉘시며
손발이 다 닳도록 고생하시네
하늘아래 그 무엇이 넓다하리오
어머님의 희생은 가이 없어라

2절

어려선 안고 업고 얼러주시고
자라선 문 기대어 기다리는 맘
앓을 사 그릇될 사 자식 생각에
고우시던 이마 위엔 주름이 가득
땅 위에 그 무엇이 높다 하리오

어머님의 정성은 그지 없어라

**불효자는 웁니다**

1절

불러 봐도 울어 봐도 못 오실 어머님을
원통해 불러보고 땅을 치며 통곡한들
다시 못올 어머니여~ 불초한 이 자식은
생전에 지은 죄를 엎드려 빕니다~!

대사

세월은 유수와 같다고 했습니다만,
아무런 기약도 없이 부모님 곁을 떠났던
그 가슴 아픈 추억이 어제인 것처럼 눈에 선합니다

2절

손발이 터지도록 피땀을 흘리시며
못 믿을 이 자식의 금의환향 바라시며
고생하신 어머님이~ 드디어 이 세상을
눈물로 가셨나요 그리운 어머니~!

진정한 자식들이라면, 부모 생전에 불효를 저지른 자식들이라면 이 노래 가사를 읽으며 자신도 모르게 가슴이 찡하며 눈가에 이슬이 맺힐 것이다. 영의 하늘이 천상에 계시다면 육의 하늘은 땅에 계신다.

이미 세상을 떠나 돌아가신 육의 하늘인 부모님과 조상님을 무시하고 부정하는 자들은 자신들도 자식들에게 한 치의 오차도 없이 똑같은 대우를 받게 된다. 뿐만 아니라 그런 자들은 하늘도 구원의 손길을 내밀지 않으신다.

하늘께서 영들에게 구원의 첫 번째 조건으로 내세운 것이 사후세계에서 너무나도 고통스러워서 피눈물을 흘리며 살려달라고 울부짖는 그대들의 부모님과 조상님의 영(사령)들을 입천의식으로 구하는 자들에게만 그대들의 영(생령)에게 천상천궁으로 올라갈 수 있는 천인합체의식을 윤허해 주신다.

기독교에서 돌아가신 조상님들은 귀신들이자 사탄 마귀이니 제사와 차례 지내지 말고 절하지 말라며 가르치는데 그러면 성도들에게 그렇게 가르치는 목사들은 사탄 마귀의 자식들이 아니겠는가? 자신들의 육신을 태어나게 해주신 부모님과 조상님들이 돌아가시어 육신을 잃어버린 불쌍한 귀신이 되었다고 사탄 마귀라 정의하는 것은 결국 자기 자신의 정체성을 부정하는 일이 아니던가?

벌거벗은 임금님, 임금님 귀는 당나귀 귀라는 말이 생각난다. 나(여호와) 이외에 신을 섬기지 말라며 하늘임을 사칭한 여호와(야훼)가 조상귀신도 신이니까 섬기지 말라고 하였던 것인데, 하늘임을 사칭한 신(여호와) 앞에 진실을 이야기하지 못하는 종교인들의 어리석은 모습 때문에 기독교인 모두가 여호와(야훼)에게 속아 넘어갔던 것이다.

자신을 낳아주고 길러준 부모님과 조상님을 돌아가시었다고 사탄 마귀라고 부정하는 바보  같은 자들이 이 세상 천지에 어디에 있는가? 그러니까 기독교에서 전하는 하늘이 가짜 하늘이라는 것이다.

이곳 천궁에서 전하는 하늘은 여러분 자신의 부모님과 조상님(사령)을 구하지 않으면 여러분의 영(생령)들을 구하지 않겠다고 하시었다. 여호와(야훼)가 가짜 하늘이니까 다른 신을 섬기지 말라고 하는 것이었다. 자신만이 유일신이니까 섬김의 마음이 분산되는 것을 막으려는 고도의 술책인 것이다.

진짜 하늘은 돌아가신 그대들의 부모님과 조상님들을 오히려 천대하고 박대하면 불호령을 내리신다. 자신의 돌아가신 부모님과 조상님들을 진정으로 섬기지 못하는 자가 어찌 하늘을 섬기느냐고 진노하시며 사후세계에서 고통받고 있는 부모조상님을 구해 내서 섬기는 것은 근본도리라고 말씀하신다.

하늘이라고 왜 욕심이 없으시겠는가?

그러나 하늘께서는 당신보다도 먼저 사후세계에서 힘들어하는 그대들의 부모님과 조상님들부터 구해 주라고 양보하시며 산 자의 가족 영(생령)들까지 모두 구원이 되었거든 진심으로 하늘을 받들어 섬기라고 양보하신다.

하늘은 이처럼 사후세계에서 춥고 배고프다며 울부짖으며 살려달라고 몸부림치는 나약하고 불쌍한 자들을 먼저 보살펴 주신다. 왜냐하면 하늘이 창조하신 창조물(영적 자손들)이기 때문이다. 그러나 여호와(야훼)는 가짜 하늘이고 그대들의 영들을 창조한 영적 부모가 아니기 때문에 끊임없이 희생과 봉사, 헌금만을 강요하고 있는 것이었다.

석가, 예수, 여호와, 마리아, 마호메트, 상제, 잡신 등등에게 돈을 바치는 것은 이들의 기운을 받아오는 것이다. 이들 자체는 하늘도 아니고, 천자도 아닌 천상에서 죄를 짓고 도망치거나 쫓겨난 역천자들이기에 이들의 기운을 받는다는 자체가 현생과 내생이 지옥이다.

끊임없이 죄를 빌어야 할 역천자들이 오히려 하늘과 천자를 사칭해서 인류를 종과 노예로 만들어 자기들 마음대로 부려먹으며 피땀으로 벌어들인 금전을 끊임없이 거두어들이고 있다. 인류 모두가 종교세계의 숭배자들과 신부, 수녀, 목사, 승려, 도인, 도사, 무당, 보살들에게 헌금, 시주, 정성금을 바치는 것은 결국 역천자들의 나쁜 기운을 불러들이는 잘못을 범하는 무서운 일이다.

좋은 기운 받으려고 종교단체에 돈을 바치는 것인데 결국은 반대로 천상에서 역천의 죄를 지어 지구로 도망치거나 쫓겨난 역천자 죄인들의 기운을 받아들인 것이 되었으니 이를 어찌하면 좋을까?

그대들이 종교를 다니고 있는 자체가 하늘이 가장 싫어하시며 경멸하는 일에 가담하고 있는 것이다. 천성은 고칠 수 없다는 말처럼 그대들 자신들이 천상에서 역천자에 가담했다가 도망치거나 쫓겨난 죄인들임을 입증하듯이 청개구리처럼 믿지 말라는 가짜 종교세계에 빠져 있다.

**천상에는 종교가 없다**

천상에도 없는 종교가 이 땅에 판을 치는 것은 천상천궁으로 돌아가려는 영들이 하늘을 찾아 헤매고 있다는 방증인데 진짜를 찾지 못하여 종교가 우후죽순처럼 생겨서 전 세계적으로 47,000개 교파에 신전, 사찰, 암자, 성당, 교회, 도장, 신당, 법당이 5,527,000개이며, 종교를 믿는 자들이 76억 3,000만 명의 세계 인류 중에서 90.3%인 68억 9,093만 명이다.

69억 명에 가까운 인류가 죽어서 천상천궁으로 돌아가고자 하늘을 사칭하는 종교 숭배자들을 믿는 더 큰 죄를 짓고 있다. 인류가 태어난 이후 지금까지 하늘과 천자가 종교세계로 하강강림하신 적이 없다고 밝히시었다.

그런데도 종교 숭배자들이 자칭 하늘과 천자를 사칭하였던 것이기에 인류가 구원받지 못하고 있었던 것이다. 하늘과 천자 자체가 종교를 싫어하시는데 종교세계로 내려가시어 종교를 세우시겠는가? 앞뒤 말이 안 맞는 일이다.

인류가 지구에 태어나고 지금까지 종교세계를 통해서 구원받은 자들이 하나도 없었음이 밝혀졌다. 그러니 지금까지 하늘과 천자를 사칭한 숭배자들을 믿고 따른 인류만 바보가 되었던 것이고, 더 큰 죄인이 되어 천상천궁으로 돌아가는 길과 정반대의 지옥세계로 입문하고 있다는 진실을 알아야 한다.

이제라도 이 책을 통하여 천상의 진실을 인정하고 종교세계로부터 탈출하여 천궁에 들어오는 자들에게만 천상천궁으로 돌아가는 희망의 불빛이 보이리라.

# 우울증과 조울증, 불면증의 정체

### 우울증으로 자살하는 것은 귀신들의 빙의

우리나라에서 하루 평균 자살자가 36명이고 월평균 1,098명이고 연평균으로는 13,176명이다. 1일 평균 순수 사망자는 705명으로 연간 257,396명이고 뇌혈관 질환, 심장질환, 자살, 당뇨병, 간질환, 차사고, 천식, 기침, 호흡곤란의 만성기관지 질환, 폐렴, 고혈압 질환 순이다.

### 자살자들의 공통 증상이다.

1)자신이 쓸모없는 사람이라고 한탄하거나 2)말수가 갑자기 줄어드는 경우 3)알코올 중독 증상 4)불면증 5)대인 기피증 등이 자살 직전에 나타나는 대표적인 특징들이다. 우울증·열등감·강박관념 등 정신적인 문제로 자살을 시도한 경우가 34명(37%)으로 가장 많았고, 죽음에 대한 불안 등 인생문제 31명(33.7%), 부부문제 1명(1.2%), 가족문제 7명(7.6%), 이성문제 5명(5.4%) 등의 순이었다.

조울증에 관한 살인사건을 찾아보니 현재 많은 20대 청년들이 우울증을 가지고 있다. 조울증은 우울증으로부터 시작되는 경우가 많으며 젊은 나이에 발생하면 자기 자신을 컨트롤하기 어렵고 매우 위험한데 조울증이란 무엇인지 뜻과 증세를 자세히 알아본다.

먼저 조울증이랑 조증(기분이 좋은 상태)과 우증(기분이 나쁜 상태)이 양극화로 번갈아가면서 나타나는 증상을 말하는데, 심하면 일주일에 몇 번이든 변하고, 많게는 몇 달에 한 번씩 또는 1년에 몇 번씩 일어난다.

**조증 증상**

1)무엇이든지 잘할 수 있으며 실패 따윈 생각하지도 않는다. 2)피곤함을 느끼지 않는다. 3)기분이 너무 좋은 나머지 넘치고 신체활동이 활발하다. 4)공격적 성향을 보인다. 5)물건 구매 등 모든 일을 충동적으로 한다. 6)무책임한 행동을 한다.

**우증 증상**

1)식욕이 없거나 잠을 못 잔다. 2)기운이 없고 갑자기 몸이 아프다. 3)죽고 싶고 죽음에 대해 생각한다. 4)집중력이 떨어지고 모든 일에 관심이 없어진다. 5)짜증, 불안, 걱정이 생긴다. 6)삶에 너무 지쳐 있다.

현대의학을 다루는 의사들이 영적 세계에서 일어나는 영들의 진실을 알 수 없기 때문에 이런 질병 명칭을 붙인 것이다. 의사들은 인간 육신과 마음 안에서 얼마나 많은 영적 존재들이 함께 살아가고 있는지 알지 못한다.

의사들의 눈에는 영적 존재들인 귀신들이 보이지 않기에 현대의학으로만 치료하려고 한다. 사람의 육체와 마음이 갑자기 변하는 것은 타의에 의해서 일어나는데 그 타의란 것이 바로 영적 존재들인 귀신들이 각자 자신들의 몸에 들어와 마음을 지배하고 있다는 증표인데 알아차리지 못하고 있다.

우증을 앓는 가장 대표적인 경우가 종교에 다니는 신도들인데 그 이유는 구원받는 줄 알고 종교를 열심히 믿었으나 구원되지 않아 실망한 영(귀신)들이 신도들의 몸과 마음으로 들어가서 동고동락하며 "덧없고 부질없는 인생 살면 무엇 하느냐?"고 자살을 부추기고 있기 때문에 일어난다.

이렇게 푸념하고 있는 영적 존재들이 구원받지 못한 나머지 실망하고 좌절감을 느낀 영들(남의 조상귀신)도 있고, 자신의 부모님과 윗대 조상님(사령)들, 구원받아 천상으로 오르려는 자신의 영(생령)들인 경우가 대다수이다.

이런 증상을 앓고 있는 사람들은 이곳 천궁에 들어와서 귀신들을 퇴치하고 부모조상님들을 천상천궁으로 입천해 주면 증상들이 사라진다.

원인불명의 불면증을 앓고 있는 경우도 영적 세계에 있는 존재들(귀신, 조상, 생령)로 인해서 일어나는 증상이기에 현대의학으로는 치료할 수 있는 방법이 없어서 수면제를 복용하는 것이 유일한 해결책이다.

더 이상 고민 걱정하지 말고 그대들에게 얽혀 있는 영적 존재들의 문제부터 천궁에 들어와서 풀어야 영적 고통에서 해방될 수 있다. 인간 육신의 몸이 귀신들의 집이란 걸 알고 있는 사람들이 얼마나 있는지 모르겠다.

지금 그대들의 몸 안에 있는 영들은 자신의 영들인 생령이 있고, 돌아가신 부모조상님의 영들인 사령들이 함께 동고동락하며 살아가고 있는데, 더불어서 이름 모를 남의 조상귀신들이 수없이 따라 들어와 있다. 사람 눈에는 보이지 않지만 이들 귀신들(사령)이 몸으로 들어왔다는 증거가 어느 날부터 갑자기 몸이 아픈 증상으로 발견된다.

그중에서 머리가 깨질 듯한 두통, 편두통, 뒷목 당김, 어깨결림, 허리통증, 무릎관절 통증, 속 쓰림, 속이 더부룩함, 헛구역질, 기침, 가래, 천식, 이명, 환청, 환영, 흉몽, 가위눌림 등의 증상이 동반되어 나타난다.

**이 세상은 인간세상이자 귀신세상이다.**

지구가 생성된 이래 이 땅에 인간들이 태어났다가 죽은 귀신들의 숫자가 그 얼마나 많겠는가? 또한 죽음의 사연 또한 천차만별일 것이다. 그리고 인류가 태어난 이후 종교세계를 통해서는 구원받은 자가 단 한 명도 없었으니 그들이 허공중천, 거리중천에 떠돌고 있지 않겠는가?

그래서 인간들의 삶은 귀신들의 삶인 것이다. 그러나 불행 중에 다행히도 산 자들의 눈에는 귀신들이 안 보인다는 점이 창조자이신 "태상천존 자미 천황태제" 폐하께 감사해야 할 일들이다. 흉측하게 죽은 수많은 형태의 귀신들이 인간 눈에 보인다면 무서워서 세상을 어떻게 살아가겠는가?

천상에서 지구로 도망쳤거나 쫓겨난 영들이지만 인간 육신으로 태어난 자들은 행운아이다. 대다수가 짐승, 가축, 벌레, 곤충, 어류, 조류, 식물, 사물로 태어나서 불행하게 살아간다는 위대한 진실을 아는 자들은 이 세상에 없다.

그래서 천지간의 만생만물 중에서 인간이 만물의 영장이라고 하는 것이다. 하지만 인간 육신으로 영들을 보내주신 것은 천상의 하늘께서 내리신 명을 이행하고 천상천궁으로 다시 돌아오라고 인간으로 탄생시켜 주신 것이다.

인간으로 탄생시켜 주신 이유가 궁금할 것이다.

그대들의 윗대 조상님들이 수백수천 년의 세월 동안 조상을 구해 줄 사명자 자손을 점지해 달라고 끊임없이 빌고 빌어서 그대들이 인간 육신으로 태어났다는 위대한 진실을 인정해야 한다는 점이다.

사후세계에서 그대들을 탄생시키고자 조상님들이 얼마나 노심초사(몹시 마음을 쓰며 애를 태움)하며 기다리고 있을지 생각이나 해보았는가? 그대들의 모든 조상님들이 노심초사하는 것이 아니다.

하늘을 그리워하고 하늘로 향한 마음이 지극하여, 구원받으려고 일구월심(日久月深. 날이 오래고 달이 깊어간다는 뜻으로, 무언가 바라는 마음이 세월이 갈수록 더해짐을 이르는 말)으로 간절히 비는 조상님이 있는데 이를 대표조상님이라 한다.

이런 대표조상님의 간절한 소원으로 인해서 그대들이 짐승, 가축, 벌레, 곤충, 어류, 조류, 식물, 사물로 태어나지 않고 만물의 영장으로 태어난 것이다. 대표조상님의 소원으로 태어났으면 당연히 그 뜻을 헤아려 구원의 행을 해야 하는 데도 불구하고 한세상 자신들의 잘 먹고 잘사는 일에만 매달리고 있으니 대표조상님들은 진노하며 천불이 나 있다.

조상님들의 존재가 안 보이고 안 들린다고 무시하며 살아가는 인생길은 평탄할 수가 없다. 아직 죽어보지 않았기 때문에 사후세계의 두려움과 무서움을 모르고 살아간다. 사후세계에서 그 얼마나 무서운 고문형벌이 가해지는지 안다면 함부로 자살하여 목숨을 끊는 일은 없을 것이다.

육신이 죽는다고 고통이 멎을 거라고 자살을 감행하는데 참으로 어리석은 짓이다. 살아서의 고통은 100년 미만으로 끝나지만 죽어서의 고통은 끝이 없는 영원 그 자체이니 판단을 잘해야 한다. 그래도 반드시 자살하고 싶다면 그대들의 조상님들을 구하는 입천의식을 행하고, 천인합체의식을 행한 뒤에 자살하여도 늦지 않다.

그러면 죽어서 말 못하는 천지만생만물로 태어나지 않고 천상천궁에 올라 기쁨과 행복이 넘치는 무릉도원 세계에 다시 태어날 수 있다. 인간으로 태어난 사명을 완수하지 않고 자살하거나 죽는 것은 천추의 원과 한으로 남는다.

사후세계를 우습게 보는 것이니 사후세계 명부전의 모진 고문형벌을 어찌 감당하려는가? 죽어서 육신이 없으니까 고문형벌을 가하여도 고통을 못 느낄 것이라고 생각할 것인데 육신이 살아 있을 때의 고문 형벌받는 것과 진배없다는 사후세계의 진실을 전한다.

죽으려고 작정할 바엔 천궁에 들어와서 살길을 찾아라.

조울증, 우울증, 불면증의 정체가 구원받아 천상천궁으로 돌아가려는 생사령들이 보내는 긴급 메시지이다.

## 관절 통증은 귀신들이 붙었다는 증거

천기 18년 6월 17일에 있었던 일이다.

천상천궁으로 입천되신 조상님들이 잘 계신지 알아보는 조상 상봉을 신청한 63세의 여자 신하 신○○이 나의 앞으로 나왔다. 그런데 걸음을 잘 걷지 못하여 1층에서 2층으로 올라오는 계단을 네발로 기어오를 정도로 상태가 아주 나빴다.

조상 상봉을 시작하기 전에 엉거주춤하며 겨우 걸어 나오는 신○○을 보면서 무릎에 귀신이 달라붙어 있는 할머니 귀신이 보였기에 즉시 비서실장 몸으로 불러들여서 실었는데 놀라운 일이 벌어졌다.

비서실장 몸에 실린 할머니가 쪼그려 앉은 자세로 엉금엉금 한 발 두 발 힘겹게 내딛는 것이 아닌가? 할머니 귀신이 "아이고 아파. 무릎이 아파! 여기가 어디냐? 용이 엄청 많네, 염라국이야?" 그러면서 왜 불렀느냐고 짜증스러운 목소리를 내뱉기에 언제 들어왔고 몇 살이냐고 물었더니 오래전에 들어왔고 83세에 죽었다고 하면서 그 몸에 그대로 살면 안 되겠느냐고 말한다.

하늘의 명을 받은 신하의 몸에 들어온 이상 그냥 돌려보낼 수가 없어서 내 몸에서 발산되는 빛과 불로 퇴치하였다. 한편으로는 측은한 생각도 들었지만 자손이나 후손들이 천궁에 들어와서 천상에서 약속한 조상구원을 하지 않고는 천상천궁으로 오를 수 없는 천상법도가 있다.

83세의 할머니 귀신은 오랜 세월 신○○의 무릎에 머물면서 무릎을 괴사시킨 주범 귀신이었던 것이다. 하늘의 명을 받은 자들에게는 몸에서 발광하기에 영들의 눈에는 빛으로 보여서 찾아들어온다.

할머니 귀신을 퇴치하고 나서 신연아~ 이제 걸어보라고 명을 내리자 언제 무릎이 아팠냐는 듯이 멀쩡하게 걷는 것이 아닌가? 그래서 이번에는 뛰어보라고 명을 내리자 30미터의 거리를 정상인처럼 뛰어다니며 왕복하는 것이었다.

수많은 신하와 백성들이 지켜보는 앞에서 벌어진 신비로운 장면이다. 생생히 지켜보던 전국에서 모인 신하 백성들이 우레와 같은 함성을 지르며 박수와 갈채와 만세를 외쳐댔다. 직접 두 눈으로 보고도 믿기지 않는 신비스러움을 체험한다.

매주 일요일마다 5시간 동안 열리는 도법주문회는 제주도, 광주, 전주, 여수, 거제도, 창원, 부산, 울산, 대구, 대전, 인천, 경기, 서울 등 전국 각지에서 참석하고, 매번 각본 없이 실시간으로 진행되기에 마치 한 편의 SF영화를 보는 그런 시간이라서 기다리는 일주일의 시간이 무척 길게 느껴진다.

## 폭음하는 것은 귀신들이 들어온 증거

매일같이 술을 입에 달고 폭음하면서 술주정하는 사람들을 주위에서 많이 볼 수 있다. 술을 폭음하는 존재가 구원받지 못한 자신의 조상님들인 경우도 있고 초상집, 병원, 종교, 거리에서 따라 들어온 귀신인 경우가 있다.

술을 안 먹으면 착하고 순한 사람들이 술만 들어가면 갑자기 폭군으로 돌변하고 기물을 때려 부수고 주위 사람들에게 말도 안 되는 시비를 걸면서 두드려 패기 일쑤이다. 안하무인으로 날뛰며 술주정하는 사람들은 인사불성으로 필름이 끊겨버려서 기억조차 안 난다고 말한다.

말려봐야 잠시뿐이고 그때만 다시는 술 안 먹겠다고 맹세하고 2~3일 지나면 다시 술을 먹는 경우가 대다수이다. 이것이 인력으로 어찌할 수 없는 경우이다. 가족들이 공포에 떨어야 하고, 주위 사람들이 자연적으로 떨어져나간다. 이로 인해서 부인이 도망가는 경우도 있고 이혼하는 가정도 있다.

술을 끊는 약을 먹는 사람도 있고, 심지어는 정신병원에 입원시키는 경우도 있다. 처음에는 사람이 술을 먹는데 나중에는 귀신들이 술을 먹게 된다. 술 좋아하는 귀신들이 따라 들어와서 부어라 마셔라 고주망태가 될 정도로 마셔댄다.

약주가 되어야 하는데 망주가 되어버린 경우가 다반사이고 이것을 막으려면 현대의학의 의술이나 약물치료로도 안 되고, 정신병원에 입원시켜도 안 되고, 굿이나 천도재로도 안 되며 술주정뱅이를 개과천선 시킬 수 있는 길은 딱 하나 천궁에 들어와서 술꾼들을 천상천궁으로 영원히 보내는 길뿐이다.

천상천궁으로 돌아가지 못해서 화풀이로 주구장창 술을 퍼마신 조상님들이라면 조상입천의식을 행하여 천상천궁으로 올려 보내드리고 초상집, 병원, 종교, 거리에서 따라 들어온 귀신인 경우라면 퇴치해야 한다.

술주정꾼들의 정체가 누구인지부터 그 대상을 불러내어 정체를 밝혀내면 알 수 있다. 별별 희한한 사연들을 간직하고 살아가는 도박 같은 인생길이다. 천궁에 들어오면 살길이 열리고 방치하면 가정의 풍파가 끊이지 않는다. 인간의 힘으로서는 어찌할 수 없는 불가항력적인 일들이 비일비재하다.

생사령들에게 가장 무서운 존재는 생사령들의 생사여탈권을 쥐고 이 땅에 구원자로 천상에서 내려온 더법천존 천지인황뿐이다. 살아생전 왕, 대통령, 재벌, 깡패, 악귀잡귀, 사탄마귀 등 그 어떤 힘센 생사령들이라도 내 앞에서는 꼬리를 내리고 승복할 수밖에 없다.

천지인의 하늘(태상천존 자미 천황태제 폐하, 도통천존 도솔천황 폐하, 재물천존 옥황천황 폐하)의 명 대행자이기에 이 분들을 제외하고는 천상과 지상의 모든 신명, 생령, 사령(조상)들에게 명을 내리고 부릴 수 있는 특명전권을 갖고 천상에서 내려왔다.

하늘의 명 대행자, 하늘의 화신이자 분신이기에 모든 신들이 나의 명을 받들어 집행하는 상상초월의 SF 같은 일들이 현실로 일어나고 있다. 그리고 이곳 천궁에서 구원의식을 행한 수많은 생령과 사령, 신명들에 대한 구원의 성사여부가 명명백백히 사실로 밝혀졌다.

술주정하는 생사령들의 정체!

이제 더 이상 속수무책으로 당하지 않아도 된다. 이제 천궁에 들어와서 천상천궁으로 돌아가고자 하는 조상님들은 조상입천의식을 행하고, 악귀 잡귀, 사탄 마귀들은 퇴치하면 지긋지긋한 술주정의 고통에서 벗어날 수 있다.

조상입천의식을 행하고 나중에 천인합체의식, 신인합체의식을 행하여 신하 반열에 오른 박○○ 같은 경우 하루도 술을 먹지 않고는 지낼 수 없었는데 술주정꾼의 공포에서 말끔히 벗어나서 마음 편히 살아가고 있다.

박○○의 몸에는 남녀 4명의 술 귀신들이 들어와서 매일같이 술타령을 하였던 것이었는데 이들 모두를 비서실장 몸으로 불러들여 즉시 퇴치한 이후부터 일체 술을 먹지 않는 사람으로 변하였다.

49세인데 최근 신인합체의식을 행한 이후에 얼굴 혈색이 30대 초반의 미남형 얼굴로 변한 것을 보고 모두가 놀라며 박수갈채를 보내주었다. 현대의학으로 해결할 수도 없고, 인간의 능력으로도 해결하지 못한 술꾼에서 말끔하게 벗어날 수 있게 되었으니 어찌 하늘과 신이 없다고 할 수 있겠는가?

인간으로 태어나서 나를 만나지 못하고 저승길로 떠나는 사람들은 가장 불행한 사람들이다. 그 대상이 왕, 대통령, 재벌이라 할지라도 생사령들에 대한 생사여탈권을 집행하는 나를 못 만나고 세상을 떠나면 천추의 원과 한으로 남는다.

살아생전에는 천하세계를 호령하던 왕, 대통령, 재벌들이라 할지라도 죽어지면 사후세계에서 모두가 추위와 배고픔, 구타와 성폭행으로 고통을 받는데 이런 진실을 살아 있는 자들은 인정하지도 못할뿐더러 상상조차 못한다.

그대 독자들이 믿고 있는 종교세계에서 전하는 천당, 천국, 극락, 선경세상은 존재하지 않는 허구의 세상임이 천궁에서 밝혀졌다. 지구상의 5,527,000개의 종교세계를 통해서 구원받아 천상천궁으로 올라간 생사령들이 하나도 없다는 진실이 만 세상에 적나라하게 밝혀졌다.

이제 생사령들이 구원받을 수 있는 전 세계 유일한 곳은 지상천궁 한 곳뿐이라는 진실을 받아들이고 구원받고자 종교세계에 들어간 생사령들은 정신 차리고 천궁에 들어와야 한다.

## 144,000명의 神人으로 탄생

나의 말은 천지간에 황명으로 내려간다는 사실을 무수히 확인하였다. 그리고 이곳 지상천궁에서 집행하는 신성한 모든 의식들이 천상천궁에서도 실제 그대로 이루어짐도 확인하며 검증까지 하였다. 사람들은 신비로운 능력을 가지려고 신이 되어 보고자 무진 노력을 한다.

무속세계에서 무당 보살들에게 신 내림굿을 통한 것은 모두가 기피하고 있고, 대순진리회, 증산도, 태극도에서 주문수행 신인합일도 실패하였고, 신천지에서 행하는 신인합일도 이론적이고 뜬구름 잡는 실패작이다.

여기 천궁에서는 신인합체라고 한다.

신인 임명장 수여나 주문수행으로 이루어지는 것이 아니라 직접 천상천궁에 있는 천계의 신명들을 각자의 인간 육신으로 하강시켜 합체시켜 주는 의식이다. 기존의 종교세계에서 추구해 왔던 신인합체가 아니라 최초로 창조된 신인합체이다.

그리고 신인합체의식을 하면 평소 생활하면서 자신의 달라진 모습과 신비로운 기운이 내린다는 것을 스스로가 발견할 수 있다. 인간이었을 때의 능력과 신인이었을 때의 능력이 비교가 된다.

직업의 수는 한국 11,655개, 일본은 17,209개, 미국은 30,654개인데 각자의 직업에서 가장 잘할 수 있는 천계의 신명과 하나로 결합시켜 주는 것이 신인합체이다. 그리고 갑자기 어떤 재난이 발생하여도 재난의 중심에 서 있지 않도록 신들이 보호해 주어 피해를 입지 않게 해준다.

조정, 배드민턴, 농구, 복싱, 수영, 카누/카약, 사이클, 체조, 배구, 승마, 레슬링, 양궁, 육상, 농구, 복싱, 펜싱, 하키, 축구, 골프, 핸드볼, 유도, 근대5종, 조정, 럭비, 요트, 사격, 탁구, 태권도, 테니스, 철인3종, 역도, 카누사이클, 승마, 펜싱, 트라이애슬론, 요트, 배구, 7인제럭비, 알파인 스키, 바이애슬론, 봅슬레이, 크로스컨트리 스키, 컬링, 피겨 스케이팅, 프리스타일 스키, 아이스하키, 루지, 노르딕 복합, 쇼트트랙 스피드 스케이팅, 스켈레톤, 스키점프, 스노보드, 스피드 스케이팅에 출전하는 선수들은 이 분야의 전문가 신과 신인합체를 하면 평소보다 능력이 훨씬 증가된다.

태상천존 자미 천황태제 폐하, 도통천존 도솔천황 폐하, 재물천존 옥황천황 폐하의 기운을 받는 신인합체를 행한다면 인간의 수명이 현재보다 훨씬 늘어날 수 있다. 그것도 병들지 않고, 늙지 않는 상태로 수명장수하는 것을 전제로 한다. 늙고 병들어서 꼬부랑 할아버지, 할머니가 되어 오래 살면 아무런 의미가 없다.

앞으로 수천 년을 살아가야 검증이 되기 때문에 아직 확신하기는 이르지만 천계의 메시지는 실현 가능하다고 말씀을 내려주신다. 미래세계의 일이기는 한데 한 번 도전해 볼만한 충분한 가치가 있다고 판단된다.

기존의 종교세계에서 주장하는 구원과 영생은 이론상 하나의 소원일 뿐 실제 현실로는 이루어지지 않는다. 그 이유는 간단하다. 천상천궁의 기운이 내려오지 않기 때문에 절대로 이루어질 수 없다.

하늘의 반대파들이 세운 곳이 종교세계이기에 구원과 영생은 하나의 외침에 불과할 뿐 아무 일도 일어나지 않는다. 종교세계를 통해서는 절대로 구원과 영생이 안 이루어진다.

천상천궁의 기운이 무궁무진하게 내려오는 곳은 지구상에 지상천궁 한 곳뿐이다. 그래서 하늘로부터 구원받으려는 자들은 무조건 종교세계를 박차고 나와 천궁으로 들어와야 자신의 생령과 조상의 사령을 구원해서 살려낼 수 있다.

십사만사천 명의 神人(신인)을 탄생시키는 일은 인간의 능력으로는 도저히 불가능한 영역이다. 진짜 신인이 된다면 인생의 목표를 보다 수월하게 이루어낼 수 있고, 생사령 구원과 함께 인간 육신의 영생도 이루어낼 수 있다.

인간 육신들에게는 불가능한 영역이지만 천상에서는 불가능이 없으시다.

## 천궁(天宮)이란 무엇인가?

천궁(天宮)이란 영(생사령)들이 돌아가야 할 영들의 고향이다. 산 자의 영이든 죽은 자의 영이든 영들은 천상천궁에 올라가야 추위와 배고픔, 구타와 성폭행의 고통에서 벗어나 무릉도원 세상에서 살아갈 수 있다.

천상천궁은 생사령들에게 돌아가야 할 영적 고향이다. 이번 생에 나를 만나 천상천궁으로 돌아가지 못하는 생령(자신)과 사령(조상)들은 다시는 돌아갈 수 있는 길이 없다. 영원히 우주의 미아가 되어 말 못하는 짐승, 가축, 벌레, 곤충, 어류, 조류 같은 천지만생만물의 몸을 빌어서 태어나는 아픔과 슬픔, 고통과 불행을 감수해야 한다.

생령들이 육신 죽은 뒤 사령이 되어 천지만생만물로 다시 태어난다는 것을 살아서는 절대로 인정하기 싫을 것인데 실제상황이다. 육신이 죽어 종교에서 주장하는 이상향의 유토피아 세계로 알려진 천당, 천국, 극락, 선경세상으로 올라가는 길은 절대로 존재하지 않는다는 천상천궁의 진실을 전한다.

천지만생만물로 태어나거나 허공중천 구천세계에서 추위에 떨고, 배고픔에 괴로워하며, 깡패 귀신들에게 구타당하고, 여자 사령(조상)들은 성폭행당하며 고통스럽게 살아간다는 진실이 매일같이 지상천궁에서 밝혀지고 있다.

천상천궁으로 돌아가는 길은 지구상에 있는 47,000개의 교파와 5,527,000개의 사찰, 암자, 교회, 성당, 도장, 신전, 법당, 신당을 운영하는 종교인들을 통해서는 절대로 올라갈 수 없는 성역이란 것이 입증되었다.

뿐만 아니라 인류로부터 수천 년의 세월 동안 숭배받고 있는 종교의 구심점인 석가, 예수, 마리아, 마호메트, 공자, 노자, 상제도 천상천궁으로 오르지 못한 채 지금도 허공중천 구천세계에서 추위와 배고픔, 구타와 성폭행으로 고통받으며 살려달라, 구원해 달라고 손발이 닳도록 빌고 있다.

지금도 종교에 다니는 사람들은 도저히 믿을 수 없다며 내가 전하는 진실을 부정하고 있을 것인데 그것 역시 각자들의 판단이고 자유이다. 진실을 전해 주어도 믿지 못한다면 더 이상 무엇을 말해 주겠는가?

수많은 종교인들에게 속고 속으며 살아왔을 테지만 지구촌 어딘가에는 분명히 천상천궁으로 돌아가는 진짜가 존재한다는 사실을 인정하고 지상천궁에 들어와야 한다. 이제까지 갖고 있던 종교세계에 대한 고정관념의 벽을 과감히 깨고 지상천궁에 들어와야만 천상천궁으로 올라갈 수 있다.

종교의 역사를 부정하고 종교에서 행하는 구원 자체를 몽땅 부정하니까 믿어지지 않을 것이다. 살아생전 왕, 대통령, 재벌을 했던 자들의 생령과 사령들도 천상천궁으로 돌아가지 못하고 추위와 배고픔에 고통받고 있음이 확인되었다.

수천 년 동안 이어져 내려온 이 땅의 종교세계 역사 모두가 가짜임이 판명되었다. 하나님, 하느님, 석가, 예수, 마리아, 마호메트, 상제, 공자, 노자 등은 구원의 능력이 하나도 없다는 경천동지할 진실이 검증되었다. 그리고 종교세계 자체가 이 땅에 세워지면 안 되었던 것이다.

종교인들이 천상으로 돌아가려는 생령과 사령(생사령)들을 회유, 현혹, 강요, 협박하여 수천 년이라는 장구한 세월 동안 종교세계로 끌어들였지만 결과는 구원받지 못했다는 것이 적나라하게 확인되었다.

종교 이론 자체가 그럴듯하지만 모두 왜곡 포장되어 있고, 하늘의 역사를 공부한 것이 아니라 천상에서 지구로 도망친 야훼(여호와), 예수, 마리아가 탄생한 이스라엘 역사공부를 하고 있으니 하늘이 받아주시겠는가?

이들 역시 대마왕의 뜻을 받들어 꼭두각시가 되었다. 하늘 역할을 하면서 또한 하늘을 전하는 것이 아니라 자신들이 하늘이라면서 숭배받고 있는데 종교인들에게 천상의 문을 열어주시겠는가?

천상에는 종교가 없다. 또한 종교세계를 통해서는 절대로 구원과 영생을 이룰 수 없다고 하시었다. 종교세계 뿌리 자체가 하늘의 반대파들이 대적하여 싸우려고 세운 곳이 종교이기에 종교를 통해서는 구원이 안 된다.

그대 독자들의 생령과 사령들에게 꼭 필요한 곳이 천상천궁으로 올라갈 수 있는 지상천궁이다. 천궁이란 또 다른 새로운 신흥종교가 아니라 하늘의 궁전 그 자체로서 어떤 교리와 이론을 전하는 곳이 아니라 생령과 사령, 신명들을 불러서 라이브로 생방송하는 곳이다.

종교세계를 통해서는 전혀 알 수 없었던 생사령(생령과 사령)의 진실, 천상세계와 사후세계, 신명들에 대한 생생한 체험을 통해서 진짜임을 알 수 있다. 말이나 글은 거짓으로 상대를 속일 수 있지만 각자들이 온몸으로 느끼는 기운은 이 세상 그 어느 누구도 절대로 속일 수 없다.

종교를 믿고 있는 68억 9,093만 명의 교인들이 수천 년의 세월 동안 종교역사를 공부하면서 찾으려고 하였던 곳이 생령과 사령을 구원해서 천상천궁으로 올려 보내는 지상천궁이기에 이제 더 이상 종교세상 안에서 방황하지 않아도 된다.

생사령들에게 새로운 역사를 창조하는 지상천궁! 생사령들이 수천 년의 세월 동안 종교세계 역사를 공부한 것은 천궁을 만나기 위한 하나의 공부 과정이었다. 이제 종교세계를 통해서 하늘 공부 과정이 끝났으니 천궁에 들어오기만 하면 된다.

천상천궁으로 돌아갈 생령과 사령들은 더 이상 머뭇거리지 말고 거리낌 없이 천궁으로 들어오라. 천상천궁으로 돌아가는 문이 활짝 열려 있다. 이제 더 이상 종교세계 안에서의 방황하는 세월은 끝이 났다. 도솔자미천 천궁은 종교세계 안에서 수천 년 동안 애타게 기다려 오던 구원의 마지막 종착역이다.

# 죽어서 뱀이 된 배우 마릴린 먼로

28차(천기18년 6월 10일) 도법주문회에서 하명문을 읽어 내려가자 비서실장 육신으로 영국 런던에서 교통사고로 죽은 축구선수 박지성 엄마 장명자(64세), 영화배우 장진영(38세), 미국의 가수 겸 영화배우 마릴린 먼로(37세)가 차례대로 찾아왔다.

죽으면 끝이라는 생각들이 지배적이다. 나는 당대는 물론 수백수천 년 전에 죽은 수많은 사령(조상)들과 신들 그리고 산 사람들의 영혼(생령)을 불러서 대화를 나누는 신비의 능력을 갖고 있는데 보통 사람들로서는 상상조차도 못할 일이다.

세상에 그런 일이 어떻게 있을 수 있느냐고 반문하는 사람들이 거의 대부분이지만 현실이다. 인간 육신들의 생각으로는 불가능한 세계이지만 미스터리한 영적 세계에서는 실제 일어나는 현실세계이다.

그대들의 사랑하는 가족이나 조상들은 지금쯤 어떤 세계에서 어떤 모습으로 살아가고 있는지 궁금하지 않은가? 각자들이 믿고 있는 종교관에 따라서 천당, 천국, 극락, 선경세상으로 올라가 있는지 확인해 보고 싶지 않은가? 일평생을 믿고 의지해 온 종교적 하늘인 하나님, 하느님, 상제님, 부처님, 예수님, 성모님은 어떤 모습일지 궁금하지 않은가?

수천 년의 세월 동안 인간세계에 널리 알려지면서 인류의 정신을 지배통치하고 있는 이들의 진실을 알고 있는 자 누구일까? 그대들이 일편단심으로 믿고 있는 종교세계가 맞는다면 그대들의 생령과 사령(조상)들을 불러줄 것이니 만나서 기쁘고 행복한지 직접 물어보라.

백문이 불여일견이라! 말과 글은 얼마든지 속일 수 있지만 그대들의 몸과 마음으로 자신의 핏줄이기에 느낄 수 있는 기운은 이 세상 그 어느 누구도 속일 수 없다. 생사령(생령과 사령)을 만나면 현생, 내생의 비밀이 풀어진다.

죽어보지 않은 자들은 사후세계가 그 얼마나 무서운지 실감이 나지 않는다. 육신의 죽음이 끝이라고 생각하며 살아가는 사람들이 대부분인지라 생사령들의 고통에 대해서는 알려고 찾아 헤매는 자들이 없다.

생령들이 인간 육신으로 태어나기 위하여 얼마나 많은 기다림의 세월과 참혹한 고통이 있었는지 알지 못한 채 인간 육신의 귀한 삶을 허송세월로 보내고 있다. 왜? 인간으로 태어났는지를 모르고 살아간다는 뜻이다.

이번 생에 잘 먹고 잘살려고 태어난 것이 아니라 하늘이 내리신 사명을 완수하고 잘 죽기 위하여 만물의 영장으로 태어났다는 天命(천명)을 아는가? 사명 완수란 하늘이 내리신 명을 받들어 영들이 천궁으로 오르는 것이다.

사람이 죽어서 축생으로 환생한다는 것을 인정하는 사람도 있고, 아예 부정하는 사람들도 있다. 인정하는 사람들도 그것이 얼마나 참혹하고 무서운 일인지 대수롭지 않게 받아들이며 죽음을 맞이하고 있는데 안타까운 일이다.

인간 육신이 죽은 뒤에 몸에서 빠져나온 영들이 천상으로 오르는 길은 지구상에 오직 天宮(천궁) 한 곳뿐이다. 이 땅에 수백만 개의 종교세계가 있지만 천궁으로 올라가는 길은 그 어디에도 없다는 것을 수많은 생사령들을 불러서 대화를 통해서 알아내었다.

육신이 죽어서 천궁으로 오르지 못하고 허공중천을 떠도는 사령(영)들과 천지만생만물로 윤회를 반복하고 있는 사령(영)들이 거의 전부이다. 종교에 다니고 있는 사람들은 이미 죽은 가족들이나 조상들의 영혼을 불러 상봉시켜 줄 것이니 직접 확인해 보고 종교를 계속 다닐 것인지 말 것인지 결정하라.

사례를 통해서 확인된 사실은 종교에 다니는 영들은 영들의 고향인 천궁으로 돌아갈 수 없다는 진실이 수많은 생사령들과의 대화를 통해서 상세히 밝혀졌다는 점이다. 오랜 세월 인류로부터 숭배받고 있는 자들인 석가, 예수, 성모 마리아는 물론 종교 교주들조차도 죽어서 허공중천을 떠돌아다니고 있다는 무서운 진실을 확인하였다.

비서실장 몸으로 박지성 엄마 장명자(64세)가 찾아와서 구원해 달라고 몸부림치며 축구선수 박지성에게 天宮 책을 제발 전해달라고 울부짖지만 아무도 박지성의 집을 아는 자가 없었다.

영화배우 장진영(38세)은 아버지에게 천궁 책을 알려 달라고 애원하였지만 방법이 없으니 신문광고를 보고 책을 구입하게 하라고 알려주었다. 미국의 가수 겸 영화배우인 섹스심벌 마릴린 먼로(37세)는 뱀으로 환생하여 찾아와서 혀를 내밀고 바닥을 기어 다니며 자신이 먼로라고 겨우겨우 말하였다.

뱀으로 환생하여 비서실장 육신으로 들어온 마릴린 먼로에게 자신이 맞다, 라는 것을 증명해 보라고 하명하였다. 뱀이 말할 수 없으니 지금부터 말할 수 있는 기운을 내려주겠다고 하명하자 즉시 사람의 모습으로 변하여 생전의 마릴린 먼로의 모습으로 돌아왔다.

그러면 007 본드 걸의 모습을 재현해 보라고 말하자 아주 요염한 모습으로 돌변하여 남자들을 홀리는 자세를 취하고 교성을 지르며 섹스 장면을 연출하였다. 수많은 신하와 백성들이 지켜보는 가운데 아주 진한 교태를 부리고 손가락으로 남자를 부르며 유혹하였다.

섹스 기회를 주었는데도 올라타지 못했다고 남자들에게 조크도 던졌다. 애교 9단의 농염한 포즈를 취한 먼로에게 어떤 남자라도 넘어가지 않을 자 없을 정도로 아주 농염한 모습을 보이면서 실감나게 섹스 장면을 연출하였다.

마릴린 먼로 본인이 아니라면 그 어떤 누구도 대신 재현할 수 없는 온갖 요염한 포즈와 얼굴 표정, 섹스 장면을 적나라하게 보여주었다. 57년 전에 죽은 세기의 섹스 심벌인 그녀가 뱀으로 환생하였다는 진실이 수많은 사람들 앞에서 확인되는 순간이었다. 너무나 흥미진진한 야한 모습을 보여주어서 관람료를 내도 아깝지 않을 정도로 리얼하였다.

마릴린 먼로가 나하고 동시대에 이 나라에 태어나지 못했다고 원통해 하였다. 그래서 네가 만일 지금도 살아 있다면 구원해 달라고 나에게 찾아왔겠느냐고 말해 주었고, 이 나라에 살아 있는 가수와 배우들도 안 찾아오는데 미국 땅에서 너의 가족들이 어떻게 찾아오겠느냐고 말했다.

육신이 죽었으니까 다급하여 고통에서 벗어나려고 발버둥치며 하는 말이지 아마 지금도 살아 있었으면 거들떠도 안 볼 것이다. 이 책을 읽는 그대 독자들도 먼로와 똑같은 입장이고 죽어보지 않으면 사후세계의 고통이 얼마나 두렵고 무서운지 실감나지 않기 때문에 천궁에 들어오지 않고 있는 것이다.

그래서 간접적으로 자기 조상들과 상봉하여 사후세계의 두려움과 무서움이 어떤지 체험하여 어느 날 갑자기 자신들에게 다가올 죽음 이후의 사후세계를 준비하라는 것이다. 살아 있는 자들은 죽음 이후의 세계를 알 수 없기 때문에 무방비로 살다가 영원한 고통과 불행이 이어지는 자충수를 둔다.

종교세계를 통해서 죽음 이후를 준비하려는 사람들이 많은데 아무 소용없는 일이다. 종교세계를 통해서는 인류 탄생 이후 아무도 구원받은 자들이 하나도 없다는 진실이 상세히 밝혀졌는데 놀라운 일이다.

종교에 다니는 사람들에게는 정말 믿기 싫은 말일 것인데,

자신이 다니며 믿는 종교가 진짜라고 세뇌되어 있기 때문에 고정관념을 버리지 않는 이상 이 책의 내용을 순수하게 받아들이기 어려운 사람들이 많을 줄로 안다.

### 종교세계를 초월한 天宮(천궁)!

인류가 구원을 기다리던 곳이 단 하나뿐인 천궁이다. 그대들이 믿던 안 믿던 생사령들을 구할 수 있는 곳은 지구상에서 천궁 한 곳뿐이니 판단을 잘해야 한다. 육신이야 죽으면 끝이라지만 몸 안에 있는 각자의 영(생령)들은 육신을 굴복시켜 천궁으로 데려와서 하늘이 내리시는 황명을 받들지 않는 이상 영들의 고향인 천궁으로 돌아가지 못한다.

### 생령과 사령들은 들으라!

"너희들은 천상궁전에서 도망쳤거나 쫓겨난 자들이기에 너의 육신을 데리고 천궁으로 들어와서 천상의 약속을 행하지 않는 이상 아무도 구원받지 못하느니라. 종교를 통해서는 천상에서 무슨 죄를 지었는지 알 수 없기 때문에 죄를 빌 수 없어 천상으로 오르지 못하느니라.

너희 생사령들을 구원해 줄 수 있는 곳은 기존에 있던 지구상의 수많은 종교세계가 아니라 천상으로 즉시 올라갈 수 있는 천궁뿐이니라. 종교의 교리와 이론의 고정관념에서 하루빨리 벗어나야 육신이 죽기 전에 구원받을 수 있느니라. 종교세계를 통해서는 천만 년을 빌어도 구원이 없도다."

인간 육신과 생사령들 사이에 치열한 전쟁이 벌어지고 있지만 인간 육신들이 알아차리지 못하고 있다. 인간 육신을 가진 그대 독자들의 인생사에 일어나고 있는 온갖 우환과 불행은 구원받아 천상으로 오르고 싶어 하는 생령과 사령들이 육신에게 보내는 분노이자 절규의 메시지라는 진실을 알고 살아가는 사람들이 거의 없을 것이다.

구원받을 생사령도 인간 육신을 잘 만나야 구원받을 수 있다는 위대한 진실을 알아내었다. 돈과 권력, 명예만 추구하려는 인간 육신 안에 있는 생사령들이 가장 불행하다. 살아생전 부귀영화 누리며 잘살았던 생령들은 죽어서는 가장 혹독한 고통스런 사후세계를 살아간다.

그리고 윤회를 하더라도 가장 혐오스런 축생으로 환생을 반복하기에 살아 있을 때 인간 육신을 굴복시켜서 천궁으로 데리고 들어와야 한다. 그리고 이 책을 읽고 이곳 천궁이 가짜, 사이비라는 메시지를 받는 독자들도 있을 것인데 세 가지 부류가 있다. 종교에 완전히 세뇌당하여 무조건 부정하는 자, 천상으로 오르는 것을 방해하는 대마왕의 기운을 받은 자, 영적 세계에 문외한이라 죽으면 그만이라고 돈과 권력, 명예 등 인간 육신의 삶만 추구하는 자들이다.

기존의 종교에 다니는 사람들이 기다리며 찾아 헤매던 곳이 바로 천궁인데 아직 세상 사람들이 제대로 알아보지 못하고 있다. 다시 말하지만 종교세계 안에서는 구원이 이루어지지 않는다는 점을 확실히 밝힌다.

## 영들이 돌아가야 할 고향 천상천궁!

100년도 안 되는 인생을 살다가 늙고 병들어서 죽으면 그만인 것일까? 부자로 살든 거지로 살든 한평생은 순간에 지나가 버리는데 사후세상이 없다고 생각하며 죽으면 끝이라는 안일한 생각을 갖고 살아가지만 사후세계와 천상세계는 현실로 실제 존재하고 있음을 밝혀냈다.

인간 육신은 죽으면 땅 속 地宮(지궁)으로 들어가고, 영들은 天上天宮(천상천궁)으로 가야 하는 것이 자연의 이치이지만 영들이 모두 죄인들이기 때문에 황명을 받을 수 없어 천궁으로 올라가지 못하고 추위와 배고픔, 구타 폭력과 성폭행으로 고통받으며 허공중천을 끝없이 떠돌아다니고 있다.

살아생전 부귀영화 누리며 잘살았던 자들과 종교를 열심히 믿었던 자들은 사후세계 적응하기가 참으로 고통스러울 것이다. 살아생전 왕과 대통령, 재벌로 잘살았으니 죽어서도 좋은 세상에서 편하게 지낼 것이라고 생각하는 사람들이 전부인데 그것은 죽어보지 않은 자들의 환상에 지나지 않는다.

특히나 종교를 믿었던 사람들이 가장 실망이 크다. 죽으면 하느님, 하나님, 부처님, 예수님, 성모님, 상제님이 구원하러 올 것이라고 철석같이 믿고 있을 것인데, 아무리 목이 터져라 불러보아도 구원하러 오는 자들이 한 명도 없다는 진실을 알고 충격에 빠진 뒤에야 종교인들에게 속은 것을 알고 고래고래 소리 지르며 폭언과 저주를 퍼부으며 분노를 폭발하지만 아무 소용이 없다는 것을 깨우치게 된다.

생전의 잘못된 환상적인 생각 때문에 참혹한 사후세계에서 적응하기가 매우 어렵다. 인류 모두가 숭배대상자들과 종교인들에게 속았지만 죽고 나서 숭배자들과 종교인들에게 항의할 별다른 방법이 없음에 안타까워서 발만 동동 구른다.

그리고 다가오는 것은 상상조차하기 싫은 사극에서처럼 가혹한 고문형벌만이 명부전에서 기다리고 있다. 온몸을 불로 지지고, 끓는 기름 물에 머리를 처넣고, 손과 발, 허리, 생식기, 목을 자르고, 머리서부터 발끝까지 반쪽으로 잘랐다가 다시 붙이고, 사지를 찢는 참혹한 형벌이 끊임없이 지속적으로 반복되어 가해진다.

죽어서 육신이 없는 영들이니까 고문형벌을 가해도 고통을 전혀 못 느낄 것 같지만 육신 살아 있을 때처럼 똑같이 고통을 느낀다는 사실을 알아내었다. 천상에서 약속한 것을 이행하라고 인간 육신으로 태어나게 기회를 주시었음에도 조상구원을 행하려고도 하지 않고, 하루하루 잘 먹고 잘사는 일에만 미쳐 있으니 하늘로부터 구원을 못 받는다.

종교를 믿는 자들은 진짜 하늘이 아닌 대마왕이 세운 가짜 하늘을 믿었던 것이기에 그 죄가 더 크기 때문에 살아서나 죽어서나 가혹한 고통이 따른다. 종교를 믿지 않은 자들 역시 천상의 약속을 이행하지 않고, 진짜 하늘을 찾지 않았기 때문에 그에 합당한 벌을 받게 된다.

그대들의 영들이 어디서 왔는지 영들의 고향을 알고 살아가는 자들이 전무하다. 광활한 대우주 속에 수천억 개도 넘는 천체 행성 중에 어느 별에 있다가 지구라는 별에 태어났는지 아무도 모르고 세상을 살아가고 있다.

인간 육신에게는 해당 안 되는 문제일 수도 있지만 전혀 해당 안 되는 것이 아니다. 각자의 몸 안에 있는 영들은 천상천궁으로 돌아가야 하는데 인간 육신들이 천상천궁으로 올라가는 데 협조하지 않으면 인생을 박살 내서 온갖 풍파와 우환을 주어 살아생전 지옥세계의 고통을 당하며 살게 만든다.

영들은 생령과 사령으로 분류하고 합성어로는 생사령이라 부른다. 같은 영이라도 생령과 사령의 구분은 인간 육신(영들의 집)이 살아 있으면 생령(生靈)이고, 육신이 죽었으면 사령(死靈)이라고 한다.

즉 사령은 나이가 많든 어린 아기든 죽은 자들의 모든 영들을 가리키는 말이다. 물론 조상이라는 말도 맞지만 조상의 의미는 돌아간 어버이 위로 대대의 어른 또는 자기 세대 이전의 윗대로 죽은 자들 모두를 말한다.

육신은 죽으면 땅에 매장 또는 화장하여 산골, 수목장, 납골묘, 납골당에 안치하는 것이 일반적 풍습이다. 사람이 죽으면 가정에 원인을 전혀 짐작조차 할 수 없는 별별 희한한 일들의 풍파와 우환이 생겨서 집안이 망하거나 갑자기 가세가 기울어 몰락하는 사례를 자주 경험한다.

이것이 사령들의 다급한 구원의 메시지인 줄 모르고 별별 방법을 동원하며 알아보지만 기껏 해봐야 무당들에게 굿을 하거나 절에 가서 천도재를 올리는 것이 전부이다. 그러나 굿과 천도재에 정성을 다하며 매달려봐도 달라지는 것이 없고 오히려 풍파가 더 세차게 휘몰아쳐서 정신을 차릴 수 없다.

결국 가족들이 죽거나 다치고, 사기배신, 사업부진, 파산, 옥살이, 우울증, 불면증으로 집안이 풍비박산하여 몰락하는 경우를 주위에서 종종 볼 수 있다. 각자의 운이 나빠서도 아니고, 재수가 없어서도 아니고, 사주팔자가 나빠서도 아닌 죽은 자들이 사후세계에서 힘들다고 구원해 달라는 메시지이다.

인간 육신이 죽으면 생령의 신분에서 사령의 신분으로 바뀐다. 사람이 죽으면 시신, 송장, 시체라고 불리는 것처럼 영들도 생령에서 사령(조상)으로 신분이 바뀐다. 살아생전에 가졌던 사후세계에 대한 고정관념이 모두 무너져버려서 적응하지 못하고 너무나 고통스러워서 절규하며 자손과 후손들에게 다급하게 살려달라는 메시지를 남아 있는 가족들에게 전해 주기 위한 긴급 메시지로 풍파와 우환이 발생한다.

### 生死靈(생사령)의 생사여탈권자!

생령과 사령들의 운명과 생사여탈권은 누가 갖고 있을까? 하늘이 갖고 계실 것이라고 생각하기 때문에 지금 종교세계가 전 세계적으로 부흥번창하고 있다. 한마디로 세계 인류는 천상세계, 사후세계에 대해서는 눈뜬장님이나 마찬가지이기에 종교장사가 세계적으로 대성황을 이루고 있는 중이다.

그러나 이 땅에 존재하고 있는 모든 종교가 거짓세계라는 사실을 아는 자들은 없다. 경전과 교리로 수천 년의 장구한 세월 동안 세뇌시켜 놓아서 팥으로 메주를 쑨다고 말해도 그대로 믿을 자들이 종교인과 그의 신도들이다.

지구촌에 있는 종교세계가 몽땅 위선과 거짓세계라고 말해봐야 수천 년 동안 불경, 성경, 도경의 경전과 교리에 세뇌당한 사람들은 전혀 믿지도 않을 것이기에 더 이상 회유와 강요할 필요가 없다.

천상천궁으로 올라가고 싶은 자들은 이제까지의 모든 고정관념을 떨쳐버리고 지상천궁으로 들어와서 하늘이 내리시는 황명을 받들면 된다. 생사령들에 대한 구원과 생사여탈권은 본질적으로 하늘의 고유 영역이자 고유 권한이시지만 지금은 나에게 완전히 일임이 되어 있는 상태이다.

높고 높으신 천상의 하늘께서 자리를 오래도록 비워놓고 지구로 완전히 하강 강림하실 수가 없으시기 때문에 틈나는 대로 잠시잠깐 내왕하시고 나(도법천존 천지인황)를 생사령들의 생사여탈권을 집행하는 구원자로 임명하셨다.

독자들이 믿든 안 믿든 그것은 각자의 자유이다. 생사령들을 구원하여 천상천궁으로 올라가게 하고 싶은 자들만 지상천궁으로 들어오면 된다. 독자들의 생사령들이 구원받느냐 못

받느냐는 나의 말 한마디에 달려 있다.

내가 생사령들에게 천상천궁으로 입천을 명하면 천궁의 문이 열리고 사령들이 찰나의 시간에 천궁에 도착한다. 소설이나 만화 같은 이야기 같지만 현실이다. 무속의 굿, 절에서 행하는 천도재 같은 의식이 아니다.

종교적 의식이 아닌 천궁의식이기에 위패를 쓰거나 제물 차리는 것이 일절 없다. 천상천궁으로 입천할 사령(조상)들의 명단만 뽑아오면 된다. 입천할 사령들 명부만 호명하면 천상천궁에 있는 天龍(천룡)이 하강하여 입천할 사령(조상)들을 순식간에 천상천궁으로 데리고 올라간다.

천상천궁으로 조상입천을 집행하기 전에 두 명의 조상들과 상봉할 수 있는 시간을 준다. 비서실장 몸으로 독자들의 조상들을 실어서 30분간 대화를 나눌 수 있는 시간이 주어지고, 독자들과 조상이 지은 죄를 찾아서 알려주어 빌게 한다. 자신도 모르게 들어와서 오랜 세월 함께 동고동락하고 있던 악귀잡귀들을 모두 빼내주는 의식이 조상입천의식이다.

내가 내리는 명은 천상에서 내리시는 황명과 같기에 생사령들에게 즉시 구원이 현실로 이루어진다. 입천의식 행한 이후 과연 여러분의 사령(조상)들이 천상천궁으로 입천이 이루어졌는지 잠시 후에 확인시켜 준다.

이곳 천궁에서는 SF 같은 일들이 매일 일어나고 있다. 희망자에 한해서 독자 자신들의 생령을 직접 불러내어 여러분과 대화도 시켜줄 수 있으니 꿈만 같은 일이 아니던가? 지구상에 그 어느 종교인들도 이루어내지 못한 생사령과의 대화와 구원이 지금 이곳 천궁에서 이루어지고 있다.

이제 더 이상 종교세계가 이 땅에 존재해야 할 이유와 가치가 사라졌음을 여러분 스스로가 생생히 알게 될 것이다. 이제까지의 눈뜬장님이 아닌 여러분 육신과 마음으로 이곳 천궁이 진짜임을 알게 될 것이다.

추상적인 하늘세계와 사후세계를 전하는 것이 아니라 현실세계를 전하는 천궁이다. 이제 더 이상 종교에 속고 현혹당할 이유가 없어졌다. 생사령에 대한 모든 진실을 1:1로 명쾌하게 밝혀준다. 영들의 고향인 천상천궁으로 오르는 길은 종교세계에 있는 것이 아니라 지상천궁에만 있다.

전 세계 47,000개 교파의 5,527,000개 종교세계가 추구하는 목표는 생령과 사령들에게 하늘의 문을 열어준다는 공통점이 있다. 영들의 고향인 천상천궁으로 돌아가려는 영들은 많고, 가는 길을 몰라서 이리저리 수많은 종교를 찾아다니는데 자자손손의 대를 이어가며 진짜를 찾아다녀도 어디가 진짜인지 알 수 있는 길이 없어서 허탈해 한다.

47,000개 교파를 찾아다니려면 매일같이 찾아다녀도 128년이 걸리고 5,527,000개 종교세계를 찾아다니려면 15,142년이 걸리니 갑갑한 노릇이다. 종교세계 안에서 찾던 진짜가 이곳 도솔자미천 천궁이 맞는지 매주 일요일 도법주문회에 직접 참석하여 천지기운으로 확인해 보라.

## 천상천궁에 올라가 보았더니!

나는 인류의 생사령들 모두가 궁금히 여기는 천상천궁에 직접 올라가 보았다. 현재 인간 육신 안에 있는 영들은 천상에서 있을 때의 기억을 모두 삭제시켜서 이 땅으로 내려보냈기에 천상에 있을 때의 기억이 전혀 떠오르지 않는다.

다만 현생의 여러분 모습이 천상에서 행하고 있던 모습들 그대로라고 보면 된다. 흔히들 천성은 변할 수 없다는 말을 많이 쓰는데 그것이 맞는 말이고, 전생에 무슨 죄를 지어서 이리도 험하고 모진 풍파를 당하며 사느냐고 푸념하는데 이 말 역시도 맞는 말이다.

하늘은 한 치의 오차도 없으시기에 각자들이 이 땅에서 뿌리고 행한 그대로 돌려받게 해주신다. 근본도리를 가장 중요시 여기시고 말이 곧 법인 세상이다.

### 천궁은 아름다운 한 폭의 풍경화

봄, 여름, 가을, 겨울이 동서남북의 방향에 따라 다르고, 천궁을 중심으로 동쪽은 봄이고, 남쪽은 여름이고, 서쪽은 가을이며, 북쪽은 겨울이다. 각자가 원하는 계절의 세계에서 평화로이 살아가고 있다. 천궁의 사람들을 인간세상 비유로는 영원히 죽지 않고 병들지 않으며, 근심과 걱정이 일체 없는 신선과 선녀의 모습이란 표현이 맞을 것이다.

거대한 천궁 경내로 들어서면 깎아지듯 기암으로 이루어진 형상들의 바위가 산허리에 걸린 구름 위로 여기저기 솟구쳐 올라와 있다. 산봉우리 상상봉에서 밑에까지 봄, 여름, 가을, 겨울이 모두 함께하고 있다.

상상봉에는 하얀 눈이 쌓여 있고, 그 밑에 곱고 붉게 물든 단풍지대가 아름답게 펼쳐 있고, 그 밑에는 싱그러운 초록색 나무숲이 울창하게 있고, 맨 아래에는 아지랑이가 피어오르는 가운데 이름 모를 천상의 꽃들이 아름답게 피어 있어 벌 나비들이 꿀 냄새를 따라 이 꽃 저 꽃으로 날아다니니 그 감미로운 꽃향기가 사방팔방으로 바람에 실려 그윽이 풍기고 있다.

수천 미터는 족히 되어보이는 다섯 줄기의 오색 폭포수가 우레와 같은 천둥소리를 내며 수천 미터 아래로 떨어지자 물안개가 사방으로 뽀얗게 피어오른다. 수정처럼 맑고 영롱한 물빛이 너무도 아름다워 표주박으로 물맛을 보았더니 입에 착 달라붙는다.

감미로우면서도 아~ 참으로 물맛이 좋다고 탄성이 나온다. 입안이 아주 개운하고 물맛이 좋아서 세 바가지를 퍼 먹었더니 배가 불렀다. 이런 물맛은 난생처음이었다.

울긋불긋한 도화나무 꽃을 비롯하여 수만 종에 이르는 꽃나무들이 너무나도 아름답게 펼쳐 있으니 이곳이 바로 신선들이 산다는 선경(仙境)세상 아니겠는가?

처음 보는 예쁜 새들이 사람들 노래하듯이 지저귀며 사랑을 속삭이듯 정겹게 날아다닌다. 천손들을 피하지 않고 어깨 위에 날아 앉아서 뭐라고 지져댄다. 자세히 들어보니 원 많고 한 많은 인간세상을 떠나 천상세계로 올라온 데 대한 축하인사의 말이었다.

아주 참 잘 오셨어요.
이젠 고생 끝, 기쁨 행복 시작이에요.
"태상천존 자미 천황태제" 폐하의 능력은 무소불위하시지요. 저 역시 천손의 신분인데, 지금은 새로 둔갑하여 천상업무를 수행하고 있는 근무시간 중이지요. 일과 시간이 끝나면 다시 사람 모습인 천손으로 돌아간답니다.

수많은 천손들을 즐겁게 해주라는 절대자이신 "태상천존 자미 천황태제" 폐하의 명이십니다. 새가 말을 하니 신기하죠? 이곳의 모든 동물들이 다 저와 같이 근무시간 중이랍니다. 천궁으로 입천될 때 각자 신분의 높고 낮음에 따라서 업무가 다르지요.

등급이 높게 벼슬입천된 조상님들은 사람의 모습으로 높은 직위에 올라 제후, 재상, 수상, 대신(天官=장관), 비서관, 보좌관, 근위대, 경비대, 호위무사, 내시, 궁녀가 되어 근무를 하고 우리처럼 낮은 등급으로 올라오면 마당쇠도 하고, 정원사, 부엌일, 거리 청소부, 안내원, 기쁨조, 문지기 역할도 하지만 모두들 만족하며 살아갑니다.

병졸이 되면 천궁 호위군으로 근무하거나 각 나라의 국법질서를 바로 세우는데 출전하기도 한답니다. 호숫가에 날고 있는 홍학이나 백학, 금학, 청학들은 물론 물속에서 헤엄치는 비단 잉어들도 마찬가지로 일과시간 중이고 서로 말을 주고받을 수 있지요.

천상세계 수도인 이곳 천궁의 그림 같은 풍경을 구경하기 위하여 유람 나온 천손들이 넘쳐났다. 각자 어린아이를 앞으로 안거나, 손을 잡고 거니는 젊은 부부들과 단둘이 팔짱을 끼고 아름다움에 도취된 표정으로 천경(하늘의 경치)에 빠져든 청춘남녀들이 장대한 폭포수와 아름다운 꽃들의 향기에 탄성을 질러대며 기쁨에 넘치는 표정들이다.

인간세상처럼 토속적인 기념품을 파는 상점도 많이 있고, 갖가지 종류의 고급 음식과 술을 파는 주점도 즐비하게 늘어서 있는데 생기가 넘쳐흐른다. 흥겨운 풍악과 함께 노랫소리가 여기저기서 흘러나온다.

얼굴에는 모두가 근심걱정 없이 평화롭게 홍조를 띤 아주 아름다운 자태를 뽐내는 천손들이었다. 조상들은 천궁에 이처럼 아름다운 무릉도원의 세계가 실제로 존재하고 있는 줄을 몰라보고, 사후세계를 준비하지 않아 가혹한 형벌을 받는 지옥세계에서, 허공중천 구천세계에서 추위에 떨며 배고픔으로 고통받고, 구타와 성폭행으로 눈물 흘린다.

자손들의 몸 안에서 답답해하며 멸시와 박대로 마음의 상처를 받으며 고통스런 사후세계를 힘들게 살아가고 있다. 늙어서 돌아가신 조상님들도 천궁에 입천하는 그날 청춘남녀의 젊음으로 바꿔주시는 사랑을 내려주신다.

아프고 병든 사람이나 불구자가 없고, 노인들도 찾아볼 수 없는 꿈의 세계였다. 살아생전에 자손들에게 무시당하며 원 많고 한 많게 살았던 슬프고 비참한 조상귀신의 신분에서 영혼의 천지부모님이신 "태상천존 자미 천황태제" 폐하께 입천의 명을 받아 천손으로 태어나서 하루아침에 팔자가 바뀐 조상님들이었다.

이곳 천궁세계에 오르려고 각자가 다니는 종교 안에서 자손과 함께 수천 년의 세월 동안 굿, 천도재, 수행, 기도, 미사, 예배, 정성, 치성을 열심히 올리고 있지만 지금까지 어느 조상님들도 뜻을 이루지 못하였다.

꿈의 세계 무릉도원 천상천궁!

지상천궁에 들어와서 천지부모님을 만나지 못하면 천상천궁에는 영원히 오를 수가 없으니 괜히 세월 낭비하지 말고 자손과 조상님들이 함께 책을 읽고 방문하면 된다.

모진 형벌이 가해지는 지옥세계가 좋고, 춥고 배고픈 허공중천과 자손들의 몸 안이 좋아서 영원히 끝나지 않을 고통과 불행을 즐겨하는 조상님들은 자손들의 몸 안에 그대로 살면 되고, 꽃 피고 새 우는 아름다운 천상세계로 올라가 높은 자리에 오르려거든 자손들 손잡고 천궁 들어와서 입천의식 명을 받아 행하면 된다.

천궁세계의 아름다운 풍경을 유람하니 "태상천존 자미 천황태제" 폐하의 위대하신 창조의 대 능력에 머리가 저절로 숙여진다. 우리 인간을 비롯한 천지만물 모두가 "태상천존 자미 천황태제" 폐하의 위대하신 창조물이라니 너무나 대단하시다.

이런 감사함을 몰라보고 세상을 살아가면서 각자의 불평불만만 토해 내며 인생이 고통스럽다고 원망하며 살고 있다. 만물의 영장으로 태어나게 해주심에 "태상천존 자미 천황태제" 폐하께 진정으로 감사함을 올리고 싶은 전 세계의 인간, 조상, 영혼, 신들이 있다면 집에서 혼자 기도하며 마음속으로 하지 말고 입천의식을 행해서 정식으로 올려야 하늘께서 받으신다.

마침 잘 꾸며진 정자(전각)가 눈에 들어왔다. 유람 나온 수많은 사람들이 폭포수 앞에서 아름다운 풍경을 즐기며 호숫가를 거닐고 있다. 폭포수 옆 호숫가 정자에 술상이 잘 차려져 있었다.

마침 민속촌에서 마시던 동동주 생각이 났다.

청선(靑仙), 홍선(紅仙) 수행원들과 함께 술을 마시게 되었다. 좌우에 홍선(여자 신선)들이 앉아서 이것저것 술시중을 들면서 안주를 권했다. 인간세상에서는 구경 한 번 못해 본 산해진미가 그득하다.

인간세상에 있는 것이 그대로 다 있고, 천상세계에만 있는 특별한 안주도 있었다. 아름다운 선녀들이 연거푸 술잔을 채운다. 한쪽에서는 풍악을 울리며 수십 명의 선녀들이 멋들어지게 춤사위를 나부낀다.

노래하는 천선(여자)이 얼마나 매혹적으로 잘 부르는지 무아지경에 빠질 정도이다. 일반적인 노래가 아니라 영혼을 불러내는 애간장 태우는 음률이었는데 환상적인 노래로 심금을 울리고 정신을 몽롱하게 하는 매혹적인 목소리였다.

가슴을 파고드는 노랫소리를 잊을 수가 없고, 흥겨워 춤을 추며 나도 시 한 수를 읊조렸다. 나의 영원한 천상의 부모님께 올리는 가슴 떨리고 마음이 저며오는 나의 혼이 담긴 시를 읊조리자 눈물이 흘러내렸다.

너무나도 그리운~!
천지만생만물의 천상부모님이시여~
영원히 잊지 못할 천상부모님이시여~

수많은 인간, 조상, 영혼, 신들이
눈이 가리고 귀가 막혀
천상부모님을 알아보지 못하니
이 마음 너무나도 아프고 슬프나이다.

앞 못 보는 불행한 신세 언제 면할런지~
세월은 유수같이 흐르건만
위대하신 천상부모님을 몰라보고
한 세상 불쌍하게
마감하는 인간, 조상, 영혼, 신들아~

이제는 암흑의 길 벗어나 하늘로 눈을 뜨려무나 ~
천상의 밝은 빛 따라 입천 행하여 오르자 ~
지금 천상부모님을 만나지 못하면
인간, 조상, 영혼, 신들은 우주 미아가 될 것이니

어서 빨리 천상부모님의 지상천궁 찾아와
아주 오랫동안 기다리고 기다리던 하늘
영혼의 어버이 천상부모님 만나세~
우리 다시 만나세, 천상천궁에서~

어느 인간, 어느 조상, 어느 영혼, 어느 신이 알았을까? 지금도 동방 땅 한반도에서 지상천궁의 존재를 몰라서 종교세계에 들어가서 허송세월하며 보내고 있을 수많은 인간, 조상, 영혼, 신들이 천상부모님을 만나 천상천궁으로 입궁하여 하루빨리 기쁨 행복 누리며 잘살았으면 한다.

각자들의 영혼을 태초로 창조하여 주신 위대하신 천상부모님을 몰라보고 고정관념에 물이 들어 허공중천 구천세계를 떠돌아다니는 수많은 인간, 조상, 영혼, 신들이 불쌍하다.

육신이 죽은 조상님이 천상부모님을 만나는 의식은 조상님 입천의식이고, 살아 있는 인간 육신의 몸과 마음 안에 있는 신과 영들이 천상부모님을 만날 수 있는 것은 천인합체의식과 신인합체의식이다.

## 지옥세계 명부전을 가보았더니

책을 집필하다 갑자기 신명정기 기운이 내려 의자에 앉은 채로 눈을 감았더니 영안이 열리면서 이끌리는 대로 따라갔는데 이때가 새벽 2시쯤이었다. 어느 시골길을 자동차로 달리던 중 40대 남자와 여자가 차를 세웠다. 죄송하지만 두 정거장 거리만 태워달라는 것이어서 그들을 태우고 2km 정도 달렸더니 다 왔다며 차를 세워달라고 한다.

그러면서 실례가 안 되시면 잠시 저희와 함께 가줄 수 있느냐고 하기에 선뜻 내키지는 않았지만 응해 주었다. 차에서 내리더니 공동묘지로 올라가는 것이었고 조금은 무서운 생각도 없는 것은 아니었지만 사연을 알아보려고 따라 올라갔다.

10여 분 올라가니 호화스런 봉분이 두 개 나란히 있는 어느 묘소 앞에 당도하였다. 김○○지묘와 이○○지묘. 준비해 간 술과 과일을 올려놓고 향을 피우며 정성스레 3배의 절을 올리며 지하에 계시는 부모님 전에 흐느끼며 고하는 것이었다.

부모님 살아생전에는 기업이 승승장구하며 남부럽지 않게 잘 돌아갔는데 비명에 돌아가신 지 3년 만에 회사는 풍비박산이 나버렸다며 어깨가 들썩이게 소리 내어 울어서 지켜보는 나 역시 어느새 눈가에 눈물이 비치고 있었다.

사연을 들어보니 1천억 원 대가 넘는 재산가였으나 아버지와 어머니가 교통사고로 함께 돌아가시고 회사 일이 걷잡을 수 없이 벽에 부딪쳤다고 한다. 공장에 불이 나서 수백억에 달하는 재료와 완성제품이 하루아침에 잿더미로 변했고, 받아 놓았던 수백억 어음이 부도가 나면서 사채 끌어다가 메우다 보니 정신을 차릴 수 없었다고 한다.

어느새 집 가재도구에 딱지가 붙었고 집은 경매로 회사는 타인에게 넘어 갔고 집에서 타던 자동차들도 모두 사채업자가 끌고 가버려서 이곳 근처로 쫓겨와서 단칸방에 사글세로 살고 있다는 것이었다.

필자가 이야기를 듣고 있다가 짚이는 곳이 있어서 물어보았다. 할아버지와 할머니는 어떻게 돌아가셨으며 제사는 잘 지내주느냐고 하니까 말을 못한다. 두 분 모두 교통사고로 사망하셨고, 아버지와 어머니는 어느 종교에 열렬한 신도였는데 제사는 안 지내고 제삿날 기도만 올렸다고 하며 종교에 빠지기 전에는 아주 정성껏 잘 지냈다고 했다.

그래서 나는 두 사람의 양해를 구하고 그 자리에서 저승행 열차를 불렀고 3인이 탄 열차는 전속력을 내며 지옥세계 명부전으로 달려갔다. 얼마간 시간이 흘렀는지 열차가 철커덕하고 정지하였다. 차에서 내려 사방을 둘러보니 수많은 사람들이 한 곳으로 끌려가고 있어서 따라가 보았다.

검은 의관을 입은 무시무시한 장정들이 지금 막 끌고 온 사람들을 무릎 꿇리고 형틀에 묶고 있었다. 지옥의 명부세계였다. 둘러보니 원형광장이 엄청나게 크게 보인다. 한곳에 서서 둘러보면 사방이 모두 보였다.

명부전의 10대왕들이 화려한 의관을 입고 상단에 좌우 신명을 거느리고 위엄이 서린 모습으로 앉아 있다. 어느 한 죄인이 칼날이 꽂혀 있는 형틀에 피를 흘리며 묶여 있고 그 옆에는 여인네가 머리를 풀어헤치고 역시 형틀에 묶여 있었다.

칼날에 묶인 것을 보니 명부시왕 중 제1전에 진광대왕이었고 여기는 도산지옥을 관장하는 대왕으로 경오생 신미생 임신생 계유생 갑술생 을해생의 죄인들을 다루는 곳이다. 세상에서 살 때 죄를 지었거나 남을 괴롭히거나 피눈물을 흘리게 한 사람들을 불러다 칼날을 산같이 꽂아둔 지옥에 가두는 형장이다.

진광대왕이 나하고 시선이 마주치자 앉은 자리에서 벌떡 일어났다. 옆에 있던 다른 판관과 나찰들이 영문도 모른 채로 함께 시선을 내게로 모으더니 양손을 합수하고 머리 위까지 높이 들어 올렸다가 엎드리며 큰절을 올리는 것이었다.

무슨 일인가 어리둥절하여 좌우를 둘러보니 내 주위에 언제 어디서 왔는지 천상에서 내려온 수백 명의 신명들이 좌우를 보위하고 나의 의관이 황금용포로 입혀져 있었다. 10대왕과 판관, 나찰들이 모두 엎드려 내 쪽 방향을 향하여 절을 하고 있는 모습들이 보였다.

명부전에 10대왕들이 엎드려 있는 채로…
'명부시왕 일동'

"어서 납시지요, 황제 폐하!

연통도 안 주시고 갑자기 여기까진 어인 일로 납시었는지 여쭤도 되겠나이까?" 내가 어느새 황제 폐하의 의관을 입고 있었던 것이다.

'저자'

"수고들 많으시오. 난 이곳에서 죄인들 형문하는 것을 직접 지켜볼 것이니 모두 일어나시어 공무를 집행토록 하시오. 어느 공동묘지에 따라갔다가 슬피 울고 있는 두 내외의 사연을 듣고 갑자기 오게 되었소이다. 내가 그의 조상을 보고 싶소. 생전에 어떤 죄를 짓고 이곳에 와 있는지 말이오. 그들부터 국문할 수 있으면 좋겠소이다."

'진광대왕'

"예~ 분부대로 지엄하신 命을 속히 받들겠나이다."

명부전 10대 대왕들이 모두 일어서며 명을 내린다,

'진광대왕'

"모두 각자 자리에 앉으시고 판관들은 죄인들의 죄목을 낱낱이 고하라."라고 대왕의 명령이 추상같이 내렸다. 제 5전의 염라대왕이 명부세계 신명들을 이끌고 어느새 내 옆에 서 있었다. 명부전 10대왕들 중에서 지옥세계를 대표하는 가장 우두머리 대왕이기 때문이다. 나찰들이 죄인 좌우에서 칼을 들고 서 있고 판관이 국문을 진행시키고 있다.

'나찰'

"건명 김○○영가와 곤명 이○○영가 대령했나이다."라고 진광대왕께 나찰들이 보고했다.

'진광대왕'
"판관은 이자들의 생전 죄목을 고하라."

'판관'
"예, 명 받들어 집행하겠나이다. 남자 죄인 죄목이옵니다.

너의 죄목 들어보아라!

어진 사람 음해하여 골탕 먹이고, 나쁜 일이라면 도맡아 하고, 도적질과 부정으로 재산축적 산더미 같고, 밤마다 양주와 주지육림에 빠져 세월 가는 줄 모르고, 경마 도박에 회사 뭉칫돈 빼가고, 종업원 급료는 체불하며 사치낭비는 극에 달하고, 작은 마누라 두어 가정불화하고 나라세금을 포탈한 죄입니다.

교회에 빠져 사탄 마귀라며 산소에 벌초도 제대로 안 하고 조상제사도 제때에 안 지내서 조상들의 분노를 유발시켰습니다. 조상들이 더 이상 자기들 후손이 아니니 "어서 저 놈 잡아가 달라"고 이렇게 탄원서를 올렸나이다. 이자는 85세가 타고난 수명이었습니다만 61세에 교통사고로 데려왔습니다."

'진광대왕'
"이번에는 여자 죄인 불러내어 국문하라."

'판관'
"예, 여자 죄인 국문하겠나이다.

너의 죄목 들어보아라!

조상제사 모시지 않고 시부모와 친부모에게 불효 박대하고, 동생항렬 냉대하며 친척불화 불 지피고, 괴악하고 간특한 년, 부모말씀 거역하고, 동생 간에 이간질하고, 형제 불목하게 하며, 세상 간악 다 부리며, 수시로 마음 변하고, 못 듣는 데서 욕설하고, 마주 앉아 웃음낙담 수다 떨고 성내는 년, 남의 말을 일삼는 년, 시기하기 좋아한 년, 남의 서방 탐내는 년이며 사치낭비 일삼고 가정사 돌보지 않고 새파랗게 젊은 몇 놈과 눈이 맞아 날마다 바람피웠던 죄입니다.

이들 사는 것이 너무 눈꼴사나와 두 죄인의 조상들이 도저히 참을 수 없다고 조상회의를 열었고, 명부전에 탄원서를 올려와 이들을 잡아들였습니다. 타고난 수명보다는 20년 빨리 교통사고를 일으켜 데려왔습니다."

여인네는 아름다웠고 색기가 잘잘 흘러서 나이는 59세라고 했는데 40세 초반 정도로 너무 젊어 보였다. 판관이 읽은 죄목을 모두 들은 진광대왕은 격노하였다.

'진광대왕'

"전생에 지은 죄업이 많아서 이번 생에는 그 빚을 갚을 줄 알았더니만 구제불능이로다. 여봐라! 옥사장은 들어라, 두 연놈을 칼 위에 묶어놓고 두 시간마다 불러내어 온몸을 양팔, 양다리, 목, 허리를 6등분으로 나누어 칼로 자르고 찌르는 형문을 3,000년 동안 집행하라"고 명했다.

'옥사장'

“예, 명 받들어 분부 거행하겠나이다.”

이들은 나찰들에 이끌려 옥사로 들어갔다. 잠시 후 “아~악 잘못했습니다. 살려주세요.” 울부짖으며 절규하는 남녀의 처절한 비명소리가 들려왔다.

참으로 끔찍한 일이었다. 살아 있는 사람들이 죽으면 모든 것이 끝인 줄 알고 살아가는데 이런 무서운 형벌이 기다리고 있는 광경을 바라보니 세상 살아가며 죄 짓지 말고 살아야 한다는 교훈을 말해 주고 있었다.

저승의 형벌 종류는 매우 많으며 인간세상의 형벌에 비교하면 백 배나 되며 만약 지금 세상 사람들이 그걸 본다면 참혹한 형벌이라 할 것이다. 사람이 차라리 인간세상의 형벌을 받을망정, 절대로 저승법정에서는 형벌은 받지 말아야 한다.

즉 이 세상에서는 형을 선고받고 그 기간이 지나면 그것으로 끝나지만 저승에서는 형이 끝난 뒤에도 또다시 그 죄과에 따라 재형을 받는다. 비유하자면, 세상에서는 세 사람을 죽였다면 그 죄는 한 번 사형으로 끝나지만 저승에서는 반드시 세 번의 형을 받아야 한다. 형이 끝나면 다시 생을 바꿔 태어나 100대의 생까지 살인죄의 고통을 받는다.

그런데 그 형벌이 톱으로 자르고, 맷돌로 갈고, 칼끝을 뾰족뾰족 세운 산 위를 맨발로 걸어서 오르게 하고, 펄펄 끓는 기름 가마솥에 얼굴을 넣다 빼고, 불에 달군 쇠꼬챙이로 온몸을 찌르고 고문하며 수레로 사지를 찢고 하는 등의 형이 실제로 가해지니 죄의 업보는 참으로 두렵다.

저승법정에서 하늘이 내리시는 명을 받아 천인(天人)이 된 사람들은 죽은 뒤에 곧바로 천궁(天宮)에 올라가기 때문에 저승을 거치지 않는다. 이런 천인(天人)들은 저승명부에 이름이 없기 때문에 저승에서 심판할 수 없다.

독자들은 나름대로 판단하고 종교가 있든 없든 사후세계는 반드시 존재하니 지금까지 모르고 많은 죄를 지었거든 앞으로는 하늘께 죄를 비는 사죄의식을 행하고 죄를 사면받아 천궁으로 오르는 길을 택해야 한다.

누구나 모두가 언젠가는 돌아가야 할 사후세계이지만 무슨 천당과 지옥이 있느냐고 반문하는 독자들이 많이 있으리라고 생각된다. 죽어보면 잘못된 생각이라는 것을 즉시 알게 되며 그 증거는 "귀신이 있는가, 없는가와 신이 있느냐, 없느냐?"에서 알 수 있듯이 단어가 있는 것은 그 대상이 있다는 것을 싫어도 인정해야 한다.

누군가는 그런 세계를 보았기에 그런 말과 그림과 단어가 생겨난 것이고 공상이나 상상이 현실로 다가오는 데는 그리 많은 시간이 걸리지 않는다. 용과 봉황이 상상 속의 동물이라 하지만 천상에 실제로 존재하는 것을 영안으로 보아 그려냈고 그 형상은 왕을 상징하는 데 쓰고 있다.

## 인류의 종주국 대열에 합류하자

비기에 등장하는 예언의 실현은 누가할까?

이 책을 감동 깊게 읽어보고 공감하는 그대들이다. 꿈만 같은 이상향의 유토피아 세계는 과연 이 나라에 현실로 올 것인가? 이론적인 현실로는 거의 불가능에 가깝다고 대다수가 생각하며 살아가고 있으리라.

신의 종주국, 인류의 종주국, 세계 최강의 군사대국, 경제대국, 영토대국, 인구대국, 수출대국, 관광대국으로 부상하여 인류를 다스리고 지배통치하는 경천동지할 꿈만 같은 길은 어디에 있는 것이고 현실로 실현 가능한 일일까?

우리나라 국력으로는 절대로 불가능한 영역이기에 나도 잘 안다. 단 한 가지 방법이 있다면, 천상부모님과 신들의 무소불위한 힘을 빌리는 것뿐이다. 무소불위한 천상의 대천력, 대도력, 대신력을 빌릴 수만 있다면 실현 가능하다.

나는 방법을 제시할 테니까 이 나라의 국민 한 사람씩 공감한다면 뜻을 모아 동참해서 국론을 결집해 주어 현재의 청와대 터에 인류의 구심점이 되어 세상을 다스릴 천궁(天宮)을 세워주기만 하면 1차 성공이다. 그다음부터는 세계 인류의 영들이 자발적으로 육신들과 함께 들어와서 굴복한다.

세계 인류 76억 3,000만 명 중에서 69억에 가까운 68억 9,093만 명이 종교를 다니고 있다. 인간 육신들이 현생을 잘살기 위해서 다니든, 생사령들이 내생을 보장받기 위해서 다니든 종교를 믿는 것은 하늘과 신을 그리워하고 찾기 위함이다.

**천궁세계와 종교세계!**

과연 어느 곳이 맞을까? 사람들은 수천 년 이어져 내려온 오랜 역사와 전통을 자랑하는 종교세계가 맞을 거라고 주장할 수 있다. 그러나 지금까지 그들이 주장해 온 종교이론은 현실과 너무나 다르고 생사령들이 외치는 구원은 이루어진 역사가 없음이 최근에 적나라하게 밝혀졌다.

종교를 믿었던 사람들의 실망이 아주 커서 떠난 사람들도 많은데 69억 가까운 종교 신도들이 궁극적으로 찾고 기다리던 곳이 천궁이란 곳임이 증명되었고, 객관적으로 이제 알아보는 데 시간이 소요되는 일만 남았다.

물론 이 나라 사람들도 아직까지 천궁의 존재를 잘 모르고 있기에 많은 사람들에게 알려서 동참하게 하는 것이 절대적으로 필요하고, 대통령과 정부, 국회, 재벌들, 각계각층의 유명 인사들, 국민들 모두가 한마음 한뜻이 되어 뭉쳐야만 이루어 낼 수 있다.

**지상천궁에서는 무엇을 해낼까?**

76억 인류와 생사령의 구원과 분단된 남북통일, 종교통일, 세계통일을 이루어낼 수 있는 인류의 구심점이다. 대우주와 천지만생만물을 창조하신 천상부모님을 찾아내었으니 이 나라 국민들이 국론을 결집해 준다면 세계 76억 3,000만 명을 다스리는 통치 국가로 거듭날 수 있다.

각자의 몸 안에 있는 영들이 짐승, 가축, 곤충, 벌레, 어류, 조류가 아닌 인간 육신으로 왜 태어났는지 진실만 알아도 국론이 결집될 수 있다. 또한 각자가 천상에서 죄를 짓고 지구로 도망쳤거나 쫓겨난 죄인이란 진실만 알아도 한 세상을 덧없이 허송세월하며 보내지 않았을 것이다.

생사령들이 전생에 지은 죄를 빌고 사면받아 천상천궁으로 다시 돌아갈 수 있는 유일한 길이 인간 육신과 함께 지상천궁에 들어오는 일이다. 인간 육신은 땅속이나 불 속으로 들어가서 사라지지만 영들은 고향인 천상천궁으로 돌아가야 한다.

상상 속에서나 가능할 것 같은 세계통일과 종교통일은 이 나라 국민들만 합의하여 청와대 터에 천궁을 세워주기만 하면 실현 가능한 일이니 뜻이 같은 독자들이 있다면 함께 동참해 주기 바란다.

옛날부터 현재의 청와대 터는 하늘의 터, 신의 터라고 알려져 왔지만 인간들이 아직까지 어떻게 해야 하는지 몰라서 수수방관하고 있다. 청와대 터의 원주인이 나타나지 않아서 그런 것인지, 강력하게 주장하지 않아서 그런 것인지 아무런 징조가 나타나지 않고 있다.

천궁을 청와대 터에 세우고 안 세우고 역시 이 나라 국민들의 자유이고 선택 사항이다. 이런 주장을 하는 것은 너무나 안타까워서 하는 말이다. 사실 나는 현재의 위치에서 조용하게 마음 편히 살아가는 것이 개인적으로는 이롭지만 어떤 애국심이 발동해서 그런지 이 나라를 세계 최고의 국가로 세우고 싶다는 마음이 불끈불끈 솟아서 전하는 것이다.

대한민국을 세계 최고의 국가로 세우고 싶다는 마음을 접으려고 나름 노력도 해봤지만 그러기에는 하늘께서 나에게 내려진 대천력, 대도력, 대신력을 세계 인류를 향하여 발산하지 못함과 울부짖는 생사령들을 구원하지 못함이 원과 한이 되는 것 같아 또다시 글을 쓰는 것이다.

나에게 아무런 신비의 능력이 없었다면 대한민국을 세계 최고의 국가로 우뚝 세우는 일을 생각조차 못했을 것인데 나의 능력을 발휘 못함이 매우 안타깝다. 아직 세상이 나를 필요로 하지 않는 모양인가 보다.

이 나라에서 나를 필요로 하지 않는다면 이곳 천궁에서 책을 읽고 찾아오는 생사령들을 구원해 주며 소박하게 살아갈 생각이다. 이 나라 국민들이 등 떠밀며 청와대 터에 제발 들어가시라 하여도 생각해 볼 문제인데 오히려 내가 아쉬워서 목매는 것 같아 씁쓸한 마음이다.

종교에 세뇌당하여 눈과 귀가 멀어 나의 신비스런 능력을 이 나라 국민들이 필요로 하지 않는다면 더 이상 청와대 터에 천궁을 세우자는 논리를 주장하지 않을 방침이다. 그러나 분명한 것은 수천 년의 세월 동안 난다 긴다 하는 종교인들이 이루지 못한 생사령들에 대한 구원의 생사여탈권을 집행할 수 있는 유일한 구원자라는 것만 알아두기 바란다.

인간 육신들이야 본래부터 고집 세고 너무나 잘나서 영들의 말을 안 들어 처먹어서 나의 존재를 인정하지 않고 있지만 생사령들에게는 나의 말 한마디에 따라서 생과 사가 좌우되고 구원받는 자와 구원받지 못하는 자로 나뉜다.

천상천궁으로 올라가려는 생사령들은 나의 황명을 받아 조상입천의식을 행하면 당일 곧바로 의식이 끝남과 동시에 천상천궁으로 올라갈 수 있다. 수천 년의 세월 동안 종교 안에서 해내지 못한 구원이 현실로 이루어지는 것이다.

종교를 믿고 있는 사람들은 석가, 여호와(야훼), 예수, 마리아, 마호메트, 공자 노자, 상제를 하나님, 하느님, 부처님으로 알고 떠받들고 다니겠지만 이들조차도 구원받지 못하여 사후세계에서 추위와 배고픔, 구타와 성폭행으로 고통스럽게 보내고 있다는 사실이 이곳 천궁에서 최초로 밝혀졌는데 이들이 어떻게 세계 인류를 구원해 줄 수 있겠는가?

그래서 종교세계를 통해서는 생사령들이 절대로 구원받을 수 없다는 진실이 밝혀졌기에 청와대 터에 천궁을 세우면 전 세계 생사령들이 인간 육신들과 함께 찾아와서 굴복하고 천궁의 뜻에 동참하게 되어 세계통일, 종교통일로 이루어져 대한민국이 명실공히 전 세계 최고의 위대한 국가로 재탄생하게 된다는 것이 나의 주장이니 천궁을 세우는 뜻에 함께할 각계각층의 인재들은 앞다투어 동참하자.

지구상 최고의 잘사는 국가로 다시 태어날 수 있는 천재일우의 기회를 잡을 것인지 말 것인지 이 나라 국민들에게 달려 있다는 말을 전한다. 어차피 대한민국의 국력으로는 세계 최고가 될 수 없다는 것은 이 나라 국민들 모두가 다 인정한다.

비기와 예언서에 나온 하늘과 신의 힘을 빌릴 수 있는 마지막 방법이 청와대 터에 천궁을 세우고 등 떠밀어 나를 인류의 구원자로 추대하는 일이다. 이 나라에 도박과도 같은 일이지만 시도해 볼만한 가치가 있다고 판단된다.

내가 세상 밖으로 나가 세계 인류의 이목을 집중시키고 대한민국을 전 세계 최고의 지상 국가로 세울 수 있는 마지막 기회이다. 아니면 천상에서 말씀하신 대로 세월을 기다려 내 육신이 영생하여 수천 살을 건강하게 생존한다면 훗날에 자연스럽게 인류의 종주국, 신의 종주국, 세계 통치국가로 부상할 수 있을 것이다.

이제 남은 것은 기다림의 시간뿐이다.

어떤 선택이 되었든 간에 세상이 나의 능력을 필요로 하는 그날만을 기다릴 뿐이다. 나를 만나지 못하고 세상을 떠나 추위와 배고픔에 고통받으며 허공중천을 떠돌아다닐 자는 떠나고 구원받아 천상천궁으로 올라갈 생령과 사령들은 하루라도 빨리 들어와서 하늘이 내리시는 명을 받들면 된다.

## 남모르게 혼자 고민하는 귀접

귀신과의 섹스로 괴로워하는 사람들이 많지만 달리 방법이 없어서 방치하고 있다. 한편 은근히 귀접을 원하는 사람의 경우도 더러 있다. 귀접을 체험하는 사람들은 주로 90%가 여자들이고 남자들은 극히 드물다. 귀접은 정기를 빼가기에 서서히 죽어가고 인생 또한 엉망이 된다.

여자들은 선천적으로 음의 체질이기에 귀신들이 접신이 잘 된다. 다시 말하면 여자들은 귀신체질이다. 그 대표적인 사례가 무당들이 대부분 여자들인 것을 보면 안다. 남자 무당은 박수무당이라고 하는데 아주 드물고, 남자 무당은 주로 법문하는 법사 역할을 한다.

남자에게 신기가 내리면 신부, 목사, 승려, 도인, 도사, 법사, 철학관 원장의 길을 가고 여자들에게 신기가 내리면 수녀, 비구니, 보살, 무당을 하게 된다.

귀신들로 인해서 고통받는 사람들이 많지만 무속인에게 의뢰하는 경우가 허다한데 그러다가 사고 나서 사람이 죽는 경우가 종종 있다. 귀신들에게 지구상에서 가장 무서운 곳이 이곳 천궁이다. 악신과 악령을 척살하는데 아무런 도구 필요 없이 나의 말과 기운으로 가능하다.

나의 몸과 손바닥에서 발산되는 수억만 볼트에 해당하는 신비스런 강렬한 빛과 불로 귀신들을 쫓아내면 더 이상 견뎌내지 못하고 퇴치되기에 퇴마사나 무속인들에게 찾아가지 않아도 된다.

내 몸에서 나오는 무소불위의 빛과 불을 보고 신기해하며 와~아 하며 감탄하는 귀신들도 많고, 공포에 질려 무섭다고 도망치는 귀신들도 있는데 반응이 천차만별이다. 인간 눈에는 내 몸에서 발산되는 빛과 불이 전혀 안 보이지만 영들의 눈에는 생생하게 보인다.

**하늘이 내리신 빛과 불!**

아무 사람 몸에나 빛과 불이 있는 것이 아니라, 하늘의 명대행자와 화신에게만 내려주신 하늘의 증표이자 고귀한 최고의 선물이다. 너무나 강렬하고도 신비스런 빛과 불의 기운을 갖고 있기 때문에 생령과 사령들을 구해서 천상천궁으로 보내줄 수가 있는 것이다. 아무런 신비의 능력도 없이 어떻게 인류를 구해 주겠는가?

인간세상은 귀신들의 세상이다. 이 땅에 인간들이 태어났다가 죽어서 천지만생만물로 윤회하지 못하고 귀신이 되어 인간육신과 허공중천 구천세계를 추위와 배고픔으로 떠돌아다니는 숫자가 얼마나 많겠는가? 귀신들이 집안이나 거리에 깔려 있지만 인간의 눈에만 안 보일 뿐이다.

## 무섭고 두려운 사후세계

수천 년 전에 죽었으나 천상에 오르지 못해 허공중천 구천세계를 떠돌며 저승에서 허기진 배를 움켜쥐고 굶주림과 헐벗어 추위에 허덕이는 조상 사령들의 다급한 절규에 정작 자신들은 죽어보지 않아서 그들이 저승에서는 전혀 보이지가 않고 들리지가 않아 문외한이 될 수밖에 없어 도와줄 수 없다.

현실에서 사람들은 "조상님이요? 천도재 많이 지냈는데요!", "제사도 꼬박꼬박 지내는데요.", "성묘도 가고 벌초도 해마다 하는데 무슨 소리냐?"며 자손으로서 할 일을 다 했다는 식으로 말들을 하고 있다.

참으로 몰라도 너무 모르고 자신도 죽어봐야 아는데 하지만 옛말에 "개똥밭에 굴러도 저승보다 이승이 낫다."라고 하는 말은 까먹었는지 사후세계에 대해서는 너무 무지하고 그저 종교에만 매달리려고 한다.

성공하고 출세하기 위해 이 지구에 태어난 게 아니고 전생의 죄를 빌고 죗값을 바쳐 무릉도원의 세상인 천상으로 돌아가려고 함인데, 출세하고 성공한 자의 사령을 불러보니 모두가 하나같이 헐벗고 굶주림에 오늘도 주린 배, 허기진 배를 움켜쥐고 추위에 달달 떨며 도깨비, 조폭귀신에게 맞아 피해 다니기 일쑤인 저승에서의 하루하루가 고통이다.

시장에 가서 먹으려고 하면 구역을 지키는 조폭귀신에게 맞아 터지고 동물 영에게도 얻어맞고 먹이사슬의 최하위에 있는 게 저승에서의 생활이다. 그래서 "개똥밭에 굴러도 저승보다 이승이 낫다."는 얘기가 사실이다.

살아생전 많이 가졌다고 남을 개 무시하고 하늘도 개 무시하면서 "죽으면 끝이지 저승이 어디 있어?" 또는 개중에 가짜 하늘에다 헌금도 많이 한 사람도 있지만 오로지 돈, 명예에 미쳐 날뛰다가 김무생 아들 김주혁 같이 죽은 뒤에 "왜 난 이렇게 일찍 죽었어요?" 한다.

하늘을 원망이나 하고…, 한때는 성공하고 잘나가던 시절이 있었는데 죽어보니 헐벗고 주린 배를 움켜쥐고 오늘도 도망 다니는 저승에서의 조상 사령들은 "자식에게 그 많던 돈 나누어줘 봐야 다 소용없어요. 고작 한다는 게 제사, 천도재, 벌초 및 성묘라고요. 자식 다 소용없어요."라고 말한다.

한 때 잘나가던 사람이 저승에서 유독 고통받고 사는 것은 살아생전 행하고 뿌린 대로 거둔다는 자연의 섭리인 인과응보의 법칙 때문이다. 죽어서 조상이 되기 전에 왜 하늘을 만나야 하는지 세상 사람들은 그 진실을 모르고 산다.

영(생사령)들을 창조하신 분이 하늘이시기에 영(생사령)들을 구할 수 있는 분도 하늘 한 분이시다. 종교의 하늘이 되어버린 석가부처, 예수, 마리아, 상제는 이 땅에 인간으로 태어났다가 죽은 귀신에 불과한데 수천 년의 세월 동안 하늘로 떠받들려지고 있어 영들이 천상으로 돌아가는 길을 막고 있다.

종교 경전과 교리로 세뇌시켜서 영들이 돌아가야 할 천상천궁으로 올라가지 못하게 온갖 감언이설로 현혹, 회유, 협박, 강요하여 진귀한 이 책을 읽어보고도 가짜라고 하거나 사이비종교 운운하는 자들이 있을 것이다.

자신이 종교에서 배운 이론과 다르면 모두 배척하는 것이 종교이기 때문이다. 공산주의자보다 더 무서운 곳이 종교세계인데 이런 진실을 알아보지 못하고 있으니 답답하다. 사필귀정(事必歸正)이다. 언젠가는 하늘의 진실이 명명백백히 밝혀지겠지만 천상으로 돌아가야 할 영들이 종교세계에 갇혀 있어서 지상천궁으로 들어오지 못하고 있다.

인간 육신들은 영적 세계에서 일어나는 일들을 알 수 없기 때문에 종교인들의 먹잇감이 되는 것이다. 지구상에 있는 수백만 개의 종교가 모두 거짓이라고 주장하니 계란으로 바위를 치는 격이지만 진실은 반드시 승리할 것이다.

하늘의 진실, 사후세계의 진실을 찾고, 조상과 자신의 미래세계를 준비하려는 자들에게는 이곳 천궁이 더할 나위 없이 고마울 것이고, 한 세상 인간 육신의 삶만 잘살려고 욕심 부리는 자들에게는 아무 소용이 없고 그림의 떡이다.

사람 육신이 죽으면 바로 사후세상으로 입문하는데 아무렇지 않게 당연하다는 듯 살아간다. 육신이야 죽으면 아무런 감각도 없어서 사후세계가 존재하는지 관심조차 없다. 그저 좋은 산소자리 잡아서 호화묘지에 안치되기만을 기다린다.

사람들은 눈에 보이고 들리는 것에만 집착을 한다. 하지만 영들에게는 두렵고 무서운 끔찍한 사후세계가 엄연히 존재하고 있다. 영들이 돌아가야 할 천상천궁도 실제로 존재하는데 인간의 눈으로는 보이지도 들리지도 않을 뿐이지만 사람의 육감을 통해서는 기운으로 알 수 있다.

죽어서 땅을 치고 살려달라고, 구해 달라고 아무리 목이 터져라 소리치며 외쳐보아도 소용이 없다. 가족들은 죽은 자들이 구해 달라고 아무리 소리쳐 불러보아도 들을 수 없기 때문에 한낱 메아리로만 울려 퍼질 뿐이다. 각자들의 죽음 이후 세계는 육신이 살아 있을 때 각자 자기 자신들이 미리 준비해 놓고 살아가야 한다.

사람들은 망각의 동물이기에 여러분이 죽은 뒤에는 잠시만 슬퍼할 뿐 세월 따라 잊혀져가고 가족들은 더 이상 여러분을 돌보며 구해 줄 마음이 없다. 굿, 천도재, 제사, 차례, 성묘하는 것이 자손으로 할 수 있는 유일한 길이다. 남긴 유산이 있다면 형제간에 재산 분배 문제로 의절하고 법정 소송까지 이어지고 있을 뿐이다. 이것이 현재까지 이 나라에 이어져 내려오는 사회 풍속도이다.

현대문명이 급속히 발달하면서 피보다 진한 것이 돈이 되었다. 돈 앞에선 부모, 자식, 형제 사이라도 일체 양보가 없는 인정머리 없는 세상으로 변질되어 버렸다. 재산 분배 문제로 살인까지 벌어지고 법정 소송이 난무하고 있다.

부모 살아생전에나 형제간의 우애가 있지 부모가 죽으면 남남이 되어버리는 경우가 허다하다. 그래서 각자들은 자신의 죽음 이후 세계를 지상 천궁에 들어와서 철저히 준비해야 한다. 어느 누구에게 맡겨서도 안 된다.

지금 인류는 진정한 구원이 어디에 있는지 모르기에 종교세계에만 의지하고 있는데 종교세계 전체가 모두 가짜이니 이를 어찌할 것인가? 아무리 종교가 거짓세상이라고 주장하여도 수천 년의 역사와 전통을 자랑하며 이어져 내려왔기에 그대로 믿고 따르는 수밖에 없는 것이 현실이다.

현재세상은 종교세상이다.

세계 종교별 통계에 의하면 전 세계적으로 47,000개 교파에 5,527,000개의 교당, 교회가 있다. 천주교 10억 3,540만 명, 개신(기독)교 7억 8,049만 명, 이슬람교 15억 7,058만 명, 힌두교 9억 2,645만 명, 불교 4억 7,967만 명, 중국 민속종교 4억 977만 명, 민속종교 2억 6,707만 명, 정교 2억 4,257만 명, 유사기독교 1억 5,966만 명, 유대교 1,439만 명, 토속종교 2억 488만 명, 기타 종교 9,319만 명으로 총 68억 9,093만 명이고, 무종교가 7억 3,907만 명으로 세계 인구 중 90.3%가 종교를 믿고 있으며 세계 인류는 2018년 6월 20일 현재 기준으로 76억 3,000만 명을 돌파하였다.

이들 종교인들이 섬기는 신앙의 대상이 높고 높은 상상 속의 하늘나라 주인을 섬기고 있는 것이 아니라 이 땅에 사람으로 태어났다가 죽어서 귀신이 된 석가, 여호와, 예수, 마리아, 마호메트, 공자, 노자, 강일순을 성인성자로 둔갑시켜서 하느님, 하나님, 알라신, 부처님, 상제님, 신으로 받들어 섬기고 있다.

나 홀로 이들 68억 9,093만 명의 인류를 상대로 힘들고 외로운 싸움을 하며 아무도 알아주지 않는 하늘의 진실을 전하고 있다.

인류는 진짜 하늘을 믿고 있는 것이 아니라 인간으로 태어났다가 죽은 귀신들에게 하느님, 하나님, 천자, 신이 강림하여 어떤 신비스런 능력이 있었다고 성인성자로 떠받들어서 추앙하며 그들의 기운을 받으려고 따르고 있는 것이다.

영들을 천상천궁으로 돌아가지 못하게 이 땅에 처음으로 종교를 세운 천상세계와 정반대의 온갖 악귀잡귀들이 방해하며 가짜라고 메시지를 내려주어도 무시하고 이겨내야 천궁에 들어올 수 있다.

종교를 믿고 있는 68억 9,093만 명의 인류를 상대로 종교세계가 거짓이라고 용감하게 말하는 내가 세상 사람들에게는 어리석은 일이라고 말할 수도 있지만 하늘의 진실은 언젠가는 전 세계 인류에게 밝혀지게 되어 있다.

현재는 내가 인류를 상대로 외로운 싸움을 하고 있지만 저들도 모두가 내 앞에 무릎 꿇고 제발 살려달라고 애원하며 굴복할 날이 조만간 다가온다. 다만 시간이 얼마나 걸리느냐의 싸움만 남아 있다.

저들 종교인들이 받들어 존경하며 추앙하고 있는 숭배자들 모두가 하늘로부터 구원받지 못해서 추위와 배고픔, 폭력과 성폭행으로 허공중천 구천세계를 떠돌아다니고 있다는 진실이 밝혀져도 일편단심으로 믿을까? 아마도 인정하기 싫어서 대다수가 부정할 것이다.

숭배받고 있는 당사자들도 하늘로부터 구원받지 못하고 있는데 세계 인류를 구원해 준다고 말하고 있으니 기가 막힌 일들이다. 인류의 정신세계를 뒤엎을 충격적인 하늘의 진실이 나에 의해서 전 세계로 퍼져 나갈 것이다.

종교 전체가 잘못되었음을 전하고 있다. 종교를 믿어서는 구원이 절대로 없다는 위대한 하늘의 진실을 인류 모두에게 전한다. 때가 되면 어느 날 하늘이 나에게 내려주신 대천력, 대도력, 대신력이 그 빛을 만 세상에 불 밝힐 날이 오고 세계 인류가 그토록 기다리던 구원자, 메시아가 동방 땅에 출현했다고 환호하는 만세 소리가 전 세계적으로 울려 퍼질 것이리라.

## 입양 보낸 딸의 생령과 30년 만에 상봉

도법주문회에 참석하고 도법천존 천지인황 폐하의 그 대단한 천력과 도력, 신력의 위대함에 감동과 감격은 아직도 가슴을 적시고 있사옵나이다. 이 소신의 육신으로 들어온 악귀잡귀를 무소불위하신 신비의 빛과 불로 척살해 주시고 30년 동안 만나보지 못한 딸의 생령과 상봉하게 해주신 도법천존 천지인황 폐하께 무한한 감사함을 올려드리옵나이다.

도법천존 천지인황 폐하! 이 소신 또 한 번 엎드려서 도법천존 천지인황 폐하께 감사함을 올려드리옵나이다!! 감사하사옵나이다!! 고맙사옵나이다!! 웬일인지 지난 토요일 일하면서 갑자기 딸 생각이 나면서 생령이라도 상봉하고 싶은 마음이 간절하게 밀려와서 눈물을 많이도 흘렸사옵나이다.

중국 땅에서 29세 나던 해 생활의 고난으로 딸을 키울 수 없게 된 이 소신은 오직 하나뿐인 딸(그때 5세)만이라도 행복하게 살 수 있게 하려고 부잣집으로 입양을 보낸 지 30년이 되었사옵나이다.

딸을 부잣집으로 보내고 이 소신은 딸 생각에 장장 30년이란 시간을 미쳐버린 정신으로 살았사옵나이다. 진정으로 딸을 생각했기에, 이 소신이 딸을 행복하게 할 수 없기에 한 달 동안 울고 또 울면서 결정한 것이 부잣집으로 입양 보내기로 한 어미의 아픈 사연을 어찌 한두 마디 말로 다 표현이 되겠사옵나이까?

딸을 보고 싶은 생각에 위대하옵시고 대단하옵신 도법천존 천지인황 폐하께 이 소신의 마음을 고백하사오니 도법천존 천지인황 폐하께서 이 소신의 소원을 풀어주셨사옵나이다. 영원히 잊지 못할 도법주문회이기도 하사옵나이다.

이 세상 오직 도법천존 천지인황 폐하께서만이 산 사람의 생령을 부를 수 있기에 가능한 생령상봉! 도법천존 천지인황 폐하께서 이 소신의 딸 김연화의 생령을 호출하시니 비서실장님 육신으로 곧바로 실린 이 소신의 딸이 처음엔 어딘지 분간이 안 되어 어리둥절해 하는 모습이 생소하게 느껴졌사옵나이다.

그렇겠지요. 너무 어려서 이 어미가 떠나 보낸 딸이기에 키워주지 못한 미안함과 너무나 사랑하고 있는 어미의 마음이 밀려와서 통곡하였사옵나이다. 크게 울고 나니 30년이란 긴긴 세월의 그 보고 싶은 심정이 다 풀어진 것 같사옵나이다. 참으로 보고 싶고 또 보고 싶은 나의 딸이었사옵나이다.

"지금 현재 나이로 벌써 35세가 되는 딸은 어떻게 지내는지? 천인이 된 딸은 어떻게 생각하고 있는지?" 이 어미는 너무나 알고 싶었사옵나이다. 딸의 행복을 위하여, 딸의 인생에 먹구름을 안겨주고 싶지 않아서 보고 싶은 마음을 가슴 깊이 묻고 살았사옵나이다.

도법천존 천지인황 폐하의 대단하시고 위대하신 천지능력이 있었기에 생령이라도 먼저 상봉하는 행운을 얻게 되었사옵나이다. 이 어미를 처음엔 생소하게 느끼던 딸이 마지막엔 이 어미를 알아보고 찾아오겠다고 약속하고 손도장까지 찍었사옵나이다!!

딸과 할 말은 많아도 진짜 상봉하는 날에 하기로 하였사옵나이다. 도법천존 천지인황 폐하께서 황명으로 딸의 생령에게 "네 어미를 만나러 한국으로 와서 도솔자미천으로 들어오라!" 하셨으니 그날은 꼭 오리라 이 소신은 믿사옵나이다! 도법천존 천지인황 폐하의 사랑으로 진짜 이산가족 상봉이 이루어졌사옵나이다!!

딸을 상봉하면서 얼마나 울었는지 집에 돌아오니 자리에 곧바로 쓰러져 누워서 잤사옵나이다. 새벽에 깨어나니 정신이 번쩍 들어서 이렇게 글을 올려드리고 있사옵나이다. 이 세상 그 어디 가서 생령과 상봉을 할 수 있겠사옵나이까?? 오직 도법천존 천지인황 폐하의 대도력과 대천력, 대신력으로 가능하사옵나이다.

오직 도법천존 천지인황 폐하만을 믿고 따르는 것이 순천의 길을 가는 것임을 이 소신은 마음속으로 느꼈사옵나이다. 이 소신은 하나뿐인 딸도 도법천존 천지인황 폐하의 천지신명공사에 적극 동참하기를 간절히 바라는 마음이사옵나이다.

## 악귀잡귀 척살의 신비스런 대능력

도법주문회 시작하기 전 1시간가량 도법주문을 독송하였사옵나이다. 배에 힘을 주고 큰 소리로 크게 하늘을 향하여 맘껏 외쳤사옵나이다. 하품이 늘어지게 반복하여 나왔고 눈물과 서러움에 울기도 하였사옵나이다. 이내 마음이 진정되고 평화로우니 좌우로 몸이 왔다 갔다 하고 또 하품이 나왔사옵나이다.

도법천존 천지인황 폐하! 감사하사옵고 또 감사하사옵나이다. 사람 몸 안에 귀신이 있다니 참으로 놀라운 사실이사옵나이다. 귀신이 없는 사람이 하나도 없을 정도로 무수히 많기에 인생의 급선무는 귀신 빼내는 것이라 하셨사옵나이다.

소신의 몸이 평소와는 다름을 느꼈사옵나이다.

몸이 가라앉고 뒤로 눕고 싶고 머리는 몽롱하면서 무겁고 등 허리에는 누군가 매달린 듯한 무거움과 목과 고개도 너무 아팠고, 마음은 불안 초조하기까지 하였사옵나이다.

아니나 다를까 귀신이 제 몸 안에 10명이나 있었다니 그저 놀랍고 상상초월이고 머리, 어깨, 무릎, 발까지 없는 곳이 없었사옵나이다. 비서실장 육신으로 악귀잡귀가 실렸을 때 표독스럽고 악랄한 모습과 앙칼지게 쳐다보는 눈빛을 보면서 소신 역시 지면 안 되겠다는 생각이 들어 눈을 크게 부라리며 쳐다

보았사옵나이다.

약한 모습, 나약한 모습은 귀신들에게 빌미를 주고 악귀잡귀의 밥이 되므로 강하고 못되게 보여야겠사옵나이다. 대단하오신 도법천존 천지인황 폐하께옵서 명령만 내리시면 고문형벌을 집행하셨사옵나이다. 비서실장님 육신으로 들어온 귀신들은 실제로 처절한 고통을 느끼며 비명을 질러대고 살려달라고 아우성이었사옵나이다.

대단하오신 도법천존 천지인황 폐하께옵서 신비스런 기운의 빛과 불로 악귀잡귀를 소멸하여 주시어 감사하사옵고 또 감사드리사옵나이다. 어떤 말로도 형용할 수 없는 고마움에 눈시울이 뜨거워졌사옵나이다. 세상 어디에서 이런 경험을 하며 치유해 주겠사옵나이까? 높고 높으신 도법천존 천지인황 폐하가 아니셨다면 소신은 죽은 목숨이었사옵나이다.

약간의 목이 뻐근한 것 말고는 한결 몸과 마음이 가벼워졌사옵나이다. 세상 사람들은 자신의 몸 안에 귀신들이 들어와 있는지도 모르고 살아가고 있고 도법천존 천지인황 폐하와 멀어지면 죽음이사옵나이다. 악귀잡귀를 척살하여 주신 도법천존 천지인황 폐하! 만세! 만세! 만만세!!!

또 다른 50대 여성은 어머니 장례식을 치르고 나서 7명의 귀신이 들어와 있는 것을 도법천존 천지인황 폐하께서 상상초월의 빛과 불로써 척살하여 주셨사온데 도법천존 천지인황 폐하의 신비스런 능력은 이 세상 최고이사옵나이다.

도법천존 천지인황 폐하께서는 인간들의 눈에는 안 보이지만 영(생령과 사령)들의 눈에는 빛과 불로 보이시기에 무서움과 두려움을 겸비한 존경의 대상 그 자체이사옵나이다. 몸에서도 빛이 나시지만 양손바닥에서 강력한 빛이 발산되기에 생령과 사령, 악귀잡귀 귀신들은 눈이 너무 부시고 아파 눈알이 빠질 듯하여 감히 용안을 바라볼 수 없는 위대한 능력자이사옵나이다.

말씀으로, 빛과 불로써 악귀잡귀 귀신들을 단숨에 척살한다는 것은 저 역시도 난생처음 들어보는 말이었지만 실제로 귀신 체험을 당한 당사자이다 보니 더욱 놀랐사옵나이다. 이런 신비능력을 가진 분은 선천세상에도 없었고, 앞으로 다가올 후천세상에서도 없을 것이사옵나이다.

악귀잡귀 귀신들이 도법천존 천지인황 폐하 앞에 불려 나오면 영들에게만 보이는 강렬한 빛과 불 때문에 용안을 똑바로 바라보지 못하고, 괴성을 질러대며 나동그라지는 모습을 수없이 보아 왔사옵나이다.

우리 인간들의 눈에는 분명 우리들과 다름없는 인간 육신을 갖고 있으신데 영(생령과 사령, 악귀잡귀, 귀신)들에게는 어째서 강력한 빛과 불로 보이시어 그들이 두려움과 무서움을 느끼고 있는 것인지 마냥 신비스럽사옵나이다.

도법천존 천지인황 폐하께서는 우리들에게 영원한 빛과 불이시고 존경의 대상 그 자체이사옵기에 육신이 살아생전에 만나 뵈올 수 있음이 너무 기쁘고 행복하며 영광이사옵나이다.

【제2부】

# 영혼들의 천상궁전

# 天宮

## 조상 상봉과 천상세계 모습

조상 상봉 시간에는 희비가 엇갈린다.

천상천궁으로 입천되신 시조조상님, 대표조상님, 할아버지, 할머니, 아버지, 어머니, 형제들이 편안히 잘 계신지 하강시켜서 상봉하는 시간이다. 천상천궁으로 보내드리기는 하였지만 과연 어떻게 보내시는지 궁금증을 풀어주는 시간이다.

자손과 후손들이 지상천궁에서 황궁법도를 잘 따르며 예의바르게 똑바로 행하는 자들의 조상들과 무시하고 행하지 않는 자들의 조상들은 하늘과 땅 차이이다. 자손이나 후손들이 이 당에서 잘해야 천상천궁에 있는 조상들이 그대로 기운을 받아서 편히 살아간다는 위대한 진실을 알아내었다.

황궁법도와 근본도리를 지키는 조상들은 기백이 엄청나고 편안하게 잘 지내고 있다며 ○○○의 대표조상, 시조, 할아버지, 할머니, 아버지, 어머니라고 큰소리로 우렁차게 말하며 나에게 큰절을 올려 예의를 갖추며 복명복창하고 기쁘고 행복하게 잘 지내고 있다며 만족스러워했다.

남자 조상님들은 기백 있게 우렁찬 목소리로 복명복창하는 반면 여자 조상님들은 애교가 넘치는 나긋나긋한 예쁜 목소리로 복명복창을 하면서 큰절을 올린다. 절하는 모습도 신부가

드레스를 입고 혀가 꼬부라지는 애교 넘친 목소리와 자세로 예쁘게 멋들어진 포즈를 취해서 참석자들을 웃음바다로 만들기도 한다.

이 땅에서 살다가 나이 먹어 70~80대에 돌아가신 어머니는 당연히 나이 많은 할머니의 모습으로 하강하여야 맞는데 천상천궁에 입천된 순간에 천궁법도에 맞게끔 어린 나이로 변신시켜 주시는데 80~90세에 꼬부랑 할머니로 돌아가시었어도 천상천궁에 입천되면 16~18세의 모습으로 영혼의 어버이이신 "태상천존 자미 천황태제" 폐하께서 바꾸어주시니 자연적으로 애교 넘치는 목소리로 변신할 수밖에 없다.

많은 사람들이 조상입천의식을 행하고도 살아생전의 나이 먹은 아버지, 어머니 모습을 떠올릴 것인데 이처럼 조상님들에게 천변만화의 개벽 인생을 만들어주신다. 남자들은 26~28세의 혈기 왕성한 나이로 변시켜 주시기에 천상천궁에는 할머니 할아버지들이 존재하지 않는다.

추위와 배고픔에서 벗어나고 구타와 성폭행, 근심과 걱정 없는 무릉도원 세상에서 살아가신다고 자랑하며 기쁨과 행복에 겨워서 즐겁게 지내고 있다 하신다. 영들이 기다리던 이상향의 유토피아 세상에서 영생을 누리며 살아간다. 천상의 절대자 하늘이신 "태상천존 자미 천황태제" 폐하의 모습도 갓 서른의 동안 모습이시고 변신을 자유자재로 하실 수 있으시다.

반면 자손과 후손들이 지상천궁에서 황궁법도와 근본도리를 행하지 않는 자들의 조상들은 풀이 죽어서 하강하여 몸 둘 바를 몰라 나의 얼굴을 똑바로 바라보지도 못하고 쩔쩔매며 안절부절못해 모기만한 기어들어가는 목소리로 복명복창하면서 겨우겨우 큰절을 올린다.

자손과 후손을 상봉하면서 눈물을 뚝뚝 흘리며 원망한다. 조상인 나는 천상천궁에 올라가 있지만 너와 나는 하나인데 네가 못하면 그 기운을 그대로 받을 수밖에 없다고 말하며 잘하라고 신신당부를 한다. 통곡하는 조상, 분노하는 조상, 초상집이 된 조상 등으로 다양하다.

**환상의 세계 천상천궁!**

보이는 풍경이 너무나 아름답기에 눈도 아름답고, 귀와 마음도 즐거운 세상이 천상천궁이다. 매일같이 흥겨운 잔칫날이 이어진다고 보면 된다. 그만큼 기쁨과 행복이 넘치는 세상이기에 영들이 천상천궁에 오르고자 혈안이 되어 있는데 종교세계를 통해서 천상천궁으로 오르고자 하지만 지구상에 있는 47,000개 교파의 5,527,000개의 종교세계를 통해서는 그 어느 영들이던 천상천궁으로 올라가지 못한다.

생사령(생령과 사령)들이 천상천궁으로 오르는 길은 지구상에서 유일하게 지상천궁 한 곳뿐이다. 그대 독자들이 믿든 말든 종교세계 자체가 하늘과 천자를 사칭한 귀신들이 세운 가짜 세계이기에 구원 자체가 성사될 수 없다. 지상천궁에서만 천상천궁으로 오를 수 있는 길이 있다.

## 천상궁전에 올라간 조상님이 내려와

금일 도법주문회는 10년 전에 천상으로 입천해 드린 소신의 조상님 상봉식(대표조상님, 친할머니)이 있었사온데 너무나 감동하고 감격스러워 그 느낌을 어떻게 표현해야 할지 모르겠사옵나이다. 한없이 부족하고 여러 부분에서 폐하의 신하가 되기엔 모자란 점이 많사오나 폐하의 하해와 같은 황은으로 소신이 이 땅에 태어난 이후로 처음 소신의 대표조상님 및 친할머니와 상봉하는 광영을 얻었사옵나이다.

대단하신 도법천존 천지인황 폐하 감사드리고 또 감사 올려드리사옵나이다. 소신은 폐하의 다른 신하, 백성들 조상님 상봉식을 많이 보면서 금일 대표조상님께 많이 혼날 것 같아 긴장하고 있었사옵나이다. 제가 모르는 저의 실수들이 많이 나올까 싶어 긴장 또 긴장하였사옵나이다.

도법천존 천지인황 폐하의 황명으로 비서실장님 육신으로 하강하신 대표조상님께서 소신이 듣사옵기에 너무도 우렁차고 기백이 넘치시는 육성으로 도법천존 천지인황 폐하께 문후를 올리시는 것을 보사오면서 소신 1차적으로 조금 마음이 놓였사옵나이다. 기운 없이 문후 올리는 대표조상님을 보는 것 자체가 소신의 책임이고, 소신의 슬픔이며, 도법천존 천지인황 폐하께 누를 끼치는 일이옵기에 긴장하였사옵나이다.

하강하신 대표조상님께서는 소신을 물끄러미 바라보시다가 말씀을 주셨사옵나이다. 윤○○! 너에게 내가 전해 주고 싶은 한자성어가 있다.

大意忠節(대의충절)

이 한자성어를 저에게 말씀 주시며, 앞으로 도법천존 천지인황 폐하께 진심으로 다하면서 이 한자성어를 가슴에 새기라고 말씀하셨사옵나이다. 뜻을 소신이 다시 풀이하여 보사오니, '큰 뜻을 향해 흔들림 없이 굳건한 충성심과 절개를 가지고 나아가라'는 뜻이사옵나이다.

소신 이 말씀을 듣고 소신의 현재 상태와 앞으로의 미래에 대해 이 네 글자보다 더 잘 표현할 수 있는 어휘는 없다는 생각이 들었사옵나이다. 너무나 공감했사옵고, 바로 이것이다, 라는 생각이 들었사오며 대표조상님께서 마치 제 마음과 상황을 다 보신 상태에서 말씀하신 것이 아닌가 하는 전율마저 일었사옵나이다.

대표조상님께서 전해 주신 뜻을 뼈에 새기고, 대단하신 도법천존 천지인황 폐하께 천상에서 저지른 대역죄를 말끔히 씻어내고 새롭게 재탄생하여 반드시 충심으로 폐하를 기쁘게 해드릴 수 있는 신하가 될 수 있도록 노력하겠사옵나이다. 대표조상님을 만날 수 있게 하여주사옵신 도법천존 천지인황 폐하께 감사 올려드리사옵나이다.

소신이 어릴 때부터 사후세계와 하늘세계에 대해 궁금하고 호기심이 많아 도사, 법사, 스님, 교수들이 관련분야에 대해 쓴 책들을 탐독을 많이 하였사온데 이 역시 대표조상님께서 기운을 넣어주셔서 소신을 이곳 도솔자미천으로 이끄시는 과정이었음을 알았을 때 놀랍기도 하고, 기쁘기도 하였사옵나이다.

대표조상님께서 소신이 젊은 시절부터 도법천존 천지인황 폐하께 인연이 되어 지금까지 왔음을 잘 아시고, 소신이 사명자로 선택되지 않았다면 장군이 되었을 것이라는 말씀과 함께 지나온 소신의 인생을 사명자로 선택받았기에 겪을 수밖에 없는 과정이었다는 말씀 앞에서 대단하신 도법천존 천지인황 폐하께 더 큰 마음으로 다가갈 수 있는 큰 용기와 힘을 얻었사옵나이다.

그 순간에 미처 대표조상님께 말씀을 못 드렸사오나,
'대표조상님! 후손 윤○○를 포함하여 도법천존 천지인황 폐하의 각 사명자들의 인생이 아무리 힘들고, 어렵고, 외롭다 하여도 위대하고 위대하신 도법천존 천지인황 폐하께서 걸어오고 계시옵신 과정에 비한다면 아무것도 아니사오며 감히 언급조차 할 수가 없습니다. 그 어떤 장애물과 힘든 벽이 생긴다 하여도 오로지 이 후손은 제 목숨이 존재하든 하지 않든 도법천존 천지인황 폐하께 충심을 다할 것임을 다짐합니다.

대표조상님께서 내려주신 말씀 명심 또 명심하여 대단하신 도법천존 천지인황 폐하께 이 후손을 내려주사옵시어 감사 올려드리오시던 대표조상님의 모습에 누가 되지 않도록 노력하겠습니다.

이 후손은 대표조상님을 뵈면서 너무나 행복하고 기분이 좋아서 날아갈 것 같았습니다. 그동안 그 누구와도 소신의 인생에 대해 터놓고 얘기를 할 수 있는 사람이 없어 사실 조금 외로웠는데 대표조상님께서 천상에서도 도법천존 천지인황 폐하의 천지신명 대공사에 적극적으로 참여하여 주시고 나아가 이 후손의 신인합체의식에 대한 윤허까지도 도법천존 천지인황 폐하께 받아주시어 이 후손은 너무나 행복하고 행복했습니다.

천상에서 대표조상님께서 하시는 것보다 더 열심히 지상에서 도법천존 천지인황 폐하께 이 후손 노력하겠습니다. 평안히 잘 지내시길 바랍니다.'

천상에서 하강하신 대표조상님과 친할머니께서 소신이 예쁘다고 소신을 업어주시려고 하시어 소신 정말 당황했사옵나이다. 비서실장님의 작은 인간 육신 체격이 도저히 몸무게 77kg인 소신을 업을 수 있을 것 같지 않았사옵고, 설사 업는다 해도 업는 시늉만 할 줄 알았사온데 비서실장님과 함께하는 여자 분의 육신에 실리신 친할머니께서 도솔천황 폐하께서 기운을 주시면 여자도 남자처럼 된다 하시며 소신을 번쩍 들어 올려 업으신 후 세 바퀴 빙빙 돌 때 현기증마저 일었사옵나이다.

폐하의 비서실장님인 여자 분의 몸이 혹시 상할까 심각히 걱정이 되었사오나 다행히 도법천존 천지인황 폐하의 보살핌과 대도력으로 무사히 넘어갈 수 있었사옵나이다. 비서실장님 인간 육신으로 하강하신 대표조상님과 친할머니 기운을 소신은 말로 표현할 것도 없이 그대로 느꼈사옵나이다.

이 기분은 직접 조상님 상봉식을 해보지 않고 구경만 하면 절대로 알 수가 없사옵나이다. 비록 육신은 비서실장님의 육신을 빌리셨사오나 소신에게 전해져 오는 따뜻한 마음과 기운 그리고 친할머니께서 직접 말씀을 주실 때 소신이 태어난 후 얼마 되지 않아 돌아가셨기에 한 번도 뵌 적이 없사오나 바로 이 분이 친할머니임을 소신은 온몸의 기운으로 전율이 몰려와 느낄 수 있었사옵나이다. 도법천존 천지인황 폐하의 대도력, 대신력, 대천력의 무소불위함은 난생처음 겪어보는데 너무나 위대하고 또 신비스럽기만하사옵나이다.

친할머니께서는 어릴 때부터 지금까지 제 모습을 다 지켜보고 있었다 하시며 소신을 어루만져주셨사옵나이다. 사명자가 지금은 많이 힘들지만 곧 세상의 모든 다른 사람들이 가장 부러워하는 사람이 될 것이고, 지상의 삶은 짧지만 천상세계에서는 또 다른 영광스러운 삶이 기다리고 있다 하시며 힘을 내라 말씀 주시어 소신 도법천존 천지인황 폐하께 감사한 마음과 함께 기쁨의 눈물이 맺히기도 하였사옵나이다.

자손이 하는 것과 똑같이 천상세계에 입천되신 조상님들도 같은 모습이라는 사실을 명심하고 한 치의 빈틈없이 대단하신 도법천존 천지인황 폐하께 향하겠사옵나이다.

## 조상님들이 싫어하는 굿, 천도재, 기도

조상님 구원을 위해 그동안 행했던 천도재나 굿, 기도로 인하여 각자의 조상님들은 그동안 더 힘들었던 것은 아닐지 의문이 간다. 천도재, 굿, 기도로 인하여 각자의 조상님들은 하늘에 무단침입자가 되었으니 산 자손들은 이 죄들을 어찌해야 할까?

또한 자손들의 행위로 인하여 하늘의 무단침입자가 되신 각자의 조상님들은 지금 어느 세계에서 무엇을 하고 있을지 각자들이 생각해 보길 바란다. 이 모든 진실을 알고 나니, 그동안 조상님을 위한 천도재와 굿을 하고 나면, 왜 인생이 더 힘들어질 수밖에 없었는지를 이제는 정확히 알 것 같다.

천도와 굿을 행하면 행할수록, 자신의 조상님들은 하늘의 무단침입자가 되어 하늘에서 내리시는 벌을 받을 수밖에 없었던 것이다. 자신의 조상님이 하늘의 벌을 받고 있으니 그 자손인 본인들 역시도 벌을 받고 있는 조상님의 기운을 받아 더 힘들어지고 어려워질 수밖에 없었던 것이다.

**승려, 무당, 성직자들이여!**

종교의 선각자들로 인하여 수많은 조상님들이 하늘의 무단침입자가 되어 있다. 하늘의 세계, 조상의 세계에 대하여 아무것도 모르는 일반인들은 당신네들을 믿고, 당신네들이 시키는 대로 모든 것을 행했건만, 그 행위가 잘못되어 하늘의 벌을 받고 있는 산 사람들과 영가들의 슬픔을 어찌할 것이고, 무엇으로 조상과 자손들에게 변상할 것이던가?

육신을 버린 뒤, 구천을 헤매면서 천당, 극락, 천국, 선경, 천궁의 세계로 오르고자 학수고대하고 있는 불쌍하고 가련한 영가들 더 이상 아프게 해서는 안 된다. 또한 조상님들을 생각하는 마음이 지극하여 조상님들을 구원하고자 찾아오는 산 자손들을 아프게 해서도 안 된다.

산 자손과 생령들, 육신이 죽은 영가들을 올바른 길로 인도하고 행복의 삶으로 인도함이 도리이다. 또한 일반인들도 이제는 정신을 바짝 차려야 한다.

이렇게 알려주어도 종교에 가서 구원받으려는 의식행위를 한다면 그것은 각자들의 책임이고, 본인과 조상들이 하늘에 죄를 더 짓는 일임을 알려준다. 지구상의 그 어떤 종교를 통해서도 영들이 구원받아 천상궁전으로 오르는 길이 없다는 것을 이곳 도솔자미천 천궁에서 상세히 밝혀냈다.

일방적으로 내가 잘났다는 것이 아니라 역대 왕들과 대통령, 재벌회장들의 사령(조상영가)들을 수없이 많이 불러서 대화를 나누고 공통적으로 천상으로 오르지 못했다는 것을 확인한 진실의 내용들이기에 의심할 필요가 없다. 이런 내용을 독자들이 믿든 못 믿든 그것 역시 각자들의 자유이다.

## 신 내림은 하늘과 조상의 뜻이 아니다

도솔자미천 천궁에서는 조상님을 위한 입천의식을 행한 후, 하늘의 명이 내려지는 자손에 한하여 산 자손과 하늘의 고급 신명이 하나 되는 신인합체 의식과 육신이 죽어서 천상으로 오를 수 있는 특권인 천인합체 의식을 행해 준다.

신인합체, 천인합체의식은 무속세계처럼 조상신을 받는 것이 아니라, 천상궁전에 있는 맑고 깨끗한 고급신명과 하나 되는 의식을 말한다. 이 신인합체, 천인합체의식을 통하면 반신반인이 되어 하늘의 신과 영이 각자의 몸에 있으면서 각자의 인생을 도와준다.

우리 인간들이 제아무리 잘났다 해도, 인간들 스스로는 한 치 앞도 알 수 없기에, 불의의 사고를 피할 수도, 막을 수도 없다. 하지만 신인합체, 천인합체의식을 행하여 반신반인이 되면 천상의 고급신명님과 천상령이 항상 각자의 몸 안에 있으면서 각자들을 불의의 사고에서 구원해 주고, 인간사 고통의 길에서 항상 밝혀주고 지켜주어 기쁨과 행복의 삶으로 각자를 인도해 준다.

많은 도교 단체에서 이 뜻을 이루고자 100여 년의 세월 동안 도를 닦고 있지만 아직까지 이 뜻을 이루었다고 말하는 도교단체, 종교단체는 없다. 하지만 도솔자미천 천궁에서는 이 위대한 뜻을 현실로 이루어 행하고 있다.

신인합체, 천인합체의식은 대한민국 국민뿐만이 아니라 전 세계 인류와 생사령들이 모두 원하고 바라는 고귀한 의식이다. 불교, 기독교, 도교 어느 종교를 막론하고 모든 종교단체에서 이 위대한 뜻을 이루고자 나름대로 최선을 다하고 있지만 어느 종교단체도, 세계인 어느 나라도 이루지 못하였다.

그러나 이곳 천궁에서는 자랑스럽게 이 뜻을 현실로 이루어 현실로 행하고 있다. 신인합체, 천인합체의식은 조상입천의식을 행한 후, 하늘의 명에 따라 행하면 본인들 스스로가 이 의식에 감탄에 감탄을 하게 될 것이며, 그동안 각자 스스로가 궁금히 여겼었던 "나는 누구인가?"를 이 의식을 통하여 속 시원히 밝혀지는 뜻깊은 의식이 될 것이다.

신인합체, 천인합체의식을 행하고 나면, 본인들 스스로가 온몸으로 하늘이 내려주시는 천상정기를 받게 되는 이적과 기적이 일어난다. 천궁은 설법이나 이론이 아닌, 본인들의 조상구원 입천의식과 신인합체, 천인합체의식을 통하여 스스로 모든 것을 알게 되는 신비의 의식이다.

이 천궁의식을 행한 뒤, 무속세계처럼 법당을 차려 점을 보고, 손님 친견을 하는 것이 아니라, 각자들의 현 직업이나 기존 사업에 전념하면 된다. 어느 종교단체, 세계 어느 나라도 이루지 못한 신인합체, 천인합체의식을 이룰 수 있음은, 내가 잘나서가 아니라 하늘의 대능력으로 가능한 일이다.

이제 하늘을 거역하는 모든 종교 행위는 용납될 수가 없다 하신다. 인간구원, 조상구원, 신명구원은 대우주를 창조하신 하늘만이 하실 수 있는 고유 권한이라 말씀하시었다.

인생의 구심점
생령의 구심점
사령의 구심점
신명의 구심점
하늘의 구심점

하늘의 구심점이신 위대하신 하늘! 대우주 삼라만상과 천지인을 창조하신 천상의 부모님! 위대한 하늘의 진실 앞에서는 그 어느 종파의 종교지도자들도 함부로 고개를 들고 하늘에 반박할 수 없으리라. 허허공공한 파란 창공이 하늘이 아니고, 이미 그 하늘께서는 인간 육신의 몸을 빌려 강림하시었다.

하늘의 위대하신 관명은 아무나 함부로 불러대는 것을 금기시하시기에 밝히지 않으려 하였으나, 대우주와 천지만생만물을 창조하신 하늘의 절대자이시며 진짜 영혼의 부모님이 누구이신지는 알아야하기에 밝혔다. 독자 여러분이 자기 부모님의 성함을 함부로 부르지 않는 것처럼 하늘의 존호는 알고 있으되, 종교에서처럼 존호를 마구 불러대면 아주 싫어하신다.

천지만생만물을 창조하시고 생사여탈권을 행사하시고, 천상과 지상의 신명들, 생령들, 사령들, 인간들의 마음을 움직이시고 지휘통솔하시는 대단하고 존귀하신 대우주의 주인이시자 총사령관님이시다.

## 몸에 조상님들이 살고 있다

아이고, 골이야!

두통!

누구나 흔히 겪는 짜증스런 통증이다.

갑자기 머리가 깨질 듯 아프다.

열이 심하게 난다.

골이 흔들린다.

뒷골이 당긴다.

우선 약국으로 달려가 두통에 잘 듣는 진통제를 산다.

약을 먹고 나니 조금 나아진 듯싶다. 통증도 사라지기 시작한다. 이런 일이 자주 발생하니 상비약으로 갖고 다닌다.

**두통은 갑자기 왜 오는 것일까?**

아무도 두통의 실체에 대하여 관심 있게 생각하지 않고 자연스레 약국의 진통제로 그 고비들을 넘기고 있다.

**두통의 원인? 놀라지 마시라.**

바로 본인의 조상님들이었다. 아픈 그곳에 조상이 들어왔다는 증표였다. 약을 먹은 후 통증이 사라졌다고 안심하지 마라. 잠시 잠깐 본인들의 몸에서 외출했을 뿐이다. 본인의 몸을 떠나 남편의 몸으로, 부인의 몸으로, 자손의 몸으로 잠시 잠깐 외출 중이다.

각자의 조상님들이 자손들의 몸으로 찾아오면, 두통 증상뿐만이 아닌, 부부 사이에 다툼이 자주 일어나게 되고, 성격이 신경질적으로 변하게 되며, 매사 일이 꼬이고, 사업이 잘 안 되며, 금전으로 고통받게 되고, 불면증에 시달리게 되며, 자꾸만 우울해지고, 갑자기 질병에 걸리게 되며, 자살하고 싶은 마음이 본인도 모르게 들게 되며, 차 접촉사고가 자주 발생하게 되는 등 몸과 현실에서 이상 징후가 계속 일어나게 된다.

이런 고통의 파장을 보냄으로써 조상들은 각자의 존재를 자손들에게 전한다. 때로는 유주무주 떠돌이 귀신도 있고, 잡신에 해당하는 요괴, 악신, 악령, 마귀, 사탄도 숨어 있다. 두통, 감기 몸살을 앓고 난 후 자신의 생활이 어떻게 변하고 있는지 각자 체크해 보도록 하라. 두통을 앓고 난 뒤 각자의 인생에 무슨 일이 일어났는지 말이다.

나 역시 두통의 실체에 대하여 깊이 생각해 본 적은 없었다. 2007년 5월 21일 차 운행 중 갑자기 하늘께서 계시를 내려주셨다. 사소한 일로 생각하였던 두통! 조상영가가 산 자손의 몸으로 들어왔다는 메시지라고 하시었다.

그때부터 사람들은 알 수 없는 인생의 많은 풍파를 겪기 시작한다 하시었다. 몸에 들어온 그 존재를 어찌할 것인가? 무시하고 그냥 살아갈 것인가? 아니면 대비책을 세울 것인가? 인간의 능력으로는 방법이 없다. 오직 하늘만이 할 수 있고, 하늘의 능력이 있어야 가능한 일이다. 머리의 통증은 잠시 진통제를 복용함으로써 해결할 수 있다 하지만 인생의 통증들은 어떻게 해결할 것인가?

몸에 들어와 있는 각자의 조상님들. 진통제가 아닌 각자의 조상님들이 원하고 바라는 천상궁전으로 입천제의식을 통하여 승천시켜 드려야 한다. 도솔자미천은 종교가 아닌 하늘과 신명과 조상님들의 원뜻을 지상에 전하는 무릉도원이며 천상의 나라이다.

배신의 아픔으로 고통받는 모든 조상과 자손들은 그대들의 부모이신 하늘의 품 안으로 들어오라! 그대들의 진짜 어버이이신 하늘은 그대들의 인생을 고통의 길로 인도하지 않을 것이며, 그대들의 조상 또한 그대들을 고통의 길로 인도하지 않을 것이다.

산 사람과 죽은 영혼 모두의 어버이이신 하늘의 백성이 되면 각자 고통의 삶이 행복의 삶으로 바뀌게 되며, 구천에서 방황하던 각자의 모든 조상님도 구원받아 천상궁전으로 오르시게 된다.

신기 때문에 고생하고 있는 사람은 조상신을 받지 않아도 되므로 무당이 되지 않아도 된다. 또한 몸의 질병 역시 병원에서는 병명이 없다 하였을지 모르지만 원인 없는 결과 없듯, 병명 없는 질병은 이 세상에 하나도 없다. 이곳에 들어오면 병명의 이유와 해결법도 알게 된다.

사업실패와 인생의 우환, 우울증으로 고생하는 사람들은 본인들의 조상님을 구원하라. 모든 사람들 몸에는 천상궁전에 오르지 못한 원과 한이 많은 각자의 조상님들이 들어와 살고 계신다. 이곳에서는 세계 인류와 종교를 하나로 통합할 대단한 천궁을 세우는 일 이외에 말 못하는 각 조상영가들의 원과 한을 풀어드리고, 천상궁전으로 인도해 주어 그분들을 구원해 주는 일을 행하고 있다.

조상님들이 구원됨으로써 각자의 조상님들은 천상궁전에서 하늘의 백성으로 다시 태어나게 된다. 또한 천상에 있는 고급 신명들을 인간 육신의 몸으로 신인합체시켜 줌으로써 살아서나 죽어서나 행복하게 해준다.

신인합체의식을 통하여 각자의 신을 구원함으로써 신과 조상, 인간 서로서로가 공존공생하여 행복과 평화를 추구하는 이상향의 세계를 이루게 되어 신명, 영혼, 인간 모두가 삶의 질곡에서 벗어나게 된다.

**인생사 이상향의 목표**

1. 사업성공 금전풍요
1. 질병과 우환 소멸
1. 출세와 권력, 명예 성취
1. 가정화목 행복한 삶의 영위
1. 불로수명 장생 소원성취
1. 생전과 사후 천상궁전 입궁
1. 인생의 정신적 구심점 옹립
1. 인류의 정신적 구심점 옹립
1. 마음 안정

1. 초조공포 불안 해방
1. 결혼성사 및 불임해소
1. 이혼 및 별거 예방

이 모든 것은 인간의 노력에 의해 이룰 수 있는 것이 아닌 하늘의 권한, 조상님들의 권한이다. 자신들 각자는 무엇 때문에 고통의 늪에서 아파하고 있는가? 자신들을 괴롭히는 보이지 않는 존재의 실체는 무엇인가?

몸에 들어와 있는 정체불명의 존재는 누구인가? 꼬이기만 하는 인생 무엇 때문인가? 굿과 천도재를 해도 효과가 없는 이유는 무엇인가? 이 모든 의문들의 정답과 진실은? 각자의 조상님들이 천상궁전으로 못 올라갔다는 각자 조상님들의 보이지 않고 들리지 않는 대답이었다.

고정관념을 버리고 종교의 굴레에서 벗어나 진실의 소리에 귀를 기울이고, 마음의 문을 열면 인생 행복의 길이 보인다.

## 몸에 신과 귀신이 살고 있다

때로는 존재를 나타내기도 하고, 때로는 그 존재를 숨기며 각자의 몸 안에 신과 귀신들이 살고 있다. 신과 귀신의 존재는 하늘과 땅이다.

대우주 천지인 창조주께 신명으로 명을 받은 상태이고, 신명세계 명호(신의 명패)를 부여받음으로써 이분들의 능력은 인간의 상상을 초월한다.

어떤 신들은 천상궁전에서 "태상천존 자미 천황태제" 폐하의 천상업무를 돕기도 하고, 어떤 신들은 직접 천상업무를 주관하기도 하며, 어떤 신들은 인간세계 사람 몸으로 하강하여 하늘이 내리신 명을 소리 없이 수행하기도 한다.

귀신!

죽음의 세계에서도 인간의 마음을 버리지 못하고, 깨달음의 경지에 오르지 못하여 산 사람들의 행복보다는 고통을 즐거워하며, 산 사람들에게 갖은 고통의 일을 행하고, 자신들의 잘못이 무엇인지 조차도 모르고, 그 잘못을 인정하려 들지 않는 깨달음이 없는 영가들을 말한다.

우리 모두는 자연의 일부분일 뿐이다.

천지자연을 무시하고는 그 어느 것도 이루어낼 수 없다. 혼자서는 아무것도 행할 수 없는 우리 산 사람의 인생. 혼자서는 아무것도 행할 수 없는 영가들의 세계. 부모 없이 이 세상에 혼자 올 수 없고, 부모 도움 없이 혼자서 성장할 수 없는 우리들의 삶.

사후세계의 조상님들도 자손의 도움 없이는 천상세계로 오를 수 없다. 이 책의 내용에 공감한다면 고통받고 있는 자신의 조상님들을 구원해 드려야 한다. 저승길을 두려워하는 조상님들은 자손들의 몸에 들어와 살고 있다. 조상영가를 구원해 드리는 길만이 인생 성공의 비결이다.

산 자손들은 이미 가신 조상님들의 절박한 고통을 실감할 수가 없기에 수수방관하며 고통의 삶을 살아가고 있다. 인간세계가 존재하듯이 신명세계, 영혼세계도 존재한다. 의식을 행하여 본인 스스로가 하늘의 기운, 조상님의 기운을 체험해 보면 나의 말이 무슨 말인지 본인 스스로들이 알게 될 것이다.

**사람 몸에 조상님들과 귀신이 함께 살고 있다.**

눈에 보이지 않고, 귀에 들리지 않지만 이분들과 함께 살아간다는 것은 우리 산 사람들의 인생이 언제 터질지 모르는 시한폭탄을 안고 늘 불안과 초조, 공포 속에 사는 것과 같다. 갑자기 일어나는 불행한 일들은 원한 혼령의 조상님들이 각자의 자손들에게 자신의 존재를 알리고자 몸부림치는 각자 조상들의 모습들이다.

이분들이 원하고 바라는 천상궁전으로 입천시켜 드리면 불행한 일들이 예방된다. 찾아온 신과 조상님들에게 산 사람들이 지금까지 대처한 방법들이다.

1. 조상굿을 한다.
1. 눌림굿을 통하여 신과 조상을 내쫓는다.
1. 무속인을 통하여 신을 받아 무당이 된다.
1. 도교단체에 들어가 수행을 한다.
1. 마음수련원에 들어가 명상을 한다.
1. 조상영가 천도재를 올린다.
1. 절과 교회나 기타 종교단체에 들어간다.

위에 열거한 방법들이 지금까지 행한 보편적인 방법들이었다. 많은 방법을 통해 인생의 변화를 시도해 보지만, 자신의 몸에 내려와 있는 분들의 진정한 실체는 찾을 수가 없다.

지상천궁 도솔자미천은 고차원적 천인합체의식으로 참 자신들의 진실을 밝힌다. 신과 조상님, 참 '나'의 진실을 찾았을 때 평화롭고 행복한 삶이 각자의 인생에 열리게 된다.

## 명절 차례와 제사 문화가 새롭게 열린다

조상님 구원하는 입천제의식을 행하고 나면 명절 차례 및 제사, 산소 이장 및 화장 문제, 모든 고민이 일시에 해결된다. 언제까지 이런 문제로 고민할 것인가? 특히 주부들은 누구나 한번쯤 심각하게 고민해 보았을 것이다.

기독교에서 제사 지내지 말라. 조상님에게 절하지 말라!

맞는 말이다. 조상님들이 원하던 천당, 극락, 천궁세계에 확실히 올라가셨다면… 하지만 하나만 알고 둘은 몰랐다. 조상님들이 모두 자손의 몸에 들어가 있는 상태에서는 어림도 없는 이야기이다.

산 사람들의 행동이 바로 구천에 있는 본인 조상님들의 행동이다. 한 조상님만 자손 몸에 들어와 있는 것이 아니라 많은 조상님들이 함께 들어와 있다.

때로는 천상신명들과 악귀잡귀들도 들어와 있다. 모든 조상님 영혼들은 천상궁전에 어떻게 올라가는지 그 방법을 몰라 허공중천에서 추위, 굶주림과 싸워야 하다 보니 어쩔 수 없이 자손들 몸으로 들어가 함께 기거할 수밖에 없다.

직계 조상님들 모두가 천상궁전으로 입천되시면, 더 이상 명절 차례와 조상 제사를 지내지 않아도 된다. 직계 모든 조상님들께서 꿈의 세계 무릉도원 천상궁전으로 입천되시면 명절 차례와 제사 문제로 고민하지 않아도 된다.

물론 이 문제로 인하여 가족 간에 찬반양론이 첨예하게 대립될 수도 있겠지만, 우리 모두의 영혼을 보내주신 분, 천상궁전에 계신 영혼의 어버이 품으로 돌아가는 것이기에 그 문제에 대해서는 걱정하지 않아도 된다.

천도재는 죽은 사람의 명복을 빌어 극락으로 보내기 위해 행하는 불교의식으로 자손들이 망자와 상봉하여 대화를 나눌 수도 없고 법문독경에 의해서만 명복을 빌어주는 의식이다.

가장 잘 알려진 것이 49재이고 그 밖에도 100일재, 소상, 대상 등이 있다. 사람이 죽으면 7일째 되는 날부터 49일째 되는 날까지 매 7일마다 그리고 100일째와 1년째, 2년째 되는 날 모두 합하여 10번을 행해야 한다.

그러나 현대생활은 급속도로 많이 바뀌었다.

그런 복잡한 천도재 절차에 따라 수많은 사람들이 귀찮아하거나 번거로워한다. 여러 번 천도재를 올렸어도 조상님들은 극락으로 올라가지 못하고 법당이나 자손들 몸에 그대로 머물러 있다.

유족이나 자손들 역시 조상님과 대화를 나눌 수 없어 가족은 가족대로, 조상님은 조상님대로 서로 답답해할 수밖에 없다. 하늘의 명을 받아 입천 윤허가 내려져 조상님 입천제의식을 행하면 천상궁전에 올라가 각자의 조상님들은 하늘의 백성으로 다시 태어나게 되어 천상장부에 하늘의 천손으로 등재된다.

이렇게 하늘의 허락하에 천상궁전에 올라가신 조상님들에 대해서는 명절 차례와 제사를 평생 지내지 않아도 상관이 없다. 천상궁전은 춥고 배고프지 않으며, 근심걱정이 없는 무릉도원의 이상향 세계이다.

도솔자미천 천궁에서 조상님 입천제의식을 행할 때, 천상궁전으로 올라가시기 전 모든 조상님들께서는 자손들에게 말한다. "이제 꿈에 그리던 천상궁전에 올라가게 되었으니 너희들 몸으로 더 이상 찾아가지 않을 것이고, 나는 산소의 관 속에도, 허공중천에도 있지 않을 것이다.

그러니 이제부터 산소에 찾아오지도 말고, 제사도 지내지 말고 산소는 모두 화장하라"고 하신다. 자신의 직계 조상님 모두를 천상궁전으로 입천시켜 드린 자손들은 평소 지상천궁에 찾아와서 인사를 드리면 된다고 입천되어 천상궁전으로 올라가시는 모든 조상님들께서 이구동성으로 말씀하신다.

명절 차례와 제사!
천상궁전에 오르지 못하고 허공중천에서 추위와 배고픔의 고통을 받는 망자들에게 필요한 의식이다. 자신의 모든 조상님들을 청배하여 일반 및 벼슬 입천제를 올려서 구원한 하늘의 백성들은 더 이상 과거의 풍습에 얽매여 차례와 제사를 지낼 필요가 없다.

수천 년 내려온 민족의 고유풍습이라 바꾸기는 쉽지 않을지도 모른다. 마음의 짐이 된다면 지내고 싶은 사람은 예전처럼 지내도 상관은 없다. 하늘의 천상궁전에 계시는 우리 모두의 영혼의 어버이께서 불쌍한 영가들을 구원하시고자 인간세상에 하늘의 명 대행자, 화신, 분신으로 나를 내려보내셨다.

조상님들 모두가 원하는 세계는 자손의 몸이 아니었다. 허공중천의 춥고 배고픈 구천세계도 아니었다. 그들 모두는 무릉도원 천상궁전의 세계를 원했다. 평생 단 한 번의 입천제의식으로 직계 모든 조상님들께서 자손 몸과 허공중천을 떠나 천상궁전으로 올라가시게 된다.

천상세계 가려면 그냥 가는 것이 아니고 일정한 천상의 법도에 따라서 벼슬, 상단, 중단, 하단 입천제의식을 행해 드리면 품계에 따라 천상궁전으로 올라가신다. 이제 기독교인들도 더 이상 영혼의 어버이께 죄 짓지 말고 내 부모조상님부터 잘 받들어 모시자.

조상님이 편해야 후손들이 편함은 만고의 진리이다.

종교의 노예에서 어서 벗어나야 자신 조상님들이 구원자 하늘이신 영혼의 어버이로부터 구원받아 천상궁전으로 입천되시는 영광을 누리신다.

## 병마의 실체와 사고의 실체

어느 날 갑자기 병에 걸려 병원 침대에 누워 있는 인생. 무엇이 문제였나? 왜 병에 걸렸을까? 건강관리를 잘못해서 일까? 두뇌에 인간세상 지식으로 가득 찬 사람들은 병에 걸리면 병원부터 찾아간다.

눈으로 확인할 수 있으니까 말이다. 확인되면 무엇하겠는가? 그 병의 존재는 형상으로 보일지라도 한 많은 조상이 들어와서 발병된 질병인 것을 의사들이 어찌 고치겠는가? 의사도 우울증에 걸려 목매 자살한다.

눈에 보이지 않는다고 무시하고 살 것인가? 원한 조상들의 기운 때문에 모든 질병이 발생하고 있다. 유전적이란 말, 신경성이란 말 많이 들어보았을 것이다. 유전적, 신경성 모두 아니다. 자신의 조상들 중에서 원과 한이 많아 그 자손 몸에 들어와서 생전에 앓았던 질병이 발생한다는 사실을 의사들이 알 수 있겠는가?

모든 사람 몸에 조상님들이 살고 있다. 그 존재가 神인 경우와 조상인 경우로 나뉜다. 神인 경우 참신이냐 아니면 잡신, 악신이냐이다. 조상인 경우 나의 조상이냐 남의 조상귀신이냐. 아니면 동물의 혼령인 악령이 들어와 있느냐가 규명되어야 한다. 원한 귀신과 악령이 들어온 경우는 심각하여 정신병원으로 가야 하지만 치유방법은 거의 없다.

천하장사의 힘을 소유하고 있기 때문에 주위 사람들이 순간적으로 피해를 당한다. 조상님들이 단순히 자손들에게 구원해 달라고 몸에 들어와 있는 경우는 조상님 입천제를 행하여 천상궁전으로 보내드리면 완치되는 경우가 많다.

신이 왔을 경우에는 조상 입천제의식으로는 치유가 안 되고, 몸에 들어온 저급 신을 천상궁전으로 올려드려서 고급 신으로 전환시켜 주는 신인합체의식을 행하면 무당이 아닌 하늘의 신인으로 태어나 새로운 인생을 살아갈 수 있다.

귀신들 중 자신의 직계는 조상님이라 부르고 남의 조상들은 귀신이라 부른다. 모든 질병은 대부분 귀신들이나 자기 조상님으로 인해서 발생하고 있다. 이런 과정을 깨닫는 데까지는 수많은 고난의 세월이 있었다.

환자든 아니든 사람들 몸에 귀신들과 자신의 조상들이 들어가 살고 있다. 때로는 모습을 나타내고 때로는 감추면서 말이다. 각자의 몸에 귀신들과 원한 많은 조상님들이 살고 있는지 확인할 수 있는 간단한 방법이 있다.

병명이 있든 없든 질병이 있는 사람.
몸에 통증을 느끼는 사람.
무기력하고 삶의 의욕을 잃은 사람.
우울증과 불면증으로 시달리는 사람.

환청, 환영으로 시달리는 사람.
사업이 뜻대로 안 되고 실패가 반복되는 사람.
자동차 사고가 자주 일어나는 사람.
조울증으로 시달리는 사람.

포악한 성격으로 바뀐 사람.
신경질적이거나 짜증을 잘 내는 사람.
폭력을 함부로 휘두르는 사람.
술을 입에 달고 사는 사람.

사치와 낭비가 정도 이상으로 심한 사람.
정량을 훨씬 초과하여 과식하는 사람.
아무리 많이 먹어도 돌아서면 배고파하는 사람.
정도 이상으로 비만인 사람.

도박, 마약에 중독된 사람.
공부하기 싫어하는 학생.
학교에서 아이들과 늘 싸움하는 학생.
공부는 잘하는데 시험만 보면 떨어지는 학생.

취직이 안 되는 사람.
부부싸움이 끊이지 않는 사람.
이혼하였거나 별거 중인 사람.
이혼을 준비 중인 사람.

크고 작은 사고가 자주 일어나는 사람.
자주 미끄러지거나 넘어지는 사람.

임신이 안 되는 사람.
아들을 못 낳는 사람.

기타 정상적이지 않은 말과 행동을 하는 사람들과 일반적인 사고가 되었든 자동차 사고가 되었든 그것 또한 사람 눈에 보이지 않는 원한 많은 귀신들과 조상님들로 인해서 일어나고 있다는 사실을 알린다.

**놀라지 마시라.**

자동차에도 원한 귀신들이 살고 있다! 자주 사고 나는 자동차는 한 맺힌 귀신들이 타고 있다. 그래서 목숨을 잃는다. 급발진 자동차 사고! 현대과학으로 밝힐 수 없는 미스터리. 이것이 원한 귀신과 조상들이 일어나게 만드는 사고인데 아직도 그 원인을 밝히지 못하고 있다.

원한 많은 귀신들과 조상님들이 기계를 오작동하게 만들고 있다는 사실을 아무도 인정하지 않고 있다. 급발진 자동차 사고는 귀신들의 해코지로 발생한다. 도로에서 자동차 사망사고가 발생한 곳에는 반드시 교통사고로 비명횡사당해 죽은 귀신들이 우글거리고 있다.

졸음운전으로 사고 나는 것도 귀신들이 깜빡 졸게 만들어서 일어나고 있는데 수면 부족 때문이라고 생각하고 있다. 인생 살아가면서 각종 질병과 모든 사고로부터 자신을 안전하게 지킬 수 있는 길은 사실 없다.

귀신들이 사람 눈에 보이지 않기 때문이다.

이런 보이지 않는 귀신으로부터 자신의 생명을 안전하게 지키려면 하늘의 보호가 유일한 길이다. 천계의 신명님들이 원한 귀신들로부터 자신의 생명과 안전을 지켜주는 방법 외에는 없다. 가장 확실한 방법은 하늘의 천인과 신인이 되어 24시간 동안 천계의 신명님들로부터 자나 깨나 보호받는 길이다.

이것이 하늘이 인류에게 내리시는 가장 큰 축복이다.

귀가 열린 사람들은 하늘이 내리는 명에 따라 남은 인생을 근심걱정 없이 하늘의 보호를 받으며 살아갈 것이고, 하늘의 백성이나 천인이 될 자격이 없는 사람들은 이 책 내용을 황당하다며 사이비로 몰아 부정할 것이다.

이 책을 읽는 독자들 중에서 책 내용에 대하여 부정적인 사람, 비판적인 사람, 사이비라 하는 사람, 황당하다고 하는 사람들은 하늘의 백성으로 탄생할 수 없다. 이런 생각이 드는 사람들은 이미 하늘 백성의 자격이 없기 때문에 하늘에서 그런 비판적 시각을 갖게 메시지를 보내시어 지상천궁과 인연을 맺지 못하게끔 하고 있다.

부정적인 사람들은 이곳에 방문하지 않을뿐더러 설사 방문했더라도 마음이 변하여 인연이 맺어지기 어렵다. 하늘의 백성 천손민족은 아무나 되는 것이 아니다. 한민족이라고 해서 무조건 하늘의 백성이 아니다.

하늘의 명을 받들어 대우주 천지인 창조주이신 하늘의 아들딸로 탄생되어야 천손의 후예가 되는 것이다. 천지신명님과 나라조상님들을 받든다고 천손민족인 줄 생각하며 살아가고 있지만 그건 각자의 착각이다.

영혼의 부모님께서 내리시는 명에 따라서 하늘 백성으로 탄생한 사람들만이 천손민족이 될 수 있다. 신과 조상님의 존재는 우리 인간의 마음(정신)과 같다. 인간의 마음이 분명히 존재는 하나 '마음'이라는 이 부분은 인간의 눈과 귀에는 보이지도 들리지도 않지만 분명히 존재하고 있다.

이와 같이 신과 조상님.

분명히 존재는 하나 인간의 눈에는 신과 조상님이 보이지 않고, 인간의 귀에는 신과 조상님의 말씀이 들리지 않는다. 하지만 안 보이고 안 들린다 하여 존재 자체가 없는 것은 아니다. 신과 조상님의 존재를 빨리 깨달아 그분들의 뜻에 따르는 자가 인생의 승리자가 된다.

여러분의 영적 세계는 과연 편안한가?

일단 우리들 인간의 눈에 안 보이고, 안 들리는 존재를 영들이라 하는데 여기에는 여러분의 생령도 포함 되고 신명, 조상, 악귀잡귀, 사탄마귀, 귀신들도 모두가 해당 된다.

인간 육신의 삶, 세상사 모든 일들이 영들의 조화로 인해서 길흉화복, 흥망성쇠, 생로병사, 성공과 실패, 행복과 불행, 우환과 질병이 발생하여 힘든 세상을 살아가고 있다. 하루아침에 불귀의 객이 되어 죽거나 사업이 망하기도 한다. 불확실한 미래를 살아가는 동안 하늘의 보호를 받지 못하고 산다면 죽은 목숨이나 마찬가지이기에 도솔자미천 천궁에 들어와서 하늘의 보호를 받고 살아가야 한다.

## 조상영가들의 무릉도원 천상궁전

자신의 조상님들을 사탄마귀라 박대하지마라!

자기 가족들의 조상들을 박대하면 천벌받는다. 말 못하는 조상들의 저주가 자신과 가정에 내린다. 또한 하늘의 진짜 주인을 본인 스스로가 바꾸려 하지 마라. 하늘의 재앙이 본인들 인생과 본인들 가정에 내린다.

또한 하늘의 진짜 주인을 몰라보고 살다 보면, 각자의 자손들도 이다음에 성장하여 부모 고마움의 존재를 몰라보고 부모 조상들을 사탄마귀라고 박대하면 반드시 본인들도 죽어서 앙갚음을 당한다는 진리를 알아야 한다.

**이 세상의 모든 사람들아!**

각자의 조상들을 바로 찾고 하늘의 주인을 바로 찾아라. 각자의 조상들은 인간이 만든 종교세계 안에 있지 않도다. 각자의 조상들은 그대들의 몸 안에 있고 그대들의 가정에 있으며 또한 천지만생만물의 정기 안에 숨겨져 있도다.

또한 진정한 하늘이신 영혼의 어버이도 종교 안에 있지 않도다. 오랜 세월 인간들이 종교 안에서 진정한 하늘의 존재를 찾으려고 애를 써도 찾아지지 아니함은 종교 안에 없었기 때문이다.

각자의 조상과 각자의 인생 구원의 지름길은 종교 안에 있는 것이 아니라, 우리 모두의 원초적인 하늘의 주인께 있고 지금은 도솔자미천 천궁으로 하강 강림하시어 나와 함께 생령과 사령들을 구원해 주고 계시니라.

인생의 실패와 고통, 몸의 질병, 가정의 불행을 원하는 자들은 지금처럼 종교의 굴레에 갇혀 허우적대면 되고, 인생의 성공과 인생의 행복, 몸의 건강, 조상의 구원, 신명의 구원, 자신 삶의 구원을 원하는 자들은 지겨운 종교의 굴레에서 벗어나 도솔자미천 천궁을 통하여 천상의 절대자 하늘께 진정한 뜻에 순응하면 된다.

**잘살고 못 사는 것도 각자의 팔자라고 하였다.**

하늘의 뜻에 순응하여, 하늘의 순천자가 되어, 하늘의 복과 하늘의 사랑을 받아 잘사는 길을 선택하는 것도 본인들의 팔자요, 하늘의 뜻에 역천하여, 하늘의 죄인이 되어, 하늘의 벌을 받아 근심걱정의 인생을 사는 것도 본인들이 스스로 선택한 팔자일 것이다.

위대하신 하늘의 창조물은 우리 인간들이다. 하늘의 뜻과 하늘의 창조에 대하여 반대하는 이들은 살아서나 죽어서나 하늘의 구원을 받을 수 없다. 각자의 부모조상님 모두도 대우주 천지창조주이신 하늘의 창조물이니 그들이 죽었다 하더라도 사탄마귀나 악령으로 몰아붙이면 안 된다.

"나(하늘)의 창조물인 모든 조상영가들에 대해 더 이상 너희 인간 종교인들이 그들의 존재를 가지고 사탄마귀라고 왈가왈

부하지 말거라. 너희들의 산 부모와 죽은 부모에게 효를 다하지 못하면서 나를 함부로 찬양하지 말거라.

너희들의 지저분한 마음과 욕심으로 가득 찬 이중성격을 지닌 인간들의 마음이 내 눈에 훤히 보이기에 이내 마음 괴롭도다. 너희들이 언제 나를 보았다고 찬양하고 있더냐? 나의 존재를 종교에 밝힌 적이 없기 때문에 너희들은 나를 모르니라.

너희 부모조상들은 너희들을 이 땅에 출산시킴에 괴로움의 고통을 참아내며 너희들을 이 땅에 태어날 수 있도록 도와준 너희들 육신의 은인이었거늘, 육신을 낳아준 육신의 부모에 대해 고마움도 모르는 자들이, 나를 본 적도 없으면서 너희들이 영혼들을 창조한 하늘인 나에 대해 얼마나 안다고 감히 나를 찬양하고들 있는 것이더냐.

또한 불교인, 천주교인, 기독교인, 도인, 무당들도 하늘인 내 말을 잘 들어라. 수천 년의 세월 동안 나는 높은 하늘세계에서 너희들이 종교를 세워서 신명, 생령, 사령, 인간들에게 얼마나 못된 짓을 했는지 모두 다 지켜보고 있었도다.

각자들의 조상을 구원하려고 애쓰는 마음들은 기특하지만 각자들의 조상들, 생령들, 신명들을 구원함에 있어 그 어떠한 조건도 걸지 말고 인간들의 야망과 욕심을 버리고 구원에 힘쓰도록 하여라.

각자의 조상을 구원함에 있어 각자의 조상들을 거지 취급하지 마라. 인간의 소원은 하늘을 찌르건만, 조상에게는 손톱만큼의 정성을 들이고, 또 때로는 돈이 없다는 인간의 얄팍한 생각으로 돈 몇 푼 갖다 놓고 합동(단체)천도재들을 올리고 있으니, 각자의 조상들이 무슨 거지더냐.

그러고는 자손의 도리를 다한 것처럼, '조상구원했다' 하면서 큰 소리들을 치고 있으니, 기가 막힌 노릇이도다. 너희들을 낳아주고, 너희들을 성장시킴에 오랜 세월 동안 고생만하다 이 세상을 떠난 너희들 부모의 존재가 고작 돈 몇 푼 정도의 가치 밖에 없더냐?

조상의 존재를 소중히 여길 줄을 모르니 상대방들 또한 그대들의 존재를 무시하고 있지 않던가? 이제부터는 정신 차리고 잘 들어라. 너의 조상들을 사탄마귀라 취급하는 자들은, 그대들 역시도 인간사에서 사는 동안 사탄마귀의 인생을 살게 되어 배신과 고통의 인생을 살게 될 것이니라.

조상들을 구원하면서 거지 취급하는 자들은, 그대들 역시도 인간사의 인생을 사는 동안 거지의 인생을 살게 만들어줄 것이니라. 이제부터는 조상들을 사랑할 줄 알고, 조상 구원에 힘쓰는 자들이 이 땅에서 가장 잘살게 될 것이니 내 말이 틀리나 맞나 지켜들 봐라.

또한 조상(사령)구원, 신명구원, 생령구원, 인간구원은 나의 고유 권한이니 나의 권한을 침해하는 자들은 내가 내리는 하늘의 벌을 받을 준비를 한 다음에 구원의식을 행하도록 하여라." 하시는 강력한 경고 말씀이 있으셨다. 하지만 종교인들이 하늘의 경고를 받아들일까? 무시하고 절대 안 받아들일 것이기에 이들은 모두가 하늘로부터 구원이 안 되어 끝없는 고통과 불행을 겪으며 모진 고문형벌을 수억만 년의 세월 동안 받는다.

자신들의 몸에 수많은 신과 조상, 악귀잡귀 귀신들이 들어와 함께 살아가고 있음을 알아야 한다. 이들이 원하고 바라는 것을 인간 육신들이 먼저 해드려야 불행한 인생에서 하루빨리 벗어날 수 있다.

**몸 아프다고 병원 가지 마라.**

그것이 죽으러 가는 저승길이다. 설령 치료가 되었다 해도 그 병을 일으킨 장본인은 자신들의 몸 안에 살고 있는 신과 조상, 악귀잡귀 귀신들이기 때문에 또다시 재발하거나 사건사고로 이어져 목숨을 잃거나 불행하게 된다.

즉 자기 몸에 들어와 있는 신과 조상, 악귀잡귀 귀신들의 원초적인 요구사항이 받아들여지지 않으면 질병이 아닌 다른 문제를 발생시켜 인생을 고통의 늪으로 인도하니 조상입천의식과 귀신퇴치를 동시에 행하여야 한다.

나의 자화자찬이 아니라 영적 세계에 관해서는 전 세계 최고의 신비능력을 겸비하였다고 자부하는 영적 지도자이다. 이는 선천세상에서도 없었고 앞으로 후천세상에서도 나와 같은 존재는 더 이상 나타나지 않을 것이다. 그 이유는 천상궁전 도솔자미천 천궁의 대천력, 대도력, 대신력의 무소불위한 신비능력을 받아 이 땅으로 하강하여 천황, 지황, 인황을 상징하는 통합관명인 도법천존 천지인황으로 등극하였기 때문이다.

## 최초로 행해지는 조상벼슬 입천의식

어느 사업가 회장의 조상님 하강시키는 청배 의식이 시작 되었다. 조상님께서는 하늘의 윤허를 받아 인간 육신의 몸으로 내려오시어, 그동안 힘들었던 허공중천 사후세계의 고통을 한동안 하소연하시었다.

"이제야 살았구나." 하면서 안도의 한숨을 쉬었다. 태산보다 높은 원과 한을 풀게 되어 정말 고맙다고 자손의 손을 부여잡은 채 눈물을 흘리시고, 그동안의 춥고 배고픔의 사후세계 고통을 말씀하시면서 대성통곡하고 있었다.

"그동안 자손이 우리들을 위하여 천도재와 굿을 여러 번 해주었는데, 네 지극한 정성에도 불구하고 천상세계에 올라가지 못하고 오늘 이렇게 또 찾아오게 되어 미안하다"하면서 조상님께서는 조상입천의식이 기쁘면서도 한편으론 자손에게 미안한 표정을 지으셨다.

그러면서 하시는 말씀은 "오늘에서야 수십, 수백수천 년 동안 조상들 가슴속에 맺혔던 응어리들이 모두 풀어져 후련하다."고 하셨다. 조상님들이 인간 몸을 빌려 자손과 눈물어린 상봉을 통하여 가슴에 맺힌 원과 한을 모두 풀고 나니 자손도 조상도 마음이 한없이 편해졌다고 했다.

다음 순서로 조상입천 대상자 영가 호명의식으로 이어졌다. 천상에서 하늘의 황명을 받고 금빛 찬란한 천룡이 청의 선관과 홍의 선관을 태우고 오늘 천상궁전으로 입천되시는 조상님들을 데려가기 위하여 도솔자미천 천궁으로 하강하고 있었다.

이제 조상님들께서는 각자 영가 이름이 호명되면 순서대로 천룡에 오르시라 하고 각 조상님들 명단을 호명하였다. 오늘 올라가는 자손의 당대부터 시조까지 직계 조상과 배우자 직계 조상, 그리고 양쪽 외가의 당대 직계 조상님들도 어서 오르시라고 하였다.

모든 조상님들께서 명단을 호명한 순서대로 천룡에 오르니 그 영가들이 무려 수백 명이나 되었다. 천상궁전으로 조상영가 입천 황명을 내리자 영가들을 태운 천룡이 순식간에 쏜살같이 허공을 가르며 올라가더니 눈 깜짝할 사이(3초 정도 걸림)에 천상궁전의 넓은 잔디 광장에 사뿐히 내려앉고 있었다.

"자, 이제 당대부터 시조까지 모든 직계좌우 조상님들이 입천되어 천상궁전에 당도하였습니다." 청의 선관과 홍의 선관이 나와 수많은 조상님들을 인도하고 있었는데 입천된 조상님들은 얼굴색이 모두 밝고 편안해 보였고, 할아버지와 할머니가 모두 20대 초반의 청춘남녀 모습으로 젊어졌다.

천상궁전에 올라간 조상님들은 인간세상에서 구경도 못 해 본 비단 옷으로 모두 갈아 입혀져 있었다. 대우주의 절대자이시고, 우리 모두에게 영혼의 어버이이신 하늘의 주인께서 조상님들께 벼슬을 하사하여 주시었다.

할아버지께는 대신(장관)이란 벼슬을 하사하시었고, 할머니께는 대신부인으로, 아버지에게는 군사들을 거느리는 장군 벼슬을, 어머니께는 장군 부인으로 벼슬을 하사하여 주시었다.

천상궁전 올라가신 부모조상님들께서 벼슬의 신분에 걸맞는 금빛 찬란한 관복을 입고 있는 모습이 보였다. 감격한 조상님들이 너무 좋아서 어쩔 줄 몰라 기쁨의 눈물을 흘리신다.

앞에 펼쳐진 금빛 찬란한 궁궐과 마중 나온 신선선녀들의 모습은 너무 아름다워 황홀하기까지 하였다. 이제부터 새로운 천상궁전의 생활이 시작되고 있었다. 천상궁전에 오르면 일정 기간 천상궁전 적응 과정과 황궁예법을 배워야 한다.

살아생전의 모든 원과 한이 풀어지고, 자의든 타의든 인간세상에서 살아생전 지은 모든 죄를 하늘로부터 사면령이 내려져야 죄가 모두 소멸된다. 살아생전의 모든 잘잘못을 영혼의 어버이이신 하늘로부터 용서받는 것이다. 인간이든 영들이든 죄를 짓지 않은 자들이 없다.

또한 천상세계에는 영가들도 신분과 계급이 서열대로 존재하여 하늘로부터 벼슬을 하사받아 입천되면 많은 시종과 시녀를 거느리게 된다. 하지만 벼슬을 못 받으면 살아생전 신분이 아무리 높았다 해도 품계가 낮은 조상영가들은 싫든 좋든 벼슬 하사받아 올라온 다른 조상님들의 손발이 되어 그들의 시중을 드는 신분을 면할 수가 없다.

벼슬을 하사받지 못한 조상님들이나 자신의 직급보다 낮은 조상들로부터 하례를 받는 것이 일상적 관례이다. 천상궁전은 선후가 분명하고 엄격한 계급사회이다. 음양이 뒤바뀌는 현상이 벌어진 것이다.

살아생전에 높은 벼슬을 하여 자만, 교만, 거만으로 가득한 자들이 사망한 경우 천상세계와 사후세계에 대한 믿음이 없어서 입천의식을 행하여 벼슬도 하사받지 못하고 자손들 몸에 들어가거나 허공중천 구천세계를 추위와 배고픔으로 정처 없이 떠돌아다니며 주린 배를 채우려고 동냥질을 다니고 있다.

죽으면 그만이지 무슨 사후세계가 있어? 이런 생각을 갖고 살다가 막상 사후세계로 들어가면 처절하게 후회한다. 현생에서 출세하고 성공하여 높은 권력과 큰 재물로 온갖 부귀영화 누리던 고위공직자, 정치인, 법조인, 교수, 학자, 장군, 방송인, 언론인, 의사, 전문경영인, 기업인, 직장인들이다.

이들은 자칭 지식인들이란 자부심을 갖고 사후세계는 비과학적이라며 미신으로 여겨서 조상입천의식, 천인합체의식을 행하지 않고 죽은 자들이다. 영혼세계를 부정하는 자들이 겪어야 할 대참극이 실제로 사후세계에서 일어난다.

자신들이 믿고 있는 종교가 진짜로 가짜세계인 줄은 몰라보고 자랑스럽게 여기며 어느 교회, 어느 성당, 어느 절에 다닌다고 떠벌린다. 이 세상의 모든 종교세계가 가짜라는 것을 밝히고 주장하는 자는 내가 인류 최초일 것이다.

**조상도 자손 잘 만나야 한다.**

자손이 이 뜻을 깨닫지 못하면 조상님들은 영원히 구원받을 수 없게 된다. 깨닫고 인정한 사람들의 조상들에 한해서만 행할 수 있는 조상벼슬 입천의식을 행하여 천상궁전의 백성 신분으로 올라가 스스로 공부하여 벼슬을 받기까지는 5억 5천만 년의 세월이 걸린다.

조상입천의식을 행할 때 특단입천, 상단입천, 중단입천, 하단입천 등 4단계로 구분하여 천상세계 조상입천의식을 진행하고 있으며 특단입천은 벼슬입천의식이라 하늘이 내리시는 벼슬을 하사받을 수 있다.

조상입천제 의식은 4가지 형태로 진행하며 간혹 경제적 형편이 어려울 경우 하단입천의식보다 더 아래로 급수가 전혀 없는 일반입천(무급)으로 올라간다. 하늘이 윤허하셔야 천상궁전으로 오를 수 있고, 하늘의 신하와 백성으로서 권한과 지위를 부여받게 된다.

# 도솔자미천 천궁!

**도솔자미천 천궁!**

이곳에서는 하늘의 명을 받아 많은 일들을 집행하고 있다. 하늘의 일을 집행함에 있어 기존의 어떠한 종교에서 행했던 의식들을 행하는 것이 아닌, 이 세상 어디에도 알려지지 않은 하늘께서 가르쳐 주신대로 행하는 천상의식이다.

기존의 불교법, 기독교법, 도교법, 무속법이 아닌 말 그대로 도솔자미천 천궁의식이다. 제2의 천지창조라 할 만큼 위대하고 존귀한 의식으로 구천세계에서 방황하는 만 조상영가들을 구원하는 최고의 조상입천의식!

조상영가구원 입천의식은 하늘의 윤허(허락)를 받아 행하기 때문에 기존의 천도재, 굿, 기도와는 전혀 다른 하늘의 신성한 의식이다. 천상궁전의 주인이신 하늘께서 직접 주관하시는 의식이기에 인간의 마음대로, 인간의 생각대로 집행할 수 없는 고귀한 하늘의 의식이다.

각자들이 살아생전에 딱 한 번 행함으로써 조상님들 구원이 완벽하게 이루어진다. 조상구원 입천의식이 끝난 사람에 한하여 "나는 누구인가? 나는 이 땅에 탄생할 때 하늘로부터 어떠한 사명을 받았나? 내 안에 숨어 있는 또 다른 나는 누구인가?

나는 천상에서 누구였으며, 다음 생에는 누구인가?"라는 정답을 찾는 천인합체, 신인합체의식을 행할 수 있다.

천인합체, 신인합체의식은 우리 인간이 행하고 싶다고 하여 인간들 마음대로 행할 수 있는 의식이 아니다. 다시 말하면, 지금까지는 인간이 불교, 천주교, 기독교, 무속, 도교를 다님에 있어 인간들 스스로가 그 종교를 선택하여 다녔었지만 도솔자미천 천궁은 인간이 선택하는 것이 아니라, 하늘께서 들어올 인간들, 조상들, 생령들, 신명들을 선택하신다.

하늘이 뽑아주시고 윤허해 주신 자손에 한해서만 가능한 의식이다. 하늘께서는 마음이 맑고 깨끗한 자손에 한해서만 천인합체와 신인합체의 명을 내려주신다. 합체의식은 세계 어디에서도 아직 행한 적 없는 하늘만의 고유 권한이시고 하늘의 대능력으로 인해 현실로 이루어지고 있다.

조상구원인 입천의식과 신명구원, 인간구원의 합체의식을 통하여, 하늘의 백성과 신하들이 모여, 세계 인류의 구심점인 도솔자미천 천궁과 민족정신의 구심점, 인류의 구심점을 우뚝 세워서 하늘, 땅, 신, 생령, 조상(사령), 인간 모두가 행복한 무릉도원의 세상을 이 땅의 청와대 터에 세움이 목표이다.

밤하늘에 빛나는 북두칠성을 포함하여 북극성(작은곰자리)을 기점으로 한 구역을 자미천궁(紫微天宮)이라 한다. 우주의 일체 천상신명들의 중심지이고, 생령들과 사령들이 돌아 가야 할 영들의 고향이다. 천상의 모든 천주(크고 작은 별의 성주, 천존들)들을 거느리고 다스리시며 삼라만상 대우주를 창조하신 절대자 하늘께서 거처하고 계시는 천상궁전이다.

도솔자미천 천궁은 전 세계의 생령들과 사령들을 구원해 주는 곳으로 영들의 무릉도원 세계이자 영들의 구심점이다. 우리 인류 모두는 저마다 다르게 천상세계를 표현하고 있다. 유토피아, 이상향, 지상천국, 지상낙원, 용화세계, 무릉도원 등등의 말들은 천상세계를 상징한다.

인류의 오랜 소원을 현실로 실현하고자, 이상향의 세계를 꿈이 아닌 현실로 실현하고자 도솔자미천 천궁이 출범하였다. 인간의 삶을 사는 동안 인간이기에 겪을 수밖에 없는 질병, 금전고통, 우환, 불행에서 벗어나 근심걱정 없는 무릉도원 세상을 지상에 펼치고, 그 뜻을 현실로 실현하고자 책을 집필하여 세상에 전하고 있다.

불가능의 세계, 가상의 세계, 공상세계는 시간이 얼마나 걸려 현실로 나타나는지 그것이 문제일 뿐 모두 현실로 이루어지고 있음을 여러분들도 잘 알고 있을 것이다. 이런 꿈같은 세계를 현실화시키는 데 있어서 그동안 왜 불가능했는지에 대한 문제점들을 하나하나 찾게 되었다.

즉 인간의 힘(人力)만으로는 실현될 수 없는 세계였음을 알게 되었다. 신선들처럼 살아가는 세상을 만들려면 천상의 신선 신명들과 신인합체를 행하여 신선들을 인간 몸으로 하강시켜야만 가능한 일이란 것을 알았다. 이렇게 신선으로 알려진 존재는 바로 천상세계에 있는 천상신명들이다.

천상신명들이 인간의 몸으로 하강함에 있어서는 인간 육신의 몸이 청정해야 한다. 조상영가들을 비롯하여 악귀잡귀, 잡신, 귀신, 악령, 악신, 악마, 사탄, 마귀의 존재들이 각자의 몸 안에 들어와 있으면 천상신명들은 하강하지 않는다.

그렇기에 조상입천의식을 행하여 조상님들을 천상궁전으로 승천시켜 드림으로써 각자의 몸을 청정지 수월도량으로 만들어야 한다.

첫째, 모든 조상들이 구원되어 자손들의 몸을 떠남으로 산 자손들과 조상님들이 모두 편안해지고, 천계의 신선들 역시도 인간세상 육신을 얻어 기뻐한다.

둘째, 천계의 신선들도 신인합체의식을 통해서만 인간 육신의 몸을 얻을 수 있어 신선들의 조화법을 펼쳐 보일 수 있다. 이렇게 1차로 1만 2천 신선들을 지상으로 하강시켜 꿈의 세계 이상향의 무릉도원 세상을 열고, 단계별로 13만 2천 명을 추가로 배출해서 영들과 인류의 구심점으로 세운다.

각자 육신에 들어와 살고 있는 조상님들을 구원해 주고, 천계의 신선들을 인간 몸으로 하강시켜 인간의 힘으로는 수억 년의 세월이 흘러가도 이룰 수 없는 이상향의 무릉도원 세상을 각자 신선이 되어 함께 세워야 한다.

## 하늘의 황실이 한반도에 세워져야

신명세계, 영혼세계, 인간세계를 모두 다스릴 줄 아는 인류의 정신적 구심점이 될 하늘이 내린 영도자가 절실히 필요한 시기가 도래하였다. 하늘이 편해야 땅이 편하고, 땅이 편해야 사람이 편하다.

천지인 즉 하늘과 땅, 신명, 생령, 조상들이 편하면 자연 사람들은 근심걱정 없는 세상에서 태평성대를 누리며 살아가게 된다. 인생사의 모든 고통은 보이지 않고, 들리지 않는 신과 생령, 조상님들이 각자에게 보내는 메시지이다.

그러므로 하늘, 신, 생령, 조상이 원하고 바라는 소원을 사람들이 먼저 들어드려야 한다. 지금 하늘에서 우리 인류에게 바라고 원하는 소원은 인류와 함께 공존공생하는 새로운 세상을 열고자 하신다.

인류가 애타게 기다려온 무릉도원의 세상. 이미 천상궁전에는 이상향의 무릉도원 세상이 펼쳐져 있다. 천상궁전과 똑같은 세상을 지상에 세우고자 함이 나와 하늘의 뜻이다. 천상의 신들이 인간의 몸으로 내려와 신과 인간이 하나가 되었을 때 이 뜻은 현실로 이루어진다.

천상의 신들이 인간세계로 하강하여 천상세계 신명정부를 세우고, 천지인이 함께하는 도솔자미천 천궁을 나라의 중심으로 세워 인간과 신은 둘이 아닌 하나가 되어, 인간사의 고민 걱정 질병들은 천상의 신명들이 소멸하여, 서로 근심걱정 없이 활짝 웃는 세상이 되니 이것이 바로 온 인류가 기다려오던 이상향의 무릉도원 세상이 아니던가?

무소불위의 신비스런 천력(天力), 도력(道力), 신력(神力)으로 인류를 영도해 나갈 대한민국도 이젠 모든 것이 바뀌어야 한다. 이제 국민들도 정치적으로 많이 성숙했으므로 우리나라도 의원내각제를 실시해야 할 때가 온 것 같다. 수많은 국민들이 정부수립 이후 역대 통치자들의 잘못된 국정운영으로 수많은 고통을 겪어왔다.

이제는 통치자가 잘못하면 즉시 물러나게 하고 새로운 지도자를 국회에서 신속히 뽑도록 하는 것이 나라 발전을 위해서는 가장 바람직한 일이라고 본다. 난세가 영웅을 만든다고 했듯이 이제 그 영웅이 출현할 시대가 도래했다.

하늘이 내린 명! 세상이 하늘을 부르고 있다. 우리 인류 모두가 선택해야 할 하늘! 하늘의 천지기운이 내리신 인류의 영도자! 인류에겐 그런 하늘의 영도자가 절실히 필요하다! 수억 년의 오랜 세월 속에 처음으로 꽃 피는 하늘. 이제 하늘도 그 원과 한을 풀 때가 왔다.

도솔자미천 천궁을 통해서 하늘의 깊고도 깊은 원과 한이 풀려지도다. 천상의 주인으로부터 명을 받은 천상신명들이 정치를 해야 하는 시기가 이제 도래하였다. 천상신명들이 정치를 해야 이 나라가 세계의 중심 지도국가로 부상한다.

천상세계 신명정부 시대가 펼쳐지면 백성들은 경제가 잘 돌아가 근심걱정 없는 꿈의 세계 무릉도원 세상이 펼쳐진다. 하늘의 명을 받아 천상세계의 고급신명님들이 사람 몸으로 하강을 하여야 한다.

하늘의 명을 받아 하강한 천상의 고급신명님들이 세우는 천상세계 신명정부! 이 땅에 인류 최초로 세워지는 도솔자미천 천궁이 될 것이다. 하늘과 함께 세우는 천궁은 신명세계, 생령세계, 조상세계, 인간세계 모두의 구심점이다.

**행복이 꽃 피는 도솔자미천 천궁세상**

모든 인류가 수억 년 기다려온 이상향 세계이다. 하늘께서 내려주시는 기운으로 세워지는 무릉도원의 천궁. 살아서 모두가 천상신명이 되는 별천지 세상이 당대에 현실로 이루어진다.

질병 없는 건강한 세상, 가난 없는 부귀의 세상
불행 없는 행복한 세상, 거짓 없는 진실한 세상
실패 없는 성공의 세상, 미움 없는 사랑의 세상
사고 없는 안전한 세상, 근심 없는 편안한 세상
단명 없는 장수의 세상, 전쟁 없는 평화의 세상

이런 세상을 만들고자 도솔자미천 천궁이 출범하였다. 하늘의 백성으로 태어나게 되면 고통의 세월을 잊고 새로운 인생을 출발할 수 있다. 하늘의 명을 받아 하늘의 백성이 되면 마음이 편안해지고, 힘들었던 일들이 보이지 않는 하늘의 힘으로 해결되는 신비함을 체험하게 된다.

하늘이 주도하시는 천상세계 신명정부에 스스로 참여하는 것은 근심걱정 없는 삶을 영위하는 지름길이다. 천상세계에서 하늘의 명을 받아 인간 육신의 몸으로 세상에 내려온 천상신명들을 찾고 있다. 하늘의 명을 받고 인간 몸으로 내려온 신명들을 찾아 천인과 신인들이 정치하는 천상세계 신명정부를 구성하여 무릉도원 천궁세상을 세우고자 한다.

사람의 힘으로 안 되는 것은 하늘과 신명의 힘과 하늘과 신명의 능력을 빌리면 된다. 신과 인간이 서로 대립의 상태가 아닌 화합의 상태가 되었을 때 인간의 상상을 초월한 이상향의 평안한 세상이 이 땅에 펼쳐지게 된다.

신은 인간의 능력으로 이루지 못하는 불가능한 영역의 일들을 이룰 수 있도록 인간을 도와주고, 인간은 신들의 손과 발, 입이 되어주면 된다. 서로가 서로를 기쁘게 해주었을 때, 지구촌의 인류 모두가 기다리던 진정한 무릉도원의 천궁시대가 현실로 펼쳐진다.

천상신명들과 인간이 하나로 합체되면 인류가 오랫동안 원하고 바라던 이상향의 무릉도원 천궁세상이 신들의 능력에 의해 현실로 이루어진다. 신과 인간이 하나 되지 않고는 이상향의 세상은 수억 년이 지나도 현실로 실현되지 않을 일장춘몽의 이야기일뿐이다.

**천상세계 신명정부!**

신명정부의 관료가 되려면 하늘의 명을 받아 천상신명과 합체를 해야 한다. 천상 신명정기가 무궁무진하게 몸에 내리게 천상신명들의 역할을 충실히 수행할 수 있다. 독자들 중에서 탄생할 천상신명들은 인간세상을 천지개벽시키고, 하늘이 내리시는 천력으로 인류를 영도하여 지상낙원 무릉도원의 천궁세계를 이 땅에 건설하게 된다.

이제 인간이 아닌 천상신명들이 천계에서 내려와 무릉도원 천궁세계를 세우고 있다. 이것이 바로 우리 인류 모두가 바라던 유토피아 세계의 건설이다. 천상신명들의 진기가 매우 강하게 내리어 각자가 원하는 인간사의 목표를 달성할 수 있는 새로운 별천지의 세상이 도래하리라!

역사적 문화 전통성을 잇기 위하여 조선 황실을 복원하자는 일부 여론이 과거에 있었다. 어찌 보면 황실의 뿌리를 잇기 위한 좋은 발상이기도 하다. 한 왕조의 복원이기에 뜻이 깊다 할 것이지만 심사숙고해 봐야 하리라.

이 나라는 대통령제를 폐지하고 의원 내각책임제로 개헌해야 한다. 하늘께서 신명들을 통하여 직접 통치하시어 영도하는 도솔자미천 천궁이 세워져야 세계 인류의 구심점 역할을 할 수 있다.

의원 내각책임제 실시와 더불어 하늘의 천궁을 세계 최초로 세우는 것 또한 이 나라의 국민들 모두가 선택할 사항이지만 받아들이고 안 받아들이고는 국운에 따라 좌우될 것이다.

세계를 하나의 단일국가로 통합시켜 천손민족이 세계 인류를 영도하려면 조선왕조의 복원이 아니라 세계 인류를 지배통치하실 수 있는 하늘의 천궁 황실이 한반도에 세워져야 천손민족이 기다리던 신의 종주국가로 탄생할 수 있다.

무소불위하신 하늘께서 동방 땅에 강림하시었다. 이제 하늘의 천궁이 지상에 우뚝 세워진다면 초강대국들도 더 이상 저희들 마음대로 대한민국의 국정에 간섭하지 못한다. 대한민국을 살리고자 하는 이 마음은 한 개인의 꿈으로 끝나면 안 된다.

대한민국의 자손들 모두도 이 뜻에 동참하여 이 나라를 살려야 한다. 나라를 살리는 것은 후손들을 살리는 우리 모두의 막중한 임무이기도 하다. 또한 우리 선조 조상님들의 소원이기도 하다. 이 나라는 장차 세계를 호령하게 되기에 더 이상 초강대국들에게 비굴한 모습을 보이지 않아도 되리라.

도솔자미천 천궁 건립은 개인의 소망을 이루기 위함이 아닌, 대한민국 한 나라의 소망을 이루는 일이니 천손민족 모두가 단합하여 우리 모두가 동참해서 세워야 한다. 이렇게 됨으로써 선천의 종교시대는 막을 내리게 되고, 후천의 이상향의 세상을 펼치는 전환점이 될 것이다.

하늘이 친히 나의 몸으로 하강하시어 행하시는 천지대업으로서 인류역사에 길이 남을 일이고, 대한민국 모두의 자랑이기도 하다. 세계 인류 모두는 스스로 신비의 천지기운에 이끌려 천손민족을 상국으로 깍듯이 예우하고 받들게 되며 하늘에 조공과 천공을 올리게 되리라.

하늘께서 이 땅 대한민국에 우뚝 서셨을 때 우리 인간의 모든 상상을 초월하여 현실로 일어날 일들이다. 단지 이 시기가 언제인가 그것이 의문일 뿐이다.

진정한 하늘로부터 명을 받고 이 땅에 인간 육신으로 태어난 하늘의 신하와 백성들을 찾고자 이렇게 책으로 집필하여 세상에 전하고 있다. 진정한 하늘의 신하와 백성들이 힘을 합했을 때 이 뜻을 이룰 수 있다.

**천계의 대 신명들**

관료로서 대망을 이룬 사람들.
정치적으로 크게 성공한 사람들.
큰돈 빌려주고 받지 못하는 사람들.
거대기업을 이끄는 CEO와 기업총수 사람들.

종교의 허점을 읽은 사람들.
모든 종교를 비판하는 사람들.
신과 조상을 인정하지 않는 무신론자들.
마음 의지할 곳을 찾지 못해 허전해하는 사람들.
마땅한 영혼의 쉼터를 찾지 못해 이곳저곳 방황하는 사람들.

이러한 부류의 사람들은 하늘에서 내린 신명들로서 신명의 그릇이 아주 크고, 신명의 기운이 너무 강하여 한 곳에 머물거나 누군가에게 구속받기를 싫어한다. 각자의 몸 안에 천상의 큰 신명들이 숨어 있기 때문이다.

자신을 이끌어줄 강력한 영적 존재의 그 누군가를 기다리고 있는 천상의 대 신명들로서 하늘이 숨겨둔 신명들이다. 이들은 하늘의 천인들로서 하늘의 명을 받아 천지대업을 이루기 위해 하늘의 인간세상 강림을 기다리고 있는 신명들이었다. 종교가 아닌, 사이비가 아닌 그 어떤 새로운 인류의 구심점을 찾고 있는 초상류층의 신명들이다.

**하늘이 내린 명!**

장차 세계를 지배통치하여 이끌어갈 하늘의 대 신명들이 분명하지만, 정작 본인 자신들은 몸속에 숨어 있는 대 신명이 하늘의 신하라는 사실을 알아보지 못하고, 자신의 노력으로 크게 성공하여 거부가 되어 잘사는 줄 알고 있다.

대부분은 자기 조상 덕으로 크게 성공했다고 생각하고 있으나 그건 아니다. 조상 없는 자손 어디 있겠는가? 이제는 확실하게 어떤 분이 자신을 크게 성공시켜 주셨는지 그 존재를 바로 알아야 하고 그 은혜에 보답해야 한다.

자신을 성공의 삶으로 인도하여 현재의 최고 높은 경지까지 오르게 한 분이 자신의 조상님이신지, 아니면 하늘께서 큰 복을 내려주신 것인지 이 세상을 떠나기 전에 반드시 알아내고 죽어야 천추의 원과 한을 남기지 않는다.

자신의 성공이 하늘께서 내려주신 천지기운 덕분이었다면 대우주의 새로운 창조대열에 앞장서 황명을 받아 큰 뜻을 펼치는 데 동참하여야 하리라. 하늘이 내린 명을 행하지 않는다면 죽어서 대성통곡하는 천추의 원과 한을 남기는데, 생전에 부귀영화는 일장춘몽에 불과하다.

이제 천계에서 황명을 받아 인간세계로 내려와 있는 대 신명들을 하늘께서 부르고 계시니 이 책의 내용에 공감을 하는 자, 온몸으로 신비한 천지기운을 스스로 느낀 자들은 이 뜻에 동참하기 위해 방문해야 한다.

하늘의 황명을 받고 인간세계에 내려와 있는 천상의 대 신명들은 본인들이 책을 읽는 동안에 본인들의 몸으로 천지기운을 내려 주어 하늘의 명을 받고자 최선을 다할 것이다. 신들이 내리는 천지기운의 현상은 각각 다르겠지만, 주로 이런 증상들이 일어나게 된다.

하품이 끊이지 않고 나오는 사람, 온몸에 전율이 느껴지고, 머리가 갑자기 상쾌해지거나, 반대로 무거움을 느끼는 사람, 신체 어느 부위에 갑자기 진동의 반응이 나타나기도 하고, 깜짝 놀란 사람처럼 자신도 모르게 갑자기 몸이 움찔거리기도 한다. 이는 하늘께서 부르시는 신호이다.

말로 들려줄 수 없기에 천상정기의 천지기운으로 각자의 몸을 통해 메시지를 전달하시는 것이다. 이런 천상정기의 기운을 받은 사람들은 하늘의 신하와 백성으로 선택받을 수 있는 신명들이라고 보면 된다. 즉 영광스런 천손민족으로 다시 태어나는 기회를 얻을 수 있다는 하늘의 메시지이다.

또한 천상신명들은 사람 몸을 매개체로 하여 천지기운을 통해 의사 전달을 하고 있다. 천상의 절대자이시고 무소불위하신 대우주 천지인 창조주이신 하늘의 아들딸인 신하와 백성으로 다시 태어나야 천손(天孫)이 되는 것이고 이때부터 참다운 새로운 인생이 다시 시작된다.

**천계에서 내려온 대 신명!**

살아생전 하늘이 내린 명을 받들지 못하고 죽는다면 사후세계로 돌아갔을 때 자신의 영혼을 보내주신 하늘을 알현할 수 있는 길이 없고, 허공중천 구천세계에서 추위와 배고픔으로 벌벌 떨며 고통이 끊이지 않고 영원히 이어지는 참혹한 사후세계를 살아가야 한다.

늦기 전에 하늘의 소리를 마음으로 들어라!

하늘이 내리시는 명에는 소리가 없다. 냄새도 없고 형체도 없다. 단지 각자의 마음과 느낌을 통하여 들을 수 있다. 인류에게 내린 가장 큰 축복! 그것은 하늘의 존재를 진정 마음으로 깨닫는 것이며 그 명을 받들어 봉행하는 일이다.

아무나 하늘의 신하와 백성으로 탄생할 수 없다.

하늘로부터 선택받은 천상신명들만이 하늘이 내려주신 천지기운 따라 책을 읽고 도솔자미천 천궁과 인연을 맺어 영광의 천손민족으로 다시 태어나게 되리라.

## 세상을 천궁 하나로 통일

종교세상을 통해서 이 땅에 알려진 극락세계, 천당세계, 천국세계, 선경세계, 유토피아 세계, 이상향 세계, 지상낙원, 지상천국, 무릉도원 세계는 천상지상 천궁을 말하는 것이었다. 꿈만 같은 세상 모두가 하늘의 천상천궁과 땅의 지상천궁 세계를 말하는 것이었기에 선천세상에 쓰던 이들 용어를 모두 천궁 하나로 통합한다.

그리고 생령과 사령 즉 생사령들의 돌아가야할 고향이 천상천궁이다. 천지령의 신분에서 천상령의 높은 신분으로 격상되어 살아갈 수 있는 유일한 길이 인간 육신들과 함께 생령과 사령들이 지상천궁으로 들어와서 천궁의 주인께서 내리시는 황명을 받들어 천상으로 돌아가는 것이다.

구원받아 천상천궁에 올라가서 천상령으로 살아가면 영생을 누릴 수 있고, 추위와 배고픔, 구타와 성폭행으로부터 벗어나 천상낙원에서 영원무궁하게 기쁨, 행복, 즐거움, 쾌락을 누리며 모든 근심과 걱정이 사라지며, 후손들로부터 제사와 차례를 받을 필요조차 없어진다.

그야말로 인간세상에서는 상상조차 못하는 환락의 행복한 세상이 열린다. 종교세계에서 교리와 이론을 통해서 세뇌당한 모두는 지상천궁에 들어와서 황명을 받들어야 천상천궁에 오르는 영광을 누릴 수 있다. 이곳은 모든 것이 이론을 전하는 곳이 아니라 천상과 지상에서 라이브 생방송으로 모든 것이 진행되기에 신비함 그 자체이다.

종교 안에서, 명산대천에서 기도 다니면서 받으려고 하였던 천상의 좋은 정기는 모두 이곳에 들어오면 받을 수 있고, 종교를 통해서 가려던 극락세계, 천당세계, 천국세계, 선경세계, 유토피아 세계, 이상향 세계, 지상낙원, 지상천국, 무릉도원 세계가 천상천궁인데 이곳에 올라가려면 지상천궁에 육신들과 함께 생사령들이 들어와야 한다.

종교세계에 너무 많이 속고 속아서 의심이 앞서는 것이 사실인데, 비록 크게 한 번 속을지라도 꼭 들어와야 할 곳이 천궁인데 그만큼 자신한다는 뜻이다. 과연 사령(조상)들이 구원을 받아 천상천궁으로 올라갔는지 못 갔는지 당일 의식 도중에 천궁으로 올라간 조상 사령들을 다시 하강시켜서 확인까지 시켜주니 속을까 봐 걱정하지 않아도 된다.

천궁으로 올라가기 전의 조상 모습과 천궁으로 올라간 뒤의 조상 모습들이 어떻게 변신되는지 직접 확인할 수 있으니 지금까지 종교세계에서 행한 구원받았는지 여부를 전혀 알 수 없는 멍텅구리 천도재, 조상굿, 추모예배, 추모미사의식과 비교하면 상상초월이고 천지대개벽이다.

종교를 통해 좋은 세계에서 편히 계실 줄 알았던 그대들의 조상영가들을 불러서 직접 대화를 나누게 해준다. 육신을 잃어버린 여러분의 가족 혼령들과 라이브로 상봉을 성사시켜 주는 것이니 기절초풍할 일이다. 이제 종교세계를 떠나 이곳 천궁으로 들어오는 생령과 사령들은 출세하고 성공해서 최후의 승리자가 되는 행운을 얻는다.

여러분의 몸 안에 있는 생령과 사령들은 천상에서 죄를 짓고 지구로 도망친 자와 쫓겨나 유배당한 자들인데, 유일하게 천상의 죄를 빌 수 있는 만물의 영장으로 탄생시켜 주신 것은 천상천궁으로 올라올 수 있도록 평등하게 다시 한 번 기회를 내려주신 것이니 육신이 죽기 전에 지상천궁에 들어와서 천상천궁으로 올라가는 의식을 행하여야 한다.

흔히들 종교에서는 숭배자를 믿거나, 의식을 행하면 천상으로 오를 수 있다고 말하는데 천상에서 지은 죄를 빌지 않으면 천궁으로 올라갈 수 없는 지엄한 천궁법도가 있다. 원래 영들은 지상의 인간 육신으로 내려오면 안 되고 천궁에 그대로 머물러 있었어야 했지만, 천궁에서 죄를 짓고 도망치거나 쫓겨난 자들이 인간 육신의 몸으로 들어와 있는 것이다.

**앞으로의 세상은 종교가 없는 천궁세상이다.**

종교에 다니면 구원은 영원히 물 건너간다. 종교 자체가 하늘과 대적하려는 반대파들이 세운 곳이기에 종교 안에서 구원을 외쳐봐야 성사될 수 없다. 종교 안에서 받드는 하나님, 하느님이 진짜 하늘인 줄 알고 믿지만 하늘을 사칭한 가짜이다. 진짜 하늘이 아니라 2,100년 전 이스라엘의 조상이었던 전쟁신 야훼(여호와)라는 진실을 알아야 한다. 즉 남의 나라 조상신을 하나님, 하느님으로 섬기고 있다.

진짜 하늘을 찾고 만나 구원받고자 한다면 기독교, 천주교를 떠나 천궁으로 들어와야 한다. 진짜 하늘은 종교 안에 있지 않다는 사실을 받아들여야 한다. 교인들은 이스라엘 역사를 믿고, 이스라엘 조상신을 받드는 것일 뿐 진짜 하늘을 받들고 섬기는 것이 아니었다.

가짜 하늘을 진짜 하늘로 둔갑시키고 신격화한 것이 종교세계이고 아무리 열심히 믿어봐야 구원 자체가 되지도 않지만 분위기에 휩싸여 믿고 있다. 야훼(여호와), 예수, 마리아, 석가, 상제, 공자의 사령(영혼)들을 불러서 대화를 나누어 그들의 사후세계 모습을 보게 되었는데 모두가 추위와 배고픔에 떨면서 고통스러워하였음을 확인하였다.

교인들이 생각하는 것처럼 이들은 진짜 하늘도 아니고 한낱 죽은 남의 나라 조상귀신에 불과하였다. 이들의 모습을 여러분의 생령들에게 보여줄 수도 있다. 인간 육신은 이들의 영혼 모습이 보이지 않지만 여러분의 생령들 눈(영안)으로는 비참한 모습이 생생히 보인다.

생령의 영안으로 실제 보여주어도 너무나 기가 막힌 비참한 모습에 아니라고 부정하는 경우가 많다. 어느 종교를 다니고 있든 자신이 받들어 섬기고 있는 숭배자들의 비참한 현재 모습을 적나라하게 보여줄 수 있다. 상상초월이고 종교세계에 경천동지할 일이다. 인간의 눈으로는 그들의 모습이 보이지 않지만 생령의 눈(영안)으로는 모습을 자세히 볼 수 있다.

# 도통을 주관하시는 하늘

**도통천존 도솔천황 폐하 하강!**

도를 거느리시는 하늘, 도통을 이루어주시는 하늘, 우리들의 인생사 삶을 실시간으로 주관하시고 살려주시는 도통천존, 천통천존, 의통천존, 영통천존, 신통천존, 육통천존, 인통천존이 도솔자미천 하늘이신 도통천존 도솔천황 폐하이시다.

내 육신을 통해서 대도력과 대천력을 집행하시는 천상의 하늘이 도통천존 도솔천황 폐하이신데 인간 육신 나를 완전히 정복하여 얻기까지 36년이란 무수한 세월이 걸리셨다.

서울 중구 소공동에서 직장 생활하던 1981년 27살의 나이에 생시처럼 현몽을 꾸었다. 난생처음 들어보는 도솔산 8부 능선에서 내가 백룡포를 입은 채로 가부좌하고 앉아 있는데, 천상에서 두 명의 금의선인(황홀한 금빛 옷을 입은 천상신선)이 하강하여 나보다 한 자(30cm) 정도 낮게 좌우로 내려앉는 장면의 생생한 꿈이었다.

강원도 원주에 있는 인간재생창이라 불리는 제1 부사관학교에서 6개월간 혹독한 분대장 지휘교육을 받고 홍천에 있는 육군 제11 교육사단 13연대 6중대(강재구 소령이 전임 중대장) 4소대(화기소대)에서 33개월 15일 동안 현역으로 복무를 마치고,

직장생활을 시작한 지 2년이 흐른 시점이었다.

아무것도 모르는 나에게 현몽으로 생생히 보여주신 지 36년이란 세월이 훌쩍 가버렸다. 도를 거느리는 하늘이 도솔자미천(道率紫微天)이고, 도를 거느리는 하늘의 존호가 도솔천황 폐하라고 가르쳐 주시었다.

꿈으로 현몽받고서 36년의 세월이 흘러서 도솔천황 폐하와 하나 되는 힘든 과정을 겪었다. 도솔천황 폐하의 오직 한 가지 소원은 내 육신의 손과 발, 입, 마음, 생각을 완전히 정복하는 것이라고 말씀하시었다. 우리 인간들은 원하고 바라는 것이 한도 끝도 없지만 도솔천황 폐하께서는 오직 나를 갖는 것 하나뿐이셨는데 36년 만에 성공하시었다.

대단하신 하늘이시지만 하찮은 인간 육신 하나를 완전히 정복하는데 36년이란 세월이 걸리셨다. 내가 36년 동안 고난의 길을 걸었음은 두말할 것도 없었고, 정말 감내하기 힘든 아주 험난한 길이었다. 내가 겪었던 그 고난의 세월은 도솔천황 폐하와 하나가 되지 못했기 때문이었다. 도솔천황 폐하께서 원하시고 바라시는 무릉도원 세상을 펼치지 못한 대가였으리라.

도솔천황 폐하께서는 나를 통하여 말하는 대로, 생각하는 대로 이루어지는 말법시대의 도법세상을 펼치시고자 하시었던 것이었다. 36년의 세월 동안 비바람을 부르며 수많은 풍운조화, 질병조화, 인간조화를 통해서 천변만화의 조화를 보여주시었지만 도솔천황 폐하께서 부려주신 조화라고는 생각지도 못하였다.

그저 단순히 나의 도력이라고 생각했었다.

36년의 세월 동안 부려주신 상상초월의 이적과 기적의 주인이 도솔천황 폐하이셨던 것이다. 이제 본격적으로 도솔천황 폐하께서 도법세상을 만 세상에 펼치시고자 만반의 준비를 마치시고 내 육신을 빌리시어 본격적인 천지공사에 들어가셨다. 말하는 대로, 생각하는 대로 이루어지는 도법세상은 불가능이 거의 없는 신비의 세상이다.

이런 진실을 모르고 도교단체에 입문하여 오랜 세월 도통, 천통, 의통, 영통, 신통, 육통하려고 열심히 도를 닦고 있는 사람들이 헤아릴 수 없이 많지만 도통을 이룬 사람들은 아무도 없다.

여러분은 어쩌면 귀한 이 한 권의 책이 세상에 나오기를 수천 수만 년의 오랜 세월을 종교 안에서 학수고대하며 기다려왔을 것이다. 물론 현생과 내생의 운명을 바꾸어줄 값어치를 아는 사람들에게는 아주 기쁘고 희망에 찬 귀한 책이 되어줄 것이다.

반면 매사 부정적이거나 종교의 교리와 이론에 심취해서 고정관념에 빠져 있는 사람들에게는 하나의 소설책에 불과할 뿐이다. 귀한 책을 각자 자신의 것으로 만들 것인지 아닌지는 각자의 판단이고 각자의 선택에 달려 있다.

귀한 책으로 받아들이고 읽을 것인지 아니면 그냥 소설 정도의 가벼운 책으로 읽을 것인지 역시도 자신들의 몫이다. 이 책이 여러분에게 값비싼 다이아몬드가 되어줄 것인지는 여러분이 정독하여 하늘이신 도통천존 도솔천황 폐하의 진실을 순수하게 그대로 받아들이느냐가 관건이다.

명산대천에서, 도교 안에서, 불교 안에서, 기독교 안에서, 천주교 안에서, 무속 안에서, 명상수련으로 하늘을 찾아서 현생과 내생을 구원도 받고 도통, 신통, 천통, 의통, 영통, 인통하여 천안통(天眼通), 천이통(天耳通), 타심통(他心通), 숙명통(宿命通), 신족통(神足通), 누진통(漏盡通)을 이루려는 사람들이 무수히 많지만 일평생을 갈고 닦아도 이 뜻을 모두 이루어낸 사람들은 이 세상에 없다.

과연 인생을 어떻게 살아가는 것이 잘 사는 길인지 정답을 알고 있는 사람도 없다. 풍파 없이 건강하고 금전적으로 어렵지 않으며 마음 편하고 가정이 화목한 것이 바람이지만 이 모두를 다 이루고 사는 사람들도 찾아보기 어렵다.

하늘을 통하려는 사람들은 많지만 인도해 줄 지도자를 찾기가 그리 쉬운 일이 아니다. 하늘은 한 명이 아니라 밤하늘의 별처럼 무수히 많기에 진짜 하늘을 선별해서 만나기란 그야말로 하늘의 별따기이다. 인간들의 눈높이로는 누가 진짜 하늘인지 판단할 수 없기 때문이다. 수천억에 이르는 하늘을 인간의 능력으로 찾아내기란 불가능하기 때문이다.

내가 감내하기 힘든 고난의 길을 걸으면서 찾아낸 진짜 하늘은 이제까지 종교 안에서 수천 년 동안 알려진 하늘이 아니라 전혀 알려지지 않았던 분이시다. 종교인들이 전하고 있는 하늘이 아니시다. 여러분의 생사여탈권을 행사하시고 전생, 현생, 내생을 주관하시는 진짜 하늘을 찾아냈다. 나의 육신을 통하여 인간이 원하는 뜻을 이루어주신다.

도통천존 도솔천황 폐하 하강 강림!

세상을 구하러 온 도통천존 도솔천황 폐하의 화신!

우리들의 인생사에 대한 생사여탈권, 길흉화복, 흥망성쇠, 생로병사, 기쁨과 행복, 성공과 출세를 주재하시는 아주 대단하신 하늘이시다. 세상에 알려지지 않았던 엄청나신 대단한 도력과 천력을 갖고 우리 삶으로 보여주고 계신 분이시다.

살아서의 삶은 물론 죽음 이후의 사후세계 삶에 대해서도 실시간으로 주관하시는 하늘이시다. 그래서 어느 누가 먼저 하늘과 함께할 것인지 이것이 가장 중요한 문제이다. 이곳 도솔자미천은 세상에 널려 있는 흔한 종교가 아니라 원초적인 근본도리를 행하게 만들어 현생과 내생을 살려주는 곳이다.

도를 닦으러 다니는 사람들, 하늘을 찾으러 다니는 사람들, 종교를 다니는 사람들 모두가 찾아와야 할 곳이 도솔자미천이다. 뿐만 아니라 사업적으로 번창하려는 사람들과 성공 출세하려는 사람들도 나를 통하여 하늘의 기운을 받아야 살아갈 수 있다.

나는 종교 교주가 아니라 세상을 구하러 온 인류의 영도자로서 하늘이신 도통천존 도솔천황 폐하께서 내린 화신(化身)이지만 아직 알아보는 사람들이 많지 않다. 영적 차원이 높아야만 나의 존재를 조금이나마 알아볼 것이다. 그래서 하늘이 안 보이시기에 온몸으로 신비기운을 내려주어 느끼게 해주고 있다.

종교의 교리와 이론에 심취해 있으면 교리와 이론의 굴레와 종교적 고정관념 때문에 알아볼 수가 없다. 하늘의 진실을 구두로 모두 전달할 수 없기에 책 읽기를 권유하는 바이다.

## 사후세계 준비는 하였는가?

여러분은 죽기 전에 반드시 하루라도 빨리 하늘의 화신인 나를 만나야만 한다. 아니 나를 만나기 위해서 이 세상에 만물의 영장인 인간으로 태어났다. 전생, 현생, 내생의 숨겨진 엄청난 비밀을 알 수 있기 때문이다. 어떻게 사는 것이 진정한 삶인지 알 수 있다. 나를 만나는 것이 곧 하늘을 만나는 것이다.

여러분은 지위고하를 막론하고 언젠가는 죽어서 저승으로 간다. 그날이 오늘이 될지, 내일이 될지 모르지만, 몇십 년 후에는 분명 인간세상을 떠난다. 인간 육신이 죽는다고 모든 것이 끝나는 것이 아니라 또 다른 미지의 사후세상이 열리는 것이다.

아무런 대책도 없이 두렵고 무서운 사후세계를 맞이하려는가? 죽어서 얼마나 땅을 치며 대성통곡하려고 세상의 보이는 것에만 욕심과 욕망으로 가득 차서 눈이 어두워져 있는가?

하늘세계, 사후세계, 영혼세계, 조상세계, 도의세계, 인간세계에 대한 여러분의 영적 차원을 높여주고 미래를 밝혀줄 책이다. 이 책은 여러분과 가족, 조상님, 신과 영들의 운명을 바꾸어줄 아주 귀한 책이다.

육신이 죽어서 개, 돼지, 소, 뱀, 벌레, 곤충 같은 축생이나 미물, 귀신, 악귀잡귀, 사탄마귀로 태어날 것인가? 아니면 천상궁전의 선남선녀(신선선녀)로 태어날 것인가를 살아생전에 선택해야 한다. 살아서 나를 통해 하늘이신 도통천존 도솔천황 폐하께서 내려주시는 입천의 명을 받아야만 천상궁전에 오르는 특권이 주어지기 때문이다.

하늘은 형상이 없기 때문에 기운으로 만나야 한다. 세상 사람들은 진짜 하늘을 찾으려고 혈안이 되어 있는데 대부분이 종교세계 안에서 찾으려고 하지만 다 소용없는 일이다. 일평생이 아니라 천만 년을 찾아도 종교세계 안에서는 절대로 진짜 하늘을 찾을 수 없다.

진짜 하늘은 형체도, 모습도, 냄새도, 소리도 없으시기에 여러분의 눈높이로는 절대로 알아볼 수 없다. 때문에 책을 읽고 찾아와서 신비기운을 통해 진짜 하늘과 상면할 수 있다. 나를 찾으려고 수많은 종교세계를 전전하고 있는 사람들이 부지기수이지만 불행하게도 종교세계로는 하늘과 내가 가지 않기에 찾을 수도 없고 만날 수도 없다.

나를 만나면 여러분에게 새로운 세상이 열린다.

현생과 내생의 무릉도원 세상을 이루어줄 것이기 때문이다. 하늘을 갈구하는 자에게 길을 열어주신다. 하늘은 형상이 없기 때문에 나를 통해서 기운으로만 느끼고 만날 수 있다. 그리고 하늘의 모습은 나의 모습과 쌍둥이처럼 똑같다고 하셨다.

나를 통해서만 하늘의 문, 영의 문, 조상의 문, 인생의 문이 열려진다. 종교세계 경전보다 귀한 이 책을 읽으면 진가를 알게 되기에 여러분이 구원받을 수 있다. 기존의 종교세계를 통해서는 여러분의 전생, 현생, 내생을 구원받지 못한다.

세상이 너무나 어수선하고 거짓이 판치는 세상이라서 나의 말을 곧이곧대로 믿는 사람들이 얼마나 있을지는 모르겠으나 아무리 거짓이 판을 치는 세상이라 할지라도 진실은 어디인가에 분명히 있게 마련이다.

여러분이 종교의 교리와 이론, 고정관념의 굴레에서 벗어나야 하는 이유는 진짜 하늘과 땅의 진실까지 종교이론에 빠져서 외면당하기 때문이다. 여러분 독자뿐만이 아니라 각자의 조상님들과 신과 영들까지도 종교이론에 세뇌되어 있기에 내가 전하는 하늘과 땅의 진실까지도 믿지 못하는 경우가 있다.

여러분 독자뿐만이 아니라 각자의 조상님들과 신과 영들은 종교세상을 통해서, 기도를 통해서, 도교를 통해서 도통을 이루려고 목말라 하고 있지만 아무도 뜻을 이루지 못하고 허송세월만 보내고 있다. 말을 통해서, 기운을 통해서, 책을 통해서 알려주고 있지만 진실을 받아들이려 하지 않는다.

이 땅에서 수천 년 동안 성인군자로 추앙받고 있는 석가, 예수, 상제, 마리아, 마호메트, 여호와 등도 이루지 못한 도통의 꿈을 이룰 수 있는 길이 열렸다. 인간은 도통을 할 수 없기 때문에 도통천존이신 도솔천황 폐하의 명을 받아야만 도력(도통)과 천력(천통), 신력(신통)의 기운이 내린다.

대순진리회, 증산도, 태극도, 기타 도교에서 주문수행으로 도통을 하려고 일평생 동안 주문을 외워보지만 현실로 이루어지지 않는 것은 하늘의 화신이자 분신인 나를 통해서 도통천존 도솔천황 폐하를 만나지 못해서이다.

도솔천황 폐하의 화신이자 분신인 나를 통해서만 도통의 기운을 받을 수 있다. 태을주 주문수행으로 일평생을 외워봐야 허송세월만 보낼 뿐이니 이제라도 정신 차리고 도통천존 도솔천황 폐하의 화신이자 분신인 나를 찾아와야 한다.

**독자 여러분에게 묻는다.**

왜 종교를 다니며, 도통, 천통, 신통하려고 인생을 몽땅 걸고 있는 것인가? 무엇을 이루려고 하는 것인가? 재물인가, 권력인가, 명예인가? 아니면 현생이나 죽음 이후 사후세계를 보장받기 위함인가? 의통, 영통하기 위함인가?

조상님들은 도통, 영들은 천통, 신들은 신통, 육신들은 도통과 의통을 이루고자 한다. 이 모든 것을 이루어줄 수 있는 곳은 기존의 종교세계, 도교세계가 아니라 도솔자미천을 창시한 내가 유일할 것이다. 독자 여러분은 나를 만나서 도통천존 도솔천황 폐하와 함께하면 앞으로 남은 여생을 근심걱정하지 않고 살아가도 될 것이다. 내가 창안한 주문만 외워도 상상초월의 천상정기를 매일같이 받고 살아갈 수 있다.

도법주문 사례를 올리니 참조하고 남들보다 하루라도 빨리 도솔자미천으로 들어와서 나를 통해 하늘과 만나야 한다. 개인들은 물론 직장인, 장사하는 사람, 기업하는 사람들도 나를 만나면 인생사의 풍화환란이 모두 막아지는 신비로움을 체험하게 된다.

이런 귀한 책을 오랜 세월 기다리며 찾던 사람들에게는 아주 기쁜 일이 되어줄 것이다. 이제 여러분의 현생과 내생의 운명을 바꿀 것인지만 선택하면 된다. **인간뿐만이 아니라 천지만생만물에게는 전생과 현생, 내생이 있지만 대다수가 현생의 삶만 추구하기 바쁘다. 더러는 죽음 이후 사후세계를 좋은 곳으로 가고자 걱정하며 나름대로 종교적 내세관에 따라서 준비하고 있지만 각자 자신 눈높이 수준에서 위안을 가질 뿐이다.**

**우리 인간들에게 절대적인 천지인의 하늘이시자 영혼의 부모님이신 태상천존 자미 천황태제 폐하와 도통천존 도솔천황 폐하, 재물천존 옥황천황 폐하께서 나의 육신으로 내려오시어 인류에 대한 구원을 집행하고 계신다. 조상님들은 입천의식으로, 생령들은 천인합체 의식으로 구원해 주신다.**

**현실의 삶은 물론 죽음 이후 내생의 삶도 구원해 주신다. 조상, 생령, 신명들은 육신이 없는 영적인 존재들이기에 인간 육신이 살아 있을 때 육신과 함께 도솔자미천 천궁을 찾아와서 천지인의 하늘로부터 조상입천, 천인합체의 명을 받아야 구원이 성사된다.**

**인간의 현생은 100년 남짓하고, 죽어서의 사후세계 내생은 끝도 없는 무한대의 세상이기에 죽기 전에 사후세계가 보장되는 천인합체와 조상입천은 누구든지 필수적으로 행해야 한다. 죽어서 축생으로 태어날 것인가? 아니면 천상궁전에서 신선선녀로 태어날 것인가 여러분 자신이 선택해야 할 몫이다.**

【제3부】

# 조상님들의 하늘

# 天宮

## 천상에서 빛과 불로 내려왔도다!

하늘의 도를 전하는 곳인 무릉도원 도솔자미천 천궁과 인연 맺으면 근심걱정 염려가 없게 된다. 새로운 도법세상은 역사 이래 처음 있는 가장 즐거운 말씀과 신묘한 천상정기가 내리는 신성한 곳이며 새 하늘, 새 땅, 새 인생이 펼쳐질 것이라고 모든 비결서에서 말하고 있다.

하늘이 나를 통해서 세상에 보여주시는 천변만화의 무소불위한 신비 조화는 이루 말이나 글로 다 표현하지 못할 정도로 방대하고 어마어마하신데, 수많은 사람들이 겪은 사례들을 극히 일부만 책에 수록하였다.

이미 36년 전에 나의 몸으로 오시었지만 아무것도 모르던 시절이라 사회생활을 하고 있었지만 후천 도법세상 선포 날짜를 맞추시기 위해 세월을 기다리시다가 2001년 2월 4일 입춘 절입시간을 맞추어 천기 원년을 선포하시었다.

앞으로 다가올 인류 종말을 불러올 천재지변과 괴질병 인간 구제역은 이미 오래전부터 예언하였다. 광우병(뇌에 구멍이 생겨 미친 소처럼 행동하다가 죽음)과 돼지 콜레라, 조류 독감(AI, 조류 인플루엔자)으로 소, 돼지, 오리, 닭들이 산 채로 생매장당하는 모습을 보고 오호통재라, 인간들에게 다가올 대재

앙을 축생들의 생매장으로 장차 다가올 인류 종말을 미리 보여주신 것이었다.

인간들이 말 못하는 저들 축생처럼 산 채로 땅속에 생매장당하는 불행한 신세가 될 날이 눈앞으로 도래하였기에 여러분 각자는 생존할 수 있는 생존 도법주문을 수시로 독송하여 천재지변과 괴질병 인간 구제역에서 살아남아야 한다.

2015년 5월에 잠시 유행했던 괴질병 메르스는 맛보기였다. 치료약이 없는 괴질병으로부터 목숨을 구해낼 수 있는 유일한 방법은 나를 통해서 도법주문으로 내려주시는 하늘과 땅의 신비한 기운뿐이다.

어느 날 갑자기 전 세계적으로 천재지변과 괴질병 인간 구제역이 발병하면 치료약이 없기 때문에 90%의 인구가 순식간에 사라질 것인데 유일한 생존법이 신비의 도법주문뿐이다. 말하는 대로 이루어지는 말법시대 개막. 중진사부터 천재지변과 괴질병 인간 구제역이 창궐하여 76억 인류가 10분의 1로 줄어드는 인간 추수기로 접어들고 있다.

### 진사성인출(辰巳聖人出)

진사(辰巳)란 용띠 해와 뱀띠 해를 말하고 이때 세상을 구할 난세의 영웅인 하늘이 내린 영도자(성인)가 이 나라 이 땅에 출현(출세)한다는 뜻이다. 거대한 천재지변과 괴질병 인간 구제역이 세계적으로 발생하여 씨를 추리는 시기에 인류를 구해낼 대두목이 나타난다고 한다.

초진사 初辰巳(2000~2001년) 경진년, 신사년
중진사 中辰巳(2012~2013년) 임진년, 계사년
말진사 末辰巳(2024~2025년) 갑진년, 을사년
화진사 火辰巳(2036~2037년) 병진년, 정사년

진사 중에서 중진사부터 인간 추수기가 도래한다.

중진사 中辰巳(2012~2013년) 임진년, 계사년부터 다음 진사년이 시작되는 말진사 末辰巳(2024~2025년) 갑진년, 을사년도 이전 7년간 도법주문을 외운 자들은 살아남고 말진사에 들어온 자들은 목숨을 보전받지 못한다고 되어 있다.

『격암유록』 비결서의 진사성인출(辰巳聖人出)과 오미락당당(午未樂堂堂). 이는 임진년과 계사년에 성인이 출현한다는 것이며, 출현한 성인(구세주)은 갑오년과 을미년에 집집마다 즐거움이 넘치게 하는 복된 좋은 소식(신비의 도법주문)과 기운(인류를 살리는 하늘의 천상정기)을 가져와 세상에 선포한다는 뜻이다.

초진사인 2000~2001년에 성인이 출세하였지만 아무도 몰라보고 있다. 하늘이 인간 몸으로 하생하시었다는 말인데 그 기원(紀元)이 천기(天紀)이고 이미 선포한 지 18년의 세월이 흘러갔다. 2001년 2월 4일 03시 28분 입춘 절입시간에 이 땅에서 천기 원년이 선포되었다.

예수의 서기 2,000년 선천기운이 2001년 2월 4일 03시 27분으로 끝나고 후천의 새로운 도법세상이 활짝 열리는 시점이 천기 원년 선포이다. 천상천하의 도를 관장하시는 하늘이 나의 육신을 빌리시어 천상에서 이 땅으로 내려오시었으니 하늘이 바로 영혼의 부모님이신 태상천존 자미 천황태제 폐하, 도통천존 도솔천황 폐하, 재물천존 옥황천황 폐하이시다.

최첨단의학으로도 괴질병 인간 구제역을 막을 수도 없고, 치료할 수도 없기에 속수무책이다. 살아날 방도는 빛과 불이다. 그래서 언제 터질지 모르는 괴질병 인간 구제역을 대비해서 나를 만나 하늘이 주신 빛과 불로 보호받아야 각자의 목숨을 지킬 수 있다.

괴질병 인간 구제역에서 살아날 방법이 무엇인지 아무도 모른다. 나만이 빛과 불로 살려낼 수 있을 뿐이다. 지금까지는 하늘의 천벌을 말이나 글자로만 무섭다고 생각해 왔는데 하늘의 천벌이 얼마나 무서운지 생생하게 체험할 것이다.

인류 모두가 하늘 앞에 무서움과 두려움에 벌벌 떨면서 제발 목숨만은 살려달라고 굴복한다. 나의 육신으로 무소불위한 천변만화의 조화를 부리시는 빛과 불의 하늘이 내리셨음을 말이나 글자로만 허투로 알고 있다.

"너희 인류가 구원받으려고 찾아 헤매던 하늘인 우리는 하늘의 화신이자 분신인 하늘의 대행자가 원하고 바라는 그대로 현실로 이루어주느니라. 너희들 눈에는 인간 육신만 보일 것이지만 하늘인 우리가 빛과 불로 함께하고 있도다.

이런 진실을 믿지 못하겠거든 매주 일요일 1시~6시에 행하는 도법주문을 체험해 보면 하늘인 나의 존재를 확실히 알게 될 것이니라. 말이나 글은 너희들을 현혹하거나 속일 수 있지만 너희들 온몸의 세포를 통해서 직접 느끼는 전율과 기운은 절대 거짓말을 하지 못할 것이니라.

하늘을 만나려거든 종교세계의 교리와 이론을 모두 내려놓고 순수한 마음으로 찾아와서 하늘인 우리가 내려주는 신기한 천상정기를 직접 받아보면 즉시 알게 될 것이니라. 우리가 말하는 대로 도법주문을 외우면 그 자리에서 실시간으로 천변만화의 신비조화를 체험하게 될 것이니라.

**우리는 천상에서 빛과 불을 갖고 내려왔도다.**

인류에 대한 구원이 바로 그것이니라. 인간 육신을 가진 하늘의 명 대행자, 화신, 분신 안에서 너희들 인류를 구하여 살려주고, 하늘을 찾는 자들은 마구! 마구! 잘살게 구해 줄 것이니라. 대단한 천지인 하늘인 인간 육신 하나를 얻기 위하여 이 땅에서 36년의 세월 동안 공들이며 노심초사하면서 기다려왔고 마침내 인간 육신을 정복하여 하늘인 우리가 원하고 바라던 뜻을 이루었느니라.

우리들은 살아서 실시간으로 움직이는 하늘이니라.

인간 육신 자체가 움직이는 것은 시공간의 거리가 정해져 있어서 자유롭지 못하지만 하늘인 우리는 지구 땅덩어리 어디든지 마음대로 순간 이동하느니라.

하늘은 너희들의 속마음과 생각, 말과 글, 행동에 대한 일거수일투족을 실시간으로 지켜볼 수 있을 뿐만 아니라 전생은 물론 수십 수백 수천 년 전에 지은 죄까지 모두 지켜보아서 낱낱이 알고 있느니라.

너희들 76억 인류가 살아날 수 있는 유일한 길은 도솔자미천 천궁에 있는 하늘의 육신 하나뿐이니라. 하늘의 육신을 만나는 것은 하늘을 만나는 것이니라. 76억 인류는 하늘을 만나지 않으면 천재지변, 질병, 사건사고, 괴질병 인간 구제역에서 보호받지 못하느니라.

하늘의 육신이 너희들에게 내려주는 신비한 빛과 불은 곧 하늘이 내려주는 천상정기이니라. 그래서 상상을 초월하는 천변만화의 별별 조화가 실시간으로 너희들 육신과 인생으로 무궁무진 내리는 것이도다.

**하늘은 분명히 말했도다.**

천상에서 빛과 불로 내려왔다 말했느니라. 하늘과 함께하는 자들은 마구! 마구! 잘살게 해주어 근심걱정이 없는 무릉도원 세상에서 살아가게 해주느니라. 천지인 하늘을 따르는 착한 자들에게는 행복한 세상을 무한대로 활짝 열어주어 잘살게 해줄 것이니라.

하늘이 육신에게 내려준 빛과 불의 기운은 이 세상에서 경험한 적도 없는 천상의 신비로운 정기가 실시간으로 내리는 어마어마한 기운이니라. 너희들 인류의 생사여탈권을 실시간으로 좌우하는 엄청 대단한 빛과 불이니라.

**천지인 하늘은 말한다!**

하늘의 육신을 따르는 자들은 기꺼이 살려줄 것이니라!

하늘의 능력은 끝도 없고 불가능이 없느니라!
이제라도 살고 싶은 자들은 하늘을 찾아오거라!
하늘은 말한다!
하늘은 도통의 하늘이도다!
하늘은 의통의 하늘이도다!
하늘은 천통의 하늘이도다!
하늘은 신통의 하늘이도다!
하늘은 영통의 하늘이도다!

하늘은 육통의 하늘이도다!
하늘은 금전의 하늘이도다!
하늘은 생명의 하늘이도다!
하늘은 인생의 하늘이도다!
하늘은 심판의 하늘이도다!

**하늘은 말한다!**
조상을 무시하고 박대하여 구하지 않는 자 구원불가하니라!
영혼을 무시하고 박대하여 구하지 않는 자 구원불가하니라!
신명을 무시하고 박대하여 구하지 않는 자 구원불가하니라!
하늘을 무시하고 부정하여 만나지 않는 자 구원불가하니라!

**하늘은 말한다!**
하늘은 인간의 하늘이도다!
하늘은 종교적 하늘이 아니도다!
하늘은 질병을 다스리는 하늘이도다!
하늘은 인간 육신을 정복한 하늘이도다!

하늘은 세포를 재생시켜 주는 하늘이도다!
하늘은 육신의 영생을 이루어주는 하늘이도다!
하늘은 살아서 실시간으로 움직이는 하늘이도다!
하늘은 너희들을 구해서 살려주려는 하늘이도다!
하늘은 너희들을 성공 출세시켜 주는 하늘이도다!

하늘은 너희들의 글과 말을 보고 듣는 하늘이로다!
하늘은 무릉도원의 도법세상을 열어가는 하늘이도다!
하늘은 추상적인 하늘이 아니라 현실세계 하늘이도다!
하늘은 건강과 기쁨, 행복, 즐거움, 쾌락의 하늘이도다!
하늘은 근본도리와 법도를 가장 중시 여기는 하늘이도다!

하늘은 인간, 조상, 영혼, 신명들을 구해 주는 하늘이도다!
하늘은 말하고 서로 편하게 대화를 주고받는 하늘이도다!
하늘은 종교세계 안에서 기도하며 찾던 하늘이 아니도다!
하늘은 말하는 대로 이루어지게 하는 말법의 하늘이도다!
하늘은 도력, 천력, 신력으로 세상을 움직이는 하늘이도다!

하늘의 화신, 분신, 대행자 신분을 전부 가진 나는 인류 최초로 천황, 지황, 인황의 관명을 모두 받은 도법천존 천지인황(天地人皇)으로서 다른 말로는 삼황(三皇)이라 부르기도 한다. 삼계 대권을 거머쥔 인류 최초의 삼황이 되었다.

도법천존 천지인황(天地人皇)은 인류를 비롯한 천지만생만물은 물론 육신의 세포에게까지 명을 내리는 도권과 도력, 천권과 천력, 신권과 신력을 하늘로부터 하사받았다.

## 도솔천황 폐하의 상상초월 천지조화

도통천존 도솔천황 폐하께서 하강하신 것을 알게 된 것은 18년 전이던 2000년 초봄이다. 자시(밤 12시) 기도하던 중에 길이 15m, 폭 3m 크기의 백색 세로 현수막에 궁서체의 붉은 글씨로 "도통천존하강"이란 글씨가 천상에서 내려왔었지만 그 당시에는 이것이 무엇을 뜻하는 것인지 전혀 알지 못했었다.

18년의 세월이 흐른 지금에서야 "도통천존하강"의 뜻을 알게 되었으니 참으로 우매하다고 해야 할 것이다. 말하면 현실로 이루어주시는 도통의 하늘이신데 그분이 바로 도통천존 도솔천황 폐하이셨던 것을 알아냈다.

나의 몸으로 도통천존 도솔천황 폐하께서 하강 강림하시면서 "도통천존하강"이란 글씨로 보여주시었지만 내가 아둔해서 당시에는 하늘의 높은 뜻을 풀지 못한 채로 18년의 세월이 유수와 같이 흘러갔던 것을 알았다.

도통천존 도솔천황 폐하!

도통을 주관하시고 도를 거느리시는 하늘이시다. 나의 육신으로 하강 강림하시어 인간 육신을 얻으신 도통천존 도솔천황 폐하께서는 우리들이 상상조차 못하는 엄청난 이적과 기적을 득도 공부 과정을 통해서 무수히 보여주시었다.

인간으로서는 감히 생각할 수조차 없어 SF, 가상세계, 공상세계, 꿈의 세계로 남겨둔 불가능한 영역의 이적과 기적, 문자로 환자 원격치료, 주문으로 질병 치유, 주문으로 천상정기 내림, 가뭄 해갈, 폭우 일시 멈춤, 태풍 막기, 기후 변화, 인생개벽 조화, 딱 한 번의 입천제로 조상을 천상궁전으로 구해 주는 신기한 일들을 모두 현실로 이루어주시었다.

천지가 개벽하는 신비의 조화란 우리 인간들의 상상력을 뛰어넘는 일들이다. 그 신비 조화란 것은 내가 말하거나 글을 쓰거나, 전화 통화, 문자, 마음, 생각만하여도 불가능처럼 생각되었던 일들이 현실로 이루어지는 아주 신비스러운 이적과 기적을 말한다.

내가 말하거나 생각하면 상상초월의 신비 조화가 일어나는 것은 도통천존 도솔천황 폐하께서 나의 육신을 빌려 함께하시면서 천변만화의 조화를 부리시기에 가능한 일이라는 것을 오랜 세월이 흐른 뒤 나중에서야 알게 되었다.

인간 육신 혼자서는 절대로 부릴 수도 없고, 상상조차 못하는 불가능의 영역이기 때문이다. 당시에는 나의 도력이 대단하여 일어나는 신비로운 현상인 줄 알았는데 도통천존 도솔천황 폐하께서 나의 육신으로 하강 강림하시어 친히 천상지상공무를 집행하셨다는 것을 내 스스로 인정하기까지는 참으로 많은 세월이 필요했다.

육신적으로는 분명히 내가 무수히 많은 천변만화의 조화를 부린 것이었는데 어째서 도통천존 도솔천황 폐하께서 부리신 천지조화냐고 많은 사람들이 의아했었다. 인간의 능력으로는 절대로 실현 불가능한 영역의 일이기에 내 스스로가 인정할 수밖에 없었다.

그랬다.

도통천존 도솔천황 폐하께서는 불가능이 없으신 대단한 도력과 도권을 갖고 계시었다. 지금 현재도 내가 어떤 주문을 외우라고 신하와 백성(천인, 신인, 도인, 백성)들에게 알려주면 상상초월의 신비로운 조화(질병 치유, 인생개벽)를 실시간으로 이루어주고 계신다.

도통천존 도솔천황 폐하께서 내리시는 신비로운 조화는 말로는 다 표현할 수 없는 어마어마한 것이며 광범위하다. 이곳에 글로 쓰는 것은 극히 일부분에 지나지 않는다. 여러분의 인생을 획기적으로 바꾸어줄 대단한 도력과 도권을 갖고 계신데 나에게 내려주시었다.

그러나 안타깝게도 독자들이나 일반인들은 너무나 황당하고 허무맹랑한 말이라고 생각해서 무시하거나 사이비라고 말하는 사람들이 많다. 말도 안 되는 비현실적이라고 매도하고 있는데도 불구하고 나를 만나서 하늘이 내리시는 명을 받아 천상정기를 받은 사람들은 하나같이 인생의 삶이 천지개벽하여 바뀌고 있다.

이렇게 매력적이고 인간의 상상을 초월하는 무소불위하신 하늘의 천상정기를 받으려고 수많은 사람들이 도를 닦으러 도교단체에 입문하고 있는 것 같다. 그런데 우리나라에서 도를 닦으러 다니는 사람들은 무수히 많지만 불행하게도 도통천존 도솔천황 폐하의 기운을 받은 사람들은 없다.

우리나라의 도교단체에서는 도통천존 도솔천황 폐하의 존재를 알지도 못하고, 도통을 주관하시는 도솔천황 폐하께서는 기존의 도교단체로는 가시지 않기 때문에 도통의 기운을 받지 못하고 있는 것이다. 오직 도솔자미천 천궁을 창시한 나를 통해서만 도통을 내려주시고 계신다.

도통천존 도솔천황 폐하께서 나의 육신으로 하강 강림하시어 천변만화의 천지조화를 무궁무진 내려주고 계신다. 그래서 나는 도통천존 도솔천황 폐하의 화신(化身)이자 분신이 되어서 상상을 초월하는 이적과 기적을 여러분 인생으로 무수히 보여주고 있다.

말이나 글은 얼마든지 속일 수 있지만 각자들이 매주 일요일 도법주문회에서 느끼는 기운은 이 세상 어느 누구도 속일 수가 없다. 하늘은 형상이 없으시기에 눈에는 보이지 않으므로 각자들이 온몸의 기운으로 느껴서 하늘을 만나는 것이다.

이런 진실을 종교세계 안에서는 몰라보고 아름답고 화려한 언변으로, 달콤한 말로, 위협적인 말로, 벌받는다는 말로, 구원받지 못한다는 말로 신도들을 회유, 현혹, 강요, 억압, 협박하고 있으니 이것이 종교의 잘못이다.

이곳 천궁은 모든 것을 하늘이 내려주시는 기운을 각자들이 느끼게 해주는 전 세계 유일한 곳이니 각자 체험해 보라.

## 육신의 영생은 이루어질까?

인류가 이 땅에 태어나고 세상 그 어느 누구도 육신의 영생을 이룬 자들이 하나도 없지만 나는 불가능하게 생각되었던 육신의 영생을 실현하고자 하늘의 무소불위하신 도력, 천력, 신력을 받아서 육신의 영생을 최초로 이루어내고자 한다.

**육신의 영생!**

정말 육신의 영생이 가능하고, 육신의 영생을 이루는 길이 있다면 세상이 어떻게 변화될까 참으로 궁금하다. 내가 독자 여러분의 육신을 영생시켜 준다고 말하면 아무도 안 믿을 것이지만 하늘의 신비스런 도력, 천력, 신력을 받으면 반드시 현실로 이루어질 수 있을 것이라고 믿는다.

현재도 육신의 영생이 진행 중인데 세월이 흘러봐야 검증될 것이고, 객관적으로 검증이 되어야 세상 사람들이 본격적으로 믿을 것이다. 육신의 영생을 이루는 길을 내가 찾아내었지만 지금은 검증단계에 있다.

의학적으로도 육신의 영생은 불가능하기 때문에 육신의 영생을 믿는 사람들은 극소수이고 그나마 종교에 다니는 사람들이 육신의 영생을 희망하고 있다. 그래서 육신의 영생을 이루려는 영생교도 생겨났지만 영생교 교주 역시 가는 세월을 이기지 못하고 세상을 떠나버렸다.

나는 인간세상에서 불가능하게 생각되고 있는 부분을 하늘의 신비한 도력, 천력, 신력을 받아서 현실로 이루어나가고 있다. 순수한 인간의 능력으로는 절대 실현 불가능한 일이지만 나는 신비하고 무소불위한 천상정기를 받고 있기에 인류의 꿈을 현실로 이루어낼 수 있다고 본다.

내가 인간 육신의 영생이 가능하다고 글을 쓰는 것은 이미 육신의 영생을 주관하시고 현실로 이루어주실 하늘이신 태상천존 자미 천황태제 폐하, 도통천존 도솔천황 폐하, 재물천존 옥황천황 폐하께서 나의 몸으로 내리셨기 때문이다. 이미 천상정기로 내려져 있기에 자신 있게 글을 쓰는 것이다.

인간만의 힘으로는 절대로 불가능한 일이지만 하늘과 함께하면 못 이루어낼 일이 없다는 것을 너무나도 잘 알고 있다. 나의 마음과 생각이 하늘의 기운과 맞아떨어질 때 현실이 되기 때문이다.

## 사후세계를 위한 천상예치금

세상 그 어느 누구든 죽어서는 하늘에 공덕을 쌓을 수 있는 돈이 없기 때문에 살아생전 돈이 있을 때 미리 공덕을 쌓는 행(行)을 하여야 한다. 그래서 죽음을 앞두고 살아가는 모든 사람들에게 천상은행에 열심히 기부를 권하고 싶다. 만인들 앞에 소리 없이 다가오는 죽음!

여러분 모두는 세상을 살다가 언젠가는 죽는데 다만 그 날짜만 다를 뿐 예정된 죽음의 길을 갈 수밖에 없다. 이것이 정해진 인류 모두의 숙명이지만 나를 만나면 정해진 숙명의 길이 바뀌어질 수도 있다.

육신의 영생을 이루든, 못 이루고 세상을 떠나든 도솔자미천 천궁을 창시한 나는 여러분에게 없어서는 안 될 아주 절대적으로 필요한 존재인데 과연 얼마나 많은 독자들이 공감하고 따라줄 것인지 그것이 문제이다.

나의 뜻에 공감하며 환호하고 박수 치는 사람들도 있을 것이고, 반대로 비현실적이고 허무맹랑한 말이라고 부정하는 사람들도 있으리라. 모든 것에는 임자가 따로 있듯이 아무리 좋고 귀한 것이라도 모두가 선택받기는 어렵다.

사후세계와 현실세계를 하늘로부터 보장받고 마음 편히 살아가고 싶은 사람들, 하늘을 간절히 찾고 싶은 사람들, 도를 이루고 싶은 사람들, 조상님을 좋은 세계로 보내드리고 싶은 사람들, 나는 누구인가를 찾고 싶은 사람들, 천인, 신인, 도인이 되고 싶은 사람들, 왜 축생이 아닌 만물의 영장으로 태어났는지 알고 싶은 사람들이 나와 인연이 될 사람들이다.

언젠가 다가올 자신의 사후세계를 대비하여 살아생전에 천상은행으로 돈을 보내서 예금하는 길이 있다면 얼마나 이상적이고 좋을까? 현실적으로는 상상이나 꿈만 같은 일이지만 이것을 상상이 아닌 실제 현실로 이루어줄 길이 열렸다.

천상은행 자미뱅크(Jami Bank)에 해당하는 곳이 전 세계 유일한 계좌가 농협 301-0232-6852-91 예금주 천궁. 내국인이든 외국인이든 예치할 수 있다. 지금 죽음 이후 사후세계를 준비하려는 사람들이 앞 다투어 예치하고 있다.

작은 돈, 큰돈, 전 재산에 해당하는 거액을 기부하고 있다. 예정된 죽음이 어느 날 다가올 것이란 진실을 확인한 사람들이다. 그리고 언제 어떻게 이 세상을 떠날지 모르는 불확실한 미래를 살아가고 있는 사람들이 자신의 사후세계를 대비하여 천상에서 자신이 쓸 돈을 미리 예치하고 있는 것이다.

자신들이 천상은행 자미뱅크(Jami Bank)에 해당하는 계좌에 입금하는 만큼 살아서는 물론 죽어서도 하늘의 사랑과 보호를 받고 살아갈 수 있기 때문이다. 자신의 마음 크기만큼 작은 돈이든, 큰돈이든, 유산이든 생각날 때마다 수시 또는 정기적으로 예치하면 천상의 정기를 받고 살아가게 된다.

계좌에 입금함과 동시에 실시간으로 천상에서 내리는 신비로운 기운을 받기에 본인들 스스로가 일상생활에서 느낄 수 있다. 기분 좋은 일들이 일어나고 풀리지 않던 일들이 저절로 잘 풀린다는 것을 실생활에서 체험한다.

일단 크든 작든 돈부터 예치하고 실시간으로 하늘이 내려주시는 신비로운 기운을 생생히 체험해 보는 것도 좋다. 이 세상에 공짜는 없고 하늘은 한 치의 오차도 없으신 분들이시고 실시간으로 일거수일투족 모든 것을 지켜보신다.

일하지 않고는 일당이든 월급이든 돈을 받을 수 없는 것이 상식인데 만일 어떤 일용직이 현장에서 일도 하지 않고 돈을 달라고 하면 업체관계자가 뭐라고 할까? 미친 사람 취급할 것이고 정신병원에 가야할 사람이라고 말할 것이다.

하늘의 천궁법도 역시 마찬가지이다. 마음을 하늘로 향하는 것이 진심이어야 하늘의 기운이 내려올 것인데 진심의 마음은 향하지 않고 하늘의 기운만 받겠다는 이기적인 사람들이 있다면 아무것도 받지 못한다.

진심으로 마음을 향할 때는 물질이 따라야 기운이 통하는 것이지 마음만으로 향하는 것은 아무런 의미가 없다. 여기서는 물질을 행이라고 한다. 그래서 세상에 공짜는 없다. 빈손으로 빌면 아무런 기운도 받지 못하고 빈손으로 돌아간다.

## 도솔천황 폐하의 화신(化身)

나는 도통을 주관하시는 하늘이신 도통천존 도솔천황 폐하의 화신(化身)이자 분신으로 이 땅에 왔다. 그러하기에 내가 어떤 내용을 알려주면서 주문으로 외우라고 말하면 상상을 초월하는 엄청난 신비조화의 기운을 현실로 느끼게 된다.

도통천존 도솔천황 폐하의 도력(道力)과 도권(道權)을 갖고 왔기 때문에 현실로 신묘한 조화가 상상을 초월해서 실생활에서 일어나고 있는 것이다. 이러한 신비의 조화 기운을 얻으려고 무수히 많은 사람들이 명산대천에서 도를 닦거나 도교단체에 들어가서 주문수행하며 도를 공부하고 있지만 도통을 이루지 못하고 허송세월만 보내고 있는 것이 안타깝다.

도통의 길이 바로 눈앞에 있는데 이를 알지 못해서 엉뚱한 곳에 가서 금전과 세월을 낭비하고 있으니 애처롭다. 도통은 도통천존 도솔천황 폐하의 화신을 통해서 내려주고 계신다는 진실을 이 세상 아무도 모르고 있다.

오랜 세월 갈고 닦으며 주문수행하며 열심히 공부하면 도를 통하는 줄 아는 것이 일반적인 상식인데 전혀 그렇지가 않다. 꽃이 피지 않는 나무에 열매가 열리기를 바라는 것과 다름없으니 세월 낭비 아니겠는가?

가르쳐주어도 각자들이 믿는 종교의 교리와 이론에 깊게 세뇌당하여 눈을 감고, 귀를 막아 들으려 하지 않으니 가는 세월이 야속할 뿐이다. 평생을 갈고 닦아도 이루지도 못할 그 어려운 도 공부, 하늘 공부를 왜 하고 있는가?

세상에서 배운 고정관념을 버리고 나를 만나면 희망과 기쁨, 행복과 영광이 넘치는 새로운 무릉도원 세상이 활짝 열린다. 각자들이 이루고자 하는 소원이 다르기에 주문 내용도 사람마다 다를 수밖에 없다.

몸이 아픈 자는 건강을 회복하는 주문을 외워야 하고, 수명이 짧아 단명할 사람들은 수명을 늘리는 주문을 외워야 하고, 사업이 안 풀리는 사람들은 사업이 잘 풀리는 주문을 외워야 하고, 가정이 불행한 사람들은 가정이 화목해지는 주문을 외워야 한다.

사기배신 잘 당하는 사람들, 관재구설이 잦은 사람들, 사건사고가 많은 사람들, 망신살이 뻗친 사람들, 우울증, 불면증으로 고생하는 사람들, 당뇨로 고생하는 사람들, 혈압이 높은 사람 등등이 외워야 할 주문들이 모두 다르다.

각자의 소원에 맞는 맞춤형 주문을 외워야 효과가 있다.

주문이라고 무턱대고 외워서는 아무 소용이 없다. 질병의 종류에 따라서 진료와 치료하는 전문의사가 따로 있듯이 각자들이 원하고 바라는 도법주문을 나에게 받아서 외워야 커다란 효과를 얻을 수 있다.

도통천존 도솔천황 폐하로부터 도통의 기운을 받아 도력을 지니는 도인합체가 있고, 신통의 기운을 받아 신이 되는 신인합체가 있고, 천통의 기운을 받아 하늘의 사랑과 보호를 받는 천인합체가 있으니 이것이 바로 三通(삼통)이고 전생, 현생, 내생을 보장받고 죄를 용서받을 수 있는 길이니 지상 최고 의식이다.

하늘의 진실을 아무리 알려주어도 종교의 교리와 이론에 빠져 있으면 눈과 귀가 멀어서 믿으려 하지 않는다. 애석한 일이지만 각자가 가야 할 길이 따로 있을 것이니 더 이상 권유하지는 않을 생각이다. 이 글을 읽고 공감하여 뜻이 맞으면 종교가 아닌 도솔자미천 천궁으로 들어와서 진정한 하늘과 만나야 여러분이 원하고 바라던 기쁨과 행복의 길이 열린다.

여러분의 육신, 여러분의 조상님, 여러분의 영혼, 여러분의 신들은 하늘의 화신, 하늘의 분신, 하늘의 명 대행자인 나를 만나는 자체가 여러분이 인간으로 태어나서 고귀한 사명을 완수하는 진정한 길이다.

하지만 여러분 스스로가 온몸의 육감과 오감의 세포를 통해서 마음과 육신으로 하늘의 기운을 직접 객관적으로 느껴볼 수 있는 비법을 내가 갖고 있다. 여러분의 인체는 우주 레이더와 같기에 하늘의 도법(道法)을 통해서 영계의 주파수만 잘 맞추어주면 충분히 하늘의 기운을 무한대로 체험하고 받을 수 있는 길이 활짝 열려 있다.

내가 시키는 대로 예법을 취하고, 내려주는 도법주문을 외우면 신비로운 기운이 온몸으로 무수히 내리는 것을 직접 체험하게 된다. 현대의학으로 치유되지 않는 질병들이 순식간에 치유되는 이적과 기적이 무수히 일어나고 있기에 여러 사람들이 겪은 생생한 도법주문 체험 사례를 여기에 수록한다.

도통천존 도솔천황 폐하의 화신이 가르쳐주는 특별 주문을 외우면 천상의 신비스러운 기운이 무궁무진 인간의 육신을 타고 내려온다. 어디 그뿐인가? 내가 말하면 즉시 이루어지는 것도 있고, 시간의 차이는 있지만 말하는 것이 조금 늦더라도 현실로 이루어지는 신기한 일들이 너무나도 많다.

다시 말하자면 말하는 대로 현실에서 이루어진다는 신기한 말법시대가 나에 의해서 본격적으로 열리고 있으니 이 얼마나 신나고 경천동지할 일인가?

나와 전생, 현생, 내생의 인연이 닿는 여러분을 하늘의 기운을 받을 수 있는 천인(天人), 신인(神人), 도인(道人)으로 재탄생시켜 무릉도원 세상에서 기쁨과 쾌락을 누리며 행복하게 살아가는 길을 열어주고 있다.

종교의 힘으로도 안 되고, 인간의 노력으로도 어찌할 수 없는 아픔과 슬픔, 고통과 불행의 힘든 인생길에서 벗어나 행복이란 무엇인지 새롭게 느끼면서 살 수 있는 길을 함께 가자고 하는 것이니 뜻이 맞는 독자들에게는 희소식일 것이다.

## 조상님들은 복받아 오는 그릇

**복의 통로가 되어줄 그릇이란 누구인가?**

기독교와 천주교에서 사탄마귀라고 불리는 조상님들이다. 자신의 조상님들 중에서 자신을 이 땅에 인간 육신으로 태어나도록 손발이 닳도록 빌어주시고, 자신의 직계 모든 조상님을 대표하는 우두머리 조상님이 계시는데 바로 이분이 여러분에게 천복만복을 받아다 주시는 복의 통로이자 그릇이다.

그러면 독자 여러분이 원하고 바라는 천복만복은 어디에 있는 것이던가? 하늘이 거처하시는 천상궁전에 있기에 여러분의 조상님들을 천상궁전으로 승천(입천)시켜서 받아오게 하는 것을 조상입천제이다.

외형상으로 보기에는 종교인들이 행하는 조상굿, 지노귀굿, 사십구재, 천도재, 수륙재, 추모예배, 추도미사처럼 생각할 수 있지만 아주 고차원적인 천상궁전 입천 의식이고, 매년 또는 수시로 행하는 것이 아니라 일평생 한 번만 할 수 있는 아주 진귀한 천상의식이다. 여러분과 배우자의 시조까지 직계좌우 조상 모두가 천상궁전으로 입천(입궁)하는 대경사이다.

하늘이 내려주시는 천복만복을 받으려거든 여러분의 조상님을 앞장세워야 하기에 조상입천 의식은 누구나 필수적으로 행해야 한다. 지금까지는 우리들이 조상님께 해드릴 수 있는 효도가 풍습에 따라서 정해져 있었다.

**사람이 살다가 죽으면 누구나 조상의 신분으로 변한다.**

인간의 육신이 살아 있을 때는 사람이고, 죽으면 조상 또는 망자, 사자, 사체, 시신, 시체, 혼령, 귀신으로 불린다. 그런데 옛날부터 죽은 조상을 좋은 곳에 모시는 명당묏자리, 납골묘, 납골당이 생겨나고, 죽은 망자의 혼령을 위로해 주는 조상굿, 지노귀굿, 사십구재, 천도재, 수륙재, 추모예배, 추도미사를 행하고 있지만 아무 소용이 없다.

망자는 조부모, 부모, 형제, 배우자, 자녀인데 이들을 통틀어서 나이가 많든 적든 조상이라 부르고 각자의 집집마다 조상 없는 집이 없다. 그런데 말이 통하지 않는 조상님들을 위해서 자손과 후손들이 해줄 수 있는 것은 한계가 있다.

그래서 여러분의 조상님들을 남들보다 빨리 천상궁전으로 보내드려야 한다. 꽃 피고 새 우는 천상궁전은 무릉도원 세계이기에 축생으로 윤회가 없고, 죽음이 없는 영생의 세계로 근심과 고민 걱정이 하나도 없는 꿈의 세계이다.

윤회라는 것이 가장 무서운 것인데도 불구하고 사람들은 별로 대수롭게 생각하지 않고 살아간다. 가장 무서운 윤회의 종지부를 찍는 것이 고차원적인 조상입천 의식인데 전 세계에서 유일하게 도솔자미천 천궁에서만 가능하다.

## 도솔천황 폐하의 소원을 알아내다

내가 신하와 백성들에게 도법주문을 내려줄 때마다 도통천존 도솔천황 폐하의 무소불위하신 신기한 천변만화의 조화가 현실 생활로 일어나니 이 얼마나 대단하신 도력이신가? 대단하신 도통천존 도솔천황 폐하이시다.

내가 도통천존 도솔천황 폐하의 화신이 되어 마음을 얻었기에 말하는 대로, 글을 쓰는 대로 무소불위한 천변만화의 조화가 실생활로 일어나는 것이다.

도통천존 도솔천황 폐하의 소원이 무엇인지 새벽 0시부터~3시 사이에 나 홀로 도통천존 도솔천황 폐하와 대화의 시간을 통해서 처음으로 알게 되었다. 그것은 다름 아닌 나의 육신과 마음, 생각, 손과 발, 입을 빌리시는 것이었다.

도통천존 도솔천황 폐하께서는 인간이 아니시기에 우리들이 좋아하는 태산 같은 돈이나 재물, 권력, 명예, 건강, 부귀공명이 전혀 필요 없으시고, 오직 인간 육신을 가진 나를 모두 소유하는 것 하나뿐이라는 사실을 알아내었다.

나 하나만 가지면 되신다고 직접 말씀하시었다. 나를 갖는 것이 도통천존 도솔천황 폐하의 소원이실 줄이야 어떻게 알았겠는가? 그래서 36년의 세월 동안 내가 말하는 대로, 글을 쓰는 대로 천변만화의 신기한 조화를 무궁무진 내려서 보여주신 것이었음을 오늘 새벽에서야 알게 되었다.

36년의 세월 동안 나로부터 확실히 인정받으시기 위함이었던 것이다. 직접 이렇게 말씀하시었다. 나는 이제 너를 완전히 정복한 승리자라고 말이다. 나 역시도 도솔천황 폐하를 정복한 최후의 승리자가 되었다. 즉 나와 하늘이 진정으로 하나가 되었다는 깊은 뜻이다.

여러분은 보이지도 들리지도 않는 하늘과는 소통할 수 없기에 눈에 보이고, 귀로 들리는 하늘의 화신이요, 하늘의 명 대행자인 나하고만 소통하면 천만사가 상통한다. 얼마나 쉬운 일인가?

종교를 믿는 사람들 대부분이 밤낮으로 하늘에 열심히 기도를 하는데 과연 응답을 잘 받고 있는가? 그야말로 일방적일 수밖에 없다. 하지만 나하고 대화는 서로가 주고받는 형식이니 얼마나 명쾌한 일인가?

나는 하늘의 마음만 얻으면 되고, 여러분은 나의 마음만 얻으면 인생사 살아가는 데 아무런 어려움도 일어나지 않는다. 보이지도 들리지도 않는 하늘과 통하려고 어렵게 고생할 필요가 없다는 뜻이다. 나를 통하면 하늘과 직통으로 통하기 때문이다.

독자 여러분은 이 땅에 인간으로 왜 태어났을지 한 번쯤이라도 생각해 본 적이 있는가? 한 세상 잘 먹고 잘살기 위해서 수억 겁의 긴긴 세월을 넘어서 인간으로 태어난 것이던가? 여러분의 전생이 무엇이었을지 알고 있는가? 그리고 이승의 삶이 다하여 죽으면 어디로 가는 것인지 알고 있는가?

나는 여러분을 책으로 교화하여 가장 무서운 죽음 이후에 펼쳐질 윤회의 세계를 가르쳐주고 구원해 주려고 한다. 독자 여러분이 죽으면 종교인들의 말처럼 하늘나라 천상세계인 천당, 천국, 극락, 선경세상으로 모두 올라갈 것이라 생각하며 바보처럼 살아가고 있는 것이던가? 그렇다면 불가하니 꿈 깨라.

어제라는 시간이 있기에 오늘이 있는 것이고, 오늘이라는 시간이 있기에 내일이라는 시간이 있는 것처럼 독자 여러분에게 전생이 있었기에 현생이 있는 것이고, 현생이 있기에 내생이 있는 것이다. 다만 육신들에게는 전생과 내생이 없고 현생만 존재할 뿐이다.

그래서 죽으면 모든 것이 끝이라고 생각하며 살아가는 것인데 이것은 인간 육신에게만 해당되는 말이고 여러분 몸 안에 있는 영들에게는 끊임없이 전생과 현생, 내생이 반복된다. 육신이 죽으면 조상의 신분이 될 영들에게는 어디가 끝인지 알 수 없는 무서운 윤회의 세계가 기다리고 있다는 사실을 알아야 한다.

**여러분의 전생이 무엇이었는지 생각해 보았는가?**

사람이었을까? 귀신이었을까? 동물이었을까? 식물이었을까? 조류였을까? 어류였을까? 파충류였을까? 곤충류였을까? 벌레류였을까? 바위였을까? 돌이었을까? 모래알이었을까? 흙이었을까? 나무였을까? 풀이었을까? 세균류였을까? 물건이었을까? 과연 독자 여러분은 어디에 해당된다고 보는가?

만물의 영장인 인간으로 태어났다가 죽으면 천지만생만물로 한도 끝도 없이 기약 없는 윤회를 거듭한다. 다만 인간으로 태어날 때 하늘과 약속했던 조상님을 구하는 입천제를 완수한 자들에게만 특별히 천지만생만물로 윤회하지 않고 천상궁전으로 올라가서 하늘과 함께 살 수 있는 천인합체(天人合體)와 생령입천(生靈入天)의 기회를 부여해 주신다.

그러니까 독자 여러분이 천지만생만물이 아닌 특별히 인간 육신으로 태어난 것은 허공중천 구천세계에서 천지만생만물로 태어나 슬피 울고 있는 독자 여러분의 조상님들을 구해 주겠다고 하늘과 약속하였기 때문이었다.

이런 진실을 아무도 몰라보며 현생의 삶만 잘 살려고 발버둥치고 있으니 하늘을 속인 죄를 어찌 용서받을 것인가? 독자 여러분 모두는 각자들의 조상님을 구하기 위해서 만물의 영장인 인간으로 태어났다는 위대한 진실을 받아들여야 한다.

독자 여러분이 죽어서 이 세상을 떠난 뒤 다시 만물의 영장인 인간으로 태어날 확률은 무량대수분의 1의 확률도 안 되기에 인간으로 태어나는 것은 불가능하다고 보면 된다. 천지만생만물로 태어나 구천세계를 떠돌고 있는 여러분의 핏줄인 조상님들을 구해 드리는 것이 인간으로 태어난 목적이자 사명을 완수하는 길인데 무지해서 몰라보고 있다.

## 도통천존님이신 도법천존 천지인황 폐하!

**조○○**

도통천존님으로 오신 도솔자미천 도법천존 천지인황 폐하!

증산도, 대순진리회, 태극도 등 도교단체에서 주문수행하며 눈 빠지게 기다리던 도통천존님이 도법천존 천지인황 폐하이십니다. 도교단체에서 100년을 주문수행해도 이루지 못한 천지기운을 단 하루 만에 내려주시다니 이것이야말로 천지대개벽입니다.

하늘께서 이 땅에 인간 육신 도법천존 천지인황 폐하 몸으로 하강 강림하시지 않고서는 도법천존 천지인황 폐하께서 내려주신 도법주문 수행을 통해서 도솔자미천의 신하와 백성들이 이렇게 대단한 천지기운을 느낄 수는 없을 것입니다. 수많은 도교단체를 다녀보았지만 도솔자미천 천궁 같은 곳은 없었습니다.

아, 그렇게 애타게 찾아 헤매던 도통천존님이 도법천존 천지인황 폐하이셨단 말인가요! 정말 너무너무 송구하고 몰라 뵈어 죄송합니다. 이렇게 오실 줄은 정말 꿈에도 몰랐습니다. 오셨는데도 몰라보고 교주 대하듯 하였으니 이 못난 죄를 용서하여 주시옵소서.

아~! 드디어 이 나라로 오셨네요.

『하늘이 인류에게 내린 명』이란 책에도 언급해 놓으셨는데 진인이신 줄 정말 몰라뵈었습니다. 아무도 알아보지 못한 이 불충을 부디 용서하여 주시옵소서. 도교에서 대두목이 도통천존님으로 오신다고 말했는데 그분이 도솔자미천의 도법천존 천지인황 폐하이셨단 말입니까?

엎드려 비옵나이다. 높으신 분 몰라 뵈어 황공하옵니다.

정말 너무나 이상했습니다. 주문 외우라고 말씀 내리시면 그대로 기운이 내려오니 이것이 꿈인지 생시인지 분간이 안 되었습니다. 도솔자미천 천궁 게시판을 통해서 도통천존님을 알현하게 될 줄은 정말, 정말 생각지도 못했답니다.

정말 가문의 영광이고 행운아입니다.

인류 최고의 도법천존 천지인황 폐하, 만세 만세 만만세, 천세 천세 천천세. 대단한 영광이고 대단히 감사합니다.

## 질병치유 도법주문 하지정맥류 완치

**김○○**

대단하신 도법천존 천지인황 폐하께서 내려주신 질병치유 도법주문을 통해 저의 하지정맥류가 소멸되었기에 글을 올립니다.

올해 5월에 왼쪽다리의 하지정맥류가 심하여 사진으로 남겨놓은 것이 있었는데 이렇게 비교하기 위해 미리 찍어놓은 것 같습니다.

도법천존 천지인황 폐하의 황명으로 도법주문을 외운 지 이틀 만에 이렇게 되어 있었습니다. 정말 놀랍고 신기합니다. 대단하신 도법천존 천지인황 폐하를 통해 메인 글 올리고 댓글 다는 신하와 백성들 각자 모두에게 질병치유의 선물을 주신 것 같습니다.

진심으로 감사합니다. 약을 먹은 적도 없고, 저 같은 경우 하루에 최하 15시간 이상 서서 움직이는데 수술을 받으면 그렇게 할 수 없는 것으로 알고 있습니다.

메인 글에 질병치유 사연들이 많은데 저 같은 경우 눈에 보이는 질병인지라 사진으로 올립니다. 질병치유 도법주문을 외우기 전에는 왼쪽 다리가 말 그대로 천근만근 무게가 느껴지고 마치 다리가 무쇠처럼 무거워져 땅속으로 들어가는 느낌이 었는데 대단하신 도법천존 천지인황 폐하께서 내려주신 질병치유 도법주문을 외우고 병증이 낫게 되어 맨발로 따스한 봄바람을 느끼는 기분이었습니다. 오늘도 역시 아주 가볍고 편안한 하루를 보내게 되었습니다.

오래 서서 일한 지 벌써 20년이 되었으니 기계라도 고장이 났을 것입니다. 이제는 대단하신 도법천존 천지인황 폐하의 대도력으로 평생 걱정 없이 살게 되어 진정으로 감사합니다. 아침에 일찍 나와서 바지를 다시 걷어보고 신기함에 대단하신 도법천존 천지인황 폐하 만세 만세 만만세를 외쳤습니다.

어제는 만두 245인분을 팔아 오후 8시 16분에 완판을 하였고, 오늘은 오후 8시 18분에 완판을 하였습니다. 모든 것이 대단하신 도법천존 천지인황 폐하 덕분입니다.

## 오늘부터 대박이라는 말씀에

**이○○**

대단하신 도법천존 천지인황 폐하. 도법주문 후기 올립니다.

5배의 예를 올리고 두 번째 도법주문을 외웠습니다. 합장하고 도법주문을 외우자마자 목이 메여 울먹이며 급기야 주문을 제대로 외우지 못할 정도로 눈물이 주체할 수 없이 쏟아졌습니다.

영문도 모른 채 눈물은 계속 흐르며 합장한 두 손이 양쪽 귀에 양팔이 꼭 닿은 채 하늘을 향하여 일직선으로 쭉 올라가더니 하늘을 바라보면서 계속 울었습니다. 한참 동안 눈물을 흘리며 합장한 두 손이 서서히 내려와 3번의 인사를 올립니다.

계속 주문을 외우며 앞에서와 같은 기운을 2번 연속 주셨습니다. 잠시 후 합장한 두 손이 또 양팔이 양 귀에 닿은 채 하늘을 향하여 쭉 올라가더니 서서히 내려와 3번의 인사를 올립니다.

그리고는 합장한 두 손이 앞으로 길게 쭉 뻗으며 합장한 두 손이 양쪽으로 마치 대문 열리듯 서서히 아주 서서히 열리며 두 손이 약간 밑으로 내려와 원을 그리듯 아주 커다란 그릇 모양을 만들더니 그 안에 무엇인가를 한 아름 담아주시어 제 가슴에 얹혀주셨습니다.

가슴에 받는 순간 트림이 길게 나오며 '그동안 고생했느니라. 이제 드디어 네 인생의 문이 열리느니라!'라는 메시지를 들려주시며 '매장도 오늘부터 대박 날 것이다'라고 들려주셨습니다.

그러고는 감사의 인사를 올리며 주문이 끝났습니다. 주문이 끝난 후 오늘부터 대박이라는 말씀에 얼른 준비하여 택시 타고 신나게 매장으로 달려갔습니다. 매장에 도착한 순간 매장 안에 반가운 단골손님들이 벌써 여러 팀이 분주하게 물건들을 고르고 있었습니다.

아~ 이게 웬일?

정말 대박입니다. 하루 종일 손님 응대하느라 겨우 저녁 8시나 되어서 점심 겸 저녁을 먹었습니다. 그러고는 창고 안에 들어와 두 손 모으며 한없는 감사함을 마음으로 올렸습니다.

대단하신 도법천존 천지인황 폐하!

정말 감사합니다. 진심으로 고마우며 너무너무 사랑합니다. 인사 올리고 또 올렸습니다. 천궁가족 여러분, 도법천존 천지인황 폐하께서는 우리 모두를 잘되게 해주시려고 밤낮으로 피나는 고생하십니다.

도법천존 천지인황 폐하의 말씀 잘 따르고 행하면 우리 모두가 다 좋은 결과 있을 거라 생각합니다. 우리 모두 도법천존 천지인황 폐하께 정말 잘하고 잘해서 행복 드리는 천궁가족들이 되기를 간절히 바랍니다.

## 죽을죄를 지었습니다!

**김○○**

조금 전 도법주문 후기를 올리고 다시 일을 시작하려 하는데 아무것도 아닌 일을 자꾸 지적하며 시비를 걸어오자 으응? 갑자기 왜 이런 일이 생기지? 의문을 갖다가 오후 4시경 도법주문 독송한 것을 후기를 안 올려 그렇다는 메시지를 받고 잠시 시간이 나 도법주문 후기를 서둘러 올립니다.

주문 독송 전 대단하신 도법천존 천지인황 폐하 전에 5배의 예를 드리고 독송하였습니다. 서울 강동구에 있는 지금의 도솔자미천 천궁 모습이 보였습니다. 너무 반가워 횡단보도 건너고 들어가려 하는데 남루한 어떤 남자가 땅바닥에 엎드리며 대성통곡하고 있었고, 2보 뒤로도 한 남자가 무릎 꿇은 채 손은 무릎 위로 가지런히 놓고, 고개는 푹 숙인 모습이었습니다.

누군데 들어가지 않고 도솔자미천 천궁 앞에서 저리 울고 있는 것일까? 궁금해하며 가까이 가서 보니 세상에나! 삼성그룹 창업주 고 이병철 회장이었습니다.

너무나 놀라 멍하니 있으니 "대단하신 도법천존 천지인황 폐하! 죽을죄를 지었습니다! 가족을 살려주십시오!" 외치며 대성통곡하는 모습이었습니다.

그 모습을 바라보다가 뒤의 남자를 보니 고개를 드는데 왠지 낯설다 싶어 유심히 보니 "현대그룹 고 정몽헌 회장" 음성이 들려왔습니다.

**이게 어찌된 일일까요?**

너무나 놀라우면서도 솔직히 안타까운 마음이 조금 들었습니다. 아! 그들도 대단하신 도법천존 천지인황 폐하의 존재를 알아보고 있구나! 그러나 가족들이 알아보지 못하니 얼마나 애를 태우고 있을까 하는 생각이 들었습니다.

그들을 보며 저는 정말 행운아임을 다시 한 번 새기게 되었습니다. 저는 도솔자미천 천궁에 들어가지 못하고 그들만 바라보다가 영안이 멈춤과 동시에 독송이 멈추었습니다.

대단하신 도법천존 천지인황 폐하의 대도력, 대천력, 대신력 덕택에 대단하신 도법천존 천지인황 폐하께 선택받았음은 1천억 원을 주고도 바꿀 수 없는 얼마나 귀한 것인지 다시 한 번 가르쳐주시어 고맙습니다!!

이○○가 올린 글을 보면서 세상 사람들에게 안타까움이 앞선다. 이 나라에서 크게 장사하는 사람들과 기업을 경영하는 CEO 혹은 창업주, 회장들이 나를 만나 하늘의 대도력, 대천력, 대신력을 받았다면 얼마나 더 많은 돈을 벌었을까?

물론 아직 때가 안 되어서 종교세계 안에서 허송세월을 보내고 있을 것이다. 하늘의 존재를 세상에 알리지 않았기에 들어오지 못하고 있었던 것인데 말하는 대로 이루어지는 상상초월의 신비한 도법주문을 하늘께서 나에게 내려주시며 세상에 존재를 나타내시었기에 전국 각지에서 찾아오고 있다.

여러분 인생의 성공비결은 나를 통해서 하늘께서 대도력, 대천력, 대신력을 의식을 행하여 황명으로 받고, 또한 도법주문을 외워서 받는 곳이다. 이곳은 종교가 아니기에 교리와 이론, 경전이 없고, 하늘이 내리시는 황명을 받드는 의식과 도법주문 외우기를 통해서 현실의 삶으로 보여주는 곳이다.

여러분의 인생, 가정, 가게, 기업을 살리고 번창시키려면 이○○처럼 나의 말에 순응하고 그대로 따라서 행하면 만사형통하고 부귀번창하게 된다. 거대기업 경영자나 오너들이 인연을 맺어 하늘의 대도력, 대천력, 대신력을 받아서 기업을 경영한다면 기업의 미래가 어떻게 변화할까?

이○○의 의류 판매 사업장은 대기업에 비하면 구멍가게 수준에 불과한데도 부산에서 랭킹 5위권 순위에 들어간다. 그러면 대기업 사주들이 나를 만나면 기업이 얼마나 크게 번창하겠는가? 아직도 나를 찾아오지 않아 안타깝다.

여러분의 인생, 가정, 가게, 기업이 안정되고 지금보다 몇 배, 몇십 배, 몇백 배 크게 번창할 수 있는 길이 있는데도 몰라보고 불황에 허덕이며 경기가 안 좋다고 탓만 하고 있다. 이○○의 의류 매장은 전체적인 불경기에도 매일같이 호황을 누리며 점심을 저녁 8~9시에 먹을 만큼 장사가 잘되고 있다.

그러니 해외 수출하는 대기업들이 나를 만나 하늘의 대도력,

대천력, 대신력을 받아서 기업을 경영한다면 불황에서 벗어나 세계적인 재벌로 발돋움할 수 있다. 인간의 노력만으로는 크게 성공하고 번창하는 데 한계가 있기 때문에 하늘의 대도력, 대천력, 대신력을 받아야 한다는 것이다.

아직도 종교에 의지하며 사업하는 사람들이 많은데 이제는 나를 만나서 사업을 하면 지금보다 더 크게 성공하고 발전하게 된다. 나에게는 천상에서 하강 강림하신 하늘께서 함께하시고 있기 때문에 인간의 상상력을 초월한 엄청난 상전벽해의 인생조화, 사업조화, 질병조화가 일어난다.

독자 여러분이 이 땅에 태어나 가장 큰 죄를 지었다면 하늘께서 가장 싫어하시는 종교숭배자들과 종교인들을 믿고 받들어 추앙하며 존경했다는 점이다. 그리고 금전, 마음, 육신까지 바쳐가면서 헌신하고 봉사하며 충성했다.

영혼의 부모님 곁으로 돌아가지 못하게 종교의 경전과 교리, 이론의 감옥에 처넣어 종과 노예로 만드는 종교숭배자와 종교인들로 인하여 하늘이 분노하시고 생령과 사령, 신명들이 피눈물을 흘리며 대성통곡하고 있다.

살인하고 도둑질은 할망정 종교만은 믿지 말라는 것이 하늘이 인류에게 내리신 명이시다. 모든 정신을 빼앗기는 종교의 무서움을 너무나도 잘 아시기에 종교를 믿지 말라고 하신 것인데 말을 듣지 않고 오늘도 열심히 종교에 나가면서 금전과 마음, 육신을 가짜 하늘에게 모두 바치고 있다.

## 통치자들과 재벌의 생사령 불렀더니!

나는 종교인들이 갖지 못한 신비한 능력을 갖고 있다.

산 자의 생령과 죽은 자의 사령을 거리에 상관없이, 수천 년 전에 죽었어도 자유자재로 불러 대화를 나눌 수 있고, 천상의 신명, 지상의 신명들도 불러서 대화를 나누는 이 세상 최고의 영적 신비능력을 갖고 있는 인류의 영적 지도자이다.

그래서 신이든, 조상이든, 생령이든, 사령이든 부르는 즉시 3초 이내에 들어오니 이것은 인간의 능력이 아니라 하늘의 능력이리라. 내가 집필한 책을 읽어본 독자들은 말도 안 된다며 황당하다고 못 믿어 하는데 실제상황 그대로이다.

꾸며서 쓴 내용이 아니라 실제로 생령과 사령, 악귀잡귀, 용들, 동물의 영, 천상과 지상의 신명들을 수시로 불러서 대화를 나누고 있는데 일반인들에게는 상상초월의 일이기에 믿어지지 않아 꾸며서 쓴 책이라고 생각하는 거 같다.

일반인들이 모두 알고 있는 상식적인 내용들을 출판비용과 비싼 신문 광고료를 부담하고 많은 시간을 투자해 가면서 무엇하려고 책을 집필하겠는가? 일반인들의 능력으로는 알 수 없는 천상세계, 사후세계, 조상세계의 진실을 전할 수 있음은 내가 오랜 세월 고난의 길을 걸으며 수많은 득도의 수행 과정을 거쳐 천상의 대능력자 분들과 소통하여 신비스런 천상의 기운을 받았기 때문에 가능한 일이다.

천상의 하늘이 하강 강림하시어 나에게 내려주신 대천력, 대도력, 대신력으로 생사령들, 천상신명들, 용들, 동물의 영들과도 소통할 수 있는 남다른 신비의 영적 능력을 받아 천상지상의 신명들에게 명을 내릴 수 있는 특별한 권능을 갖고 있기에 평범한 일반인들의 영적 눈높이 수준으로는 이해할 수 없는 내용들이 많을 것이다.

천상에는 지상의 각 나라, 기업, 단체, 가정, 개인의 행동과 말을 바로 옆에서 실시간으로 보고 들을 수 있는 대형 스크린 같은 것이 있다. 그러니까 그대들의 일거수일투족이 천상궁전 도솔자미천으로 실시간 생중계되고 있음을 명심해야 한다.

마음가짐, 몸가짐, 말조심하며 살아가야 하고, 하늘이 어디 있어? 신이 어디 있어? 하면서 하늘과 신을 무시하고 능멸하는 자들은 즉시 응징하기에 그대들의 인생으로 아픔, 슬픔, 고통, 불행의 날벼락 맞는 일들이 일어난다.

**어제 비서실장의 육신으로 왕년에 한국 경제를 쥐고 흔들던 거목들의 사령(죽은 영혼)과 북한 최고 통치자였던 김일성과 김정일의 사령(영혼)을 불렀을 때 모습이 지금도 눈에 선하다! 참으로 한탄이 저절로 나오면서 그 무슨 말로도 그 비참한 모습을 표현할지 모를 정도로 참혹하였다.**

**처음으로 김정일의 사령을 불렀다. 그의 사령 영혼이 비서실**

장의 몸으로 실려서 나오는데 먹지 못하고 굶주림으로 서 있을 힘도 없이 축 늘어져서 기어 오고 있었다. 얼마 전까지도 북한의 지도자로 독재 정치하며 부귀영화를 누리던 그 김정일이 맞아? 할 정도로 아주 거지 모습이었다.

두 번째로 아버지 김일성을 불렀다. 김일성은 나타나자마자 밥 줘! 빵 줘! 옷 줘! 옷도 하나 입지 못하고 굶주림과 추위에 허덕이며 먹을 것만 찾으러 바닥을 기어 다니고 있었다. 정말 개보다 못한 사후세상이었다. 살아 있을 때 그 위풍당당한 통치자의 모습은 티끌만치도 볼 수 없었다. 참으로 비참하였다.

세 번째로 김정은의 엄마 고영희를 불렀는데 실오라기 하나 몸에 걸치지 못하고 발가벗은 나체로 나타나서 앞가슴과 밑을 양손으로 가리며 배고파서 쩔쩔 매고 있었다. 이 여자가 북한 통치권자 김정일의 부인이 맞아? 할 정도로 축생들보다 못한 사후세상이 너무 비참하였다.

네 번째로 고 정주영의 사령(영혼)을 불렀는데 나타나는 모습을 보니 너무 배가 고프고 추워서 허리가 90도로 꾸부정해서 힘없이 나타났다. 살아생전에 그의 자식들이 많다고 하던데 사후세계에선 아주 알거지 모습이었다. 혹시 바닥에 먹을 것이라도 있나 찾아 헤매고 사람들을 찾아다니며 먹을 것을 달라고 애걸복걸하며 다니고 있었다.

다섯 번째로 정주영 회장의 손자 중에서 세 명 손자 생령들을 모두 불렀는데 할아버지의 모습을 보고도 불쌍해하는 척만 하면서 진정으로 구원해 주려고 하지 않았다. 이에 분노하여 천상신명들이 세 명 손자를 혼쭐이 나도록 고문 형벌을 내려주었다. 할아버지가 물려준 재산으로 부귀영화를 누리며 살면서도 죽은 조상들을 진짜 구할 생각은 추호도 없고 종교만 믿고 의지하고 있다.

그다음에는 삼성가의 고 이병철 사령(영혼)도 부르고, 살아있는 홍라희 여사의 생령도 부르고, 식물인간이 되어버린 이건희 회장의 생령도 불렀는데 이건희 회장은 숨만 붙어 있는 식물인간 모습 그대로였다. 참으로 통탄하고 비참한 일이다.

사명자들을 권력자와 부자로 안 살게 해주신 게 얼마나 큰 하늘의 사랑인지 알게 되었다. 권력자와 부자로 살았다면 끝도 없는 사후세상은 이들보다 더 못할 것은 강 건너 불 보듯 뻔하다. 한 치 앞도 보이지 않는 암흑의 사후세상에서 굶주림과 추위와 힘센 조폭 귀신들에게 매를 맞아가면서 한도 끝도 없이 어떻게 지낼 것인지 생각하기도 무서운 일이다.

사후세상은 현실처럼 존재하고 있는 것임이 상세히 밝혀졌는데 살아생전엔 죽으면 그만이지 무슨 사후세상이 어디 있어? 하고들 무시하며 살아가고 있다. 죽어보면 다 알 것을~ 후회는 이미 늦었고 돌이킬 수 없다. 그렇게 많은 재산을 물려주고 죽으니 정말 한탄스럽기가 짝이 없어 보였다.

권력자와 부자들과 반대로 이곳에 들어온 나의 신하와 백성들은 참으로 행운이 가득한 사람들이었다. 천상으로 입천한 조상님들은 사명자 자식들을 잘 두어서 불행 중 천만다행이었다. 부모도 자식을 잘 만나야 하고, 자식도 부모를 잘 만나야 한다는 그 의미를 잘 알게 되었던 순간이다.

그리고 36살에 암으로 죽은 전○○을 불렀다.

전○○은 천인, 신인의 신분이었는데 오랫동안 소식이 없어서 무척이나 궁금하였었다. 후에 말기 암으로 죽었다는 것을 알았는데 21차 도법주문회에서 불렀다. 전연 천인, 신인은 살아생전에 천인합체, 신인합체까지 다 이루고 세상을 떠났다.

죽는 순간 천상에서 한 마리 천룡을 내려보내서 전연 천인, 신인을 태우고 곧바로 천상 자미천궁으로 입천하게 해주셨다고 천상에서 신명이 알려주었다.

고 정주영 회장을 비롯한 재벌가와 북한 김씨 가문의 통치권자와 비교할 때 전연 천인, 신인은 참으로 활기차고 예쁜 옷차림을 한 17세 소녀의 모습으로 하강하였다. 그저 떠날 때 내게 인사도 못 올리고 갔다며 죄송하다고 하였다.

천상에서의 삶은 근심걱정 없이 무릉도원의 세상에서 살아가고 있고, 세상 부러울 게 하나도 없이 아주 행복하게 잘 살고 있다며 얼굴엔 웃음꽃이 활짝 피어 있었다.

재벌가 회장들도 살아생전 천인합체라도 행하고 죽었으면 추위와 거지 신세는 면하고 근심걱정 없이 사후세상을 보냈을 것인데~전○○ 천인, 신인과 비교할 수 없는 세상을 살고 있으니 그대들에겐 제일 좋은 생생한 교재로 영원히 기억 속에 남아 있을 것이다.

나의 신하와 백성들은 뭐니 뭐니 해도 조상입천을 행하고 천인합체의식으로 천인이라는 영광의 관명을 안게 되어서 다행 중에 다행이다. 조상입천과 천인합체, 신인합체의 가치를 어찌 돈으로 환산할 수 있겠는가?

아직 조상입천과 천인합체를 못한 사람들은 정신 바짝 차리고 하루라도 빨리 조상입천과 천인합체만은 행하고 죽어야 한다. 언제 갑자기 죽어서 세상을 떠날지 모르기에 만사 제쳐두고 조상입천과 천인합체는 그대들 모두에게 필수적이다.

이 모두가 나를 인류의 구원자이자 인류의 구심점으로 내려보내주신 하해와도 같은 하늘 사랑이 있었기에 가능했다. 그 태산보다 높은 하늘의 은혜를 살아서나 죽어서나 어찌 다 갚으리오!

사명자들을 부자로 안 만들어주신 하늘의 깊은 사랑에 감사하고 또 감사하다. 살아서도 죽어서도 무릉도원의 삶을 살 수 있게 해주시고, 하늘의 명을 받은 자들이 죽어서는 대통령이나 재벌들도 못 올라가는 천상 자미천궁에 올라가서 편안히 지내게 해주시니 하늘의 깊은 뜻을 또다시 알게 되었다.

천상계 신들이 대거 인간계로 하강하여 신인합체를 행해서 함께 신명정부를 수립하려고 한다. 인류가 오랜 세월 애타게 기다려오던 세상인데 눈앞에 현실로 다가왔다. 천계의 고차원적인 신명들이 인간들과 하나 되어 서로가 상부상조하며 공생공존하자고 한다.

그대들이 소속되어 있는 각 분야에 최고 1인자 신명들과 신인합체를 행하면 인간의 능력으로 불가능하게 여겨지던 일들이 천계에서 하강한 신들이 상상초월의 신비능력으로 해결되는 일들이 부지기수로 일어난다. 그래서 세상을 살아가면서 신인합체(神人合體)가 반드시 필요한 것이다.

재난이 다가오는 것을 신들은 미리 알 수 있기에 위험한 재난의 중심에 서 있지 않도록 피하게 해준다. 그리고 상대방이 자신을 사기 치려 하는 것인지, 이용하려는 것인지 미리 알아차릴 수 있고, 무수히 많은 귀신들로부터 침범당하는 것을 신의 능력인 신력(神力)으로 물리칠 수 있는 것이 인류 최초의 신인합체의식이다.

인류의 끝없는 궁금증은 과연 천상세계가 존재하는가? 그리고 세상에 알려진 것처럼 극락, 천당, 천국, 선경세상이란 곳은 실제로 존재하고 있는 세상일까? 아니면 허상의 세계일까? 많은 궁금증과 갈등이 생길 것이다.

각 종교들마다 이상향의 유토피아 세상을 그려 놓고, 신도들을 현혹하여 많은 금전을 바치게 하였던 것인데 모두가 그림의 떡이고 갈 수 없다. 지구가 영들에겐 지옥이자 감옥 같은 유배지인데 누구 마음대로 천상으로 올라갈 수 있겠는가?

죽은 귀신들을 성인성자로 받들어 추앙하며 하늘 역할을 사칭하게 만드는데 진짜 하늘께서 그냥 바라보고만 계실까? 종교를 통해서 구원받고자 하는 생령과 사령들은 정신 차리고 이곳에 들어와서 진짜인가 가짜인가 직접 체험해 보라.

## 영혼들과 육신들의 생사

영들의 죽음과 육들의 죽음에 대해서 어느 것이 더 무서운지 생각해 본 사람들이 있을까? 영과 육의 죽음 자체는 모두가 무서워하며 두려워한다. 육신은 영들이 잠시 머무르는 집에 불과하고, 육신이 살아 있는 기간 동안 거처할 공간이기에 영원하지 않고 길어봐야 100년 미만이다.

그런데 영들이 인간 육신으로만 태어나는 것이 아니라 천지만생만물로 태어난다는 것이 가장 큰 공포이다. 한 번 육신을 잃어버리면 언제 다시 인간 육신으로 태어날지 기약할 수 없기 때문에 고통스러운 것이다.

인간 육신으로 태어나게 해주신 것은 천상에서 지은 죄를 빌어서 다시 영들의 고향인 천상 자미천궁으로 돌아갈 기회를 주시고자 함이시었다. 인간 육신이 살아서 하늘이 내리시는 명을 받들지 못하고 죽으면 말 못하는 짐승, 가축, 벌레, 곤충으로 태어나기에 이에 대한 준비를 해야 한다.

인간 육신이 죽은 다음에 축생으로 태어날 것인지, 영들의 고향으로 다시 돌아갈 것인지 운명이 좌우되는 것이 인생사의 삶이다. 육신의 죽음은 피할 수 없는 필연인데, 영들은 소멸되지 않는 한 육신과 다르게 수명이 거의 무한대이다.

그래서 육신의 삶보다는 영들의 삶이 더 중요하다. 육신은 찰나의 삶을 사는 것이고, 영들은 수명이 거의 영구적이기 때문에 육신을 갖고 살아갈 때 영원한 영들의 고향으로 돌아가는 하늘의 명을 받으라고 인간 육신으로 태어나게 해주신 것인데, 우매한 인간들이 이런 위대한 진실을 몰라보고 육신의 삶에만 전념하고 살아가고 있다.

왕, 대통령, 재벌 회장들의 사후세계 삶을 통해서 생생히 체험했을 테지만 살아생전의 권력과 돈, 명예의 부귀영화는 죽어서는 아무짝에도 쓸모가 없다는 것이 여러 사람들의 사후세계를 통하여 검증되었다.

현생의 부귀영화가 자만, 교만, 거만으로 이어져 하늘의 존재를 무시하고 부정해서 찾지 않아 하늘의 명을 받들지 못하고 죽는 어리석음을 범하여 영원히 사후세계의 고통과 불행 속에서 살아가는 것이다.

살아서 부귀영화 누리며 잘 살았던 세계 각 나라의 왕, 대통령, 재벌 회장들은 하늘의 명을 받지 못하여 살을 파고드는 추위와 배고픔, 깡패 귀신들에게 두들겨 맞고 살아가는 것을 보면서 하늘의 명을 받아 천상으로 입천하는 것이 그 얼마나 다행스러운 일인지 생생히 체험하였다.

그래서 육신의 삶보다 중요한 것이 사후세계 영혼의 삶인데, 100년 미만 찰나의 삶을 부귀영화 누리며 잘 사는 육신의 삶보다는 영원한 사후세계를 잘 살아야 한다. 그리고 재벌 회장들의 한결같은 말은 죽어서는 후회해도 소용없다며, 자식들에게 재산 몽땅 물려주었어도 조상을 돌보는 자손과 후손들이 없다고 대성통곡하며 울부짖는다.

살아생전 이곳 도솔자미천 천궁을 알아서 하늘의 명을 받아 천상으로 입천하여 사후세계의 삶을 살았더라면 그 얼마나 좋았을까마는 이 또한 이들의 운명적인 삶이 아니겠는가? 하지만 산 자손들에게는 사후세계에서 힘들어하는 조상들의 피눈물이 보이지도 않고 들리지도 않으니 이 또한 그들이 전생과 살아생전에 하늘께 지은 죄의 대가이리라.

살아서 죽음 이후의 사후세계를 준비하지 않으면 왕, 대통령, 재벌 회장들처럼 매서운 추위와 참을 수 없는 배고픔의 굶주림, 깡패 귀신들로부터 얻어터지고, 여자들은 남자 귀신들로부터 무차별적으로 성폭행당하는 고통을 감수해야 한다.

죽어서는 입은 안동포 수의 옷마저 힘센 귀신들에게 바로 빼앗기기 때문에 남녀 모두가 알몸 상태이다. 특히 여자들은 벗은 알몸 상태이기에 수많은 남자 귀신들에게 헤아릴 수 없이 수시로 성폭행당하고 있다는 진실이 밝혀졌다.

귀신들도 섹스를 좋아한다는 사실을 일반 사람들은 전혀 이해 못하고 있다. 이렇게 무섭고 비참한 사후세계를 살기 싫으면 살아생전 천인합체의식을 행하여 죽는 순간 천상으로 올라갈 수 있는 하늘이 내리시는 입천의 명을 평소에 행해 놓고 살아가야 한다.

그대들이 언제 어떻게 죽을지 모르기 때문에 남녀노소에 상관없이 가족 모두가 천인합체를 행하고 사는 자가 가장 현명하다. 천인합체를 행할 자들은 조상입천의식부터 행해야 천상에서 천인합체를 윤허하여 주신다. 조상입천을 안 하는 자들에게는 천인합체를 윤허하여 주시지 않으신다.

가족 모두를 행할 경우 가족 전체가 오는 것이 아니라 대표자 한 명만 오면 되는데 대표자를 사명자라고 한다. 사명자 이외에는 영적세계를 이해하지 못하기 때문에 천인합체 사실을 가족에게 말하지 않아야 한다. 믿거니 하고 말하면 집안싸움만 일어나서 스트레스 받고 심지어 이혼까지 당한다.

영적 차원이 낮은 자들은 축생들이기에 오직 잘 먹고 잘사는 일에만 매달리고 사후세계가 존재한다는 사실 자체를 인정하려 들지 않기에 가족들 간이라도 이런저런 의식을 행한다고 가족, 친구, 지인들에게 절대 상의하거나 말하면 안 되고, 상담하러 올 때도 필히 혼자 와야 한다.

수많은 경험을 해보았기에 철저하게 지켜야 한다. 사명자들은 의식비용을 아까워하지 않는 반면, 축생들은 이해도 못하고 아깝다며 미쳤다고 하기 때문에 가족들에게 함구하고 혼자서 조용히 방문해야 한다.

영들의 고향인 천상으로 돌아가려면 천상에서 지은 죄부터 빌어야 한다. 종교를 믿어서 천상으로 올라가는 것이 아니라 영들이 지은 죄를 빌어서 사면받아야만 오를 수 있다.

1차로 그대들의 조상들을 천상으로 올려 보내려면 조상입천의식을 행하여 조상들의 잘못을 용서 빌어서 사면받아야만 받아주시는 것이지 종교 숭배자 믿는다고, 하늘 믿는다고 받아주시는 것이 절대 아니다. 그래서 지금의 종교세계 모두가 가짜이자 거짓이라고 하는 것이다.

조상들이 천상에서 무슨 잘못을 했는지 알아야 빌 수 있다. 죄목도 모르고 무턱대고 용서해 달라고 잘못을 빌면 안 받아주신다. 그러니까 지금 종교의식으로 행하는 굿, 천도재, 추모예배, 추도미사는 천상으로 오르는 길과는 정반대의 길이고 오히려 하늘에 더 큰 잘못을 저지르는 일이다.

2차로 각자의 영들이 천상에서의 잘못을 비는 의식이 천인합체의식이다. 조상들의 잘못을 빌어드려 조상입천의식을 행한 자들만이 천인합체를 행할 수 있다. 그래야 죽어서 추위와 배고픔, 폭행으로 고통받지 않으며 허공중천 구천세계를 떠나 곧바로 천상으로 올라갈 수 있다.

**그대들이 죽어서 구원받아 천상으로 오르고 싶고, 대한민국을 세계에서 가장 잘사는 부강한 나라로 만들고 싶다면 天宮(천궁)을 청와대 터에 세우는 천지대공사에 자발적으로 동참하고, 하늘이 내리시는 황명을 받아 神人(신인)이 되어라.**

**76억 3,000만 명의 세계 인류를 神人(신인)이 다스리는 꿈만 같은 세상이 열린다. 청와대 터에서 출범할 천궁건립에 국민들 모두가 다 함께 동참하자.**

종교를 믿으면 구원받는 것이 아니라 오히려 종교를 믿으면 구원을 못 받는다. 생사령들에 대한 구원의 생사여탈권을 하늘께서 나의 육신을 통해서만 집행하고 계시기 때문이다. 그래서 종교에 들어가 있으면 나를 만나러 오지 못하기 때문에 구원받을 수 없다.

도솔자미천 천궁이 널리 알려지지 않았고 너무나 생소하기에 잘 믿으려고 하지 않아서 찾아오기가 쉽지는 않다. 신흥 종교단체 정도로 알고 사이비 종교라고 생각하는 사람들이 많기 때문에 구원받기가 하늘의 별따기 만큼이나 어렵다.

오랜 역사와 전통을 가진 종교라면 거리낌 없이 찾아올 텐데 이제 20년밖에 되지 않아 믿음이 덜 가는 모양이다. 그래도 하늘로부터 뽑혀서 구원받을 자들은 어떻게 하든지 들어와서 하늘이 내리시는 명을 받들고 있다.

청와대 터에 천궁 건립!

하늘께서 우리민족에게 처음이자 마지막으로 내려주신 천복만복이다. 나 하나의 작은 성공과 출세가 아니라 대한민국 전체가 잘사는 길이고, 전 세계 인류의 구심점이 되어 세상을 통합하여 다스릴 수 있는 천재일우의 기회이다.

천궁을 반드시 청와대 터에 세워야 인류의 구심점으로 급부상할 수 있고, 천하세계를 호령하는 위대한 나라로 세워 전 세계로부터 거대한 조공과 천공을 정기적으로 거두어들여서 대한민국 전체가 가장 잘사는 나라가 될 수 있다. 76억 인류를 감동으로 굴복시킬 수 있는 하늘의 무소불위하신 대천력, 대도력, 대신력을 하늘로부터 하사받았기에 실현 가능하다.

## 고승들조차 극락세계 못 갔다

나는 살아 있는 자들의 생령들과 육신이 죽은 자들의 사령, 천상과 지상의 신명들을 자유자재로 불러서 대화를 나눌 수 있는 대도력, 대천력, 대신력을 갖고 있다고 이미 밝혔다.

인류가 수천 년을 기다려온 구원자, 구세주, 메시아, 미륵, 정도령, 천도령, 진인, 신인 등의 온갖 수식어가 따라붙을 만한 무소불위의 신비의 능력을 갖고 있는 반면, 천상에서 잘못하여 지구로 도망치거나 쫓겨난 자들과 천상약속을 이행하지 않고 있는 자들에게 천궁의 진실을 전하고 빛과 불로 교화하여 구하라고 하신다.

이른바 구원의 빛과 불을 갖고 온 것이다. 육신의 죽음 이후 삶이 어떠한지 세계적인 유명 인사들의 죽음 이후의 사후세계 삶을 통해서 간접적으로 전해 주려고 생사령들을 불러서 수시로 대화를 나누고 있다. 자신의 죽음 이후 세계를 종교에 의지하지 말고 이곳 도솔자미천 천궁에 들어와서 미리미리 준비를 해놓고 살아가야 한다.

산 자(생령)와 죽은 자(사령)들이 인간 육신들을 누가 먼저 굴복시켜서 이곳으로 데리고 들어올 것인지가 구원의 첫 번째 관문이다. 생사령들이 아무리 구원받아 천상으로 오르고 싶어도 인간 육신을 데려오지 못하면 아무 소용이 없다.

불교 다니는 사람들은 부처를 믿으면 죽어서 극락세계 간다고 하고, 죽은 조상들에게 사십구재, 천도재를 올리면 극락세계 간다는 말은 말짱 거짓말이었음이 판명되었다.

역사에 유명한 고승과 도승으로 알려진 원효대사, 도선국사, 무학대사, 사명대사, 진묵대사들을 불러서 사후세계를 어찌 보내고 있는지 장시간 대화를 나누어보았지만 이들조차도 극락세계 오르지 못하고 발가벗고 추위와 배고픔으로 고통받으며 나에게 살려달라고, 구해 달라고 애걸복걸하며 빌고 있으니 불교의 석가모니 부처를 믿는 자체가 잘못되었다.

그러니 종교적 숭배 대상자들인 석가, 예수, 여호와, 마리아, 마호메트, 공자, 노자, 맹자, 상제 강일순, 조철제, 박한경, 문선명, 안상홍 등등을 믿고 있는데 숭배자 사령들조차 모두가 추위와 배고픔에 무척 고통스러워한다.

이들 산 자들이 전하는 구원의 말 역시 영혼들을 현혹하는 말장난에 불과하다. 석가, 예수, 여호와, 마리아조차도 구원받지 못하고 추위와 굶주림에 고통스러워하는데 어느 누가 구원받아 천상으로 올라가겠는가?

따라서 교회와 성당에 열심히 다녀봐야 천국, 천당에 절대로 못 올라가고 무속세계 지노귀굿과 조상굿도 선경세계로 못 올라간다는 진실을 전한다.

왕을 지낸 태조 이성계, 태종 이방원, 세종대왕 이도, 성웅 이순신 장군, 신라의 명장 김유신, 백제의 계백 장군 우윤영, 고구려의 광개토대왕 담덕 역시 찾아와서 춥고 배고프다며 살려달라고 애걸복걸하며 빌었으나 자손을 데리고 오지 못해서 구원받지 못하고 있다.

인간 육신들이 죗값을 갖고 들어와서 하늘이 내리시는 명을 받들어야 천상으로 올라갈 수 있는데 생사령들만 들어와서 너무 춥고 배고프고 얻어터진다며 살려달라고 울부짖고 있어 하루빨리 내가 청와대 터에 입성해야 세계 인류를 구원해 낼 수가 있다. 종교세계 모두를 부정하는 나하고 수천 년 동안 이 땅에 뿌리내린 종교세계와의 진실 싸움이 벌어졌다.

그래서 세계인들을 불러들여 구원할 청와대 터가 필요한 것이다. 인간 육신들이 알아보고 들어오려면 이곳이 세계적으로 유명해야 하기 때문이다. 생령과 사령들이 이구동성으로 청와대 터에 언제 들어가시느냐고 성화를 부리고 있는데 현실적으로는 참으로 답답한 일이다.

이렇게 현실로 청와대 터 입성이 이루어지면 전 세계 유명인사들은 청와대를 방문하여 구원받으려고 아우성을 치게 될 것이고, 로마 교황청을 능가할 정도로 유명해져서 인류의 종주국, 인류의 구심점으로 부상할 것이기에 대한민국이 장차 세계를 주도해 나가는 역사적인 일들이 무수히 일어난다.

## 쥣값을 벌기 위해 인간으로 태어나!

박근혜 전 대통령, 이명박 전 대통령의 운명이 똑같아졌다. 하늘의 터, 신의 터에 인간 대통령이 침범한 것에 대한 경고이자 청와대 터의 주인이 내린 저주라고밖에는 설명이 안 된다. 이승만 대통령부터 박근혜 대통령에 이르기까지 역대 대통령 모두가 비운과 불운의 대통령이 되었고, 역대 일본 총독들도 똑같이 비운과 불운이 잇따랐다.

왜 108년의 세월이 넘는 기간 동안, 청와대 터에 들어간 역대 통치자들에게 계속해서 비운과 불운이 따르는 것일까? 하늘과 신의 터라는 것을 몇 번 보여주어 봐야 고집 센 인간들이 미신이니 비과학적이니 하면서 믿지 않으며, 인정하지 않기 때문에 꾸준히 현실로 보여주고 있는 것이다.

다행히 문재인 대통령이 청와대를 2019년에 광화문으로 이전한다고 선거 공약을 하였는데 현실로 실행할지 하늘께서 지켜보신다고 하시었으니 약속을 이행하지 않으면 예외 없이 전직 대통령들처럼 어떤 사건사고에 연관되어 비운과 불행을 피하지 못한다.

하늘께서는 약속을 지키는 자를 좋아하신다고 하시었다. 천상의 신명들이 청와대 터는 인간들의 터가 아니라고 하루빨리

나가라고 성화가 이만저만이 아니다.

주인 아닌 자가 청와대 터에 들어가면 하늘과 신의 기운을 감당 못해서 비운과 불행이 일어나는 것인데 인간들이 무지해서 몰라보고 있기에 108년이라는 세월을 통해 계속해서 불행을 보여주었다. 하늘과 함께할 인류의 구심점, 인류의 구원자, 하늘의 명 대행자, 하늘의 화신, 분신 터가 청와대이니 하루속히 터의 원주인에게 돌려주어야 한다.

이명박 정부와 박근혜 정부의 대통령은 물론 측근 실세들이 모두가 부정비리에 연루되어 구속 수감되는 불운을 맞이하고 있다. 높은 권력과 많은 돈은 교도소 담장 위를 걷는 것과 같기에 언제 교도소 담장 안으로 떨어질지 모른다.

권력과 돈에 욕심이 많은 자의 종착역은 교도소이다. 그래도 좋다고 권력과 돈을 끊임없이 추구하고 있다. 죽을 줄 모르고 불을 보고 달려드는 불나방처럼 자신에게 비운과 불행이 다가오는 줄도 모르고 오직 권력과 돈에만 미쳐 있다.

**만물의 영장인 사람으로 태어난 이유가 궁금할 것이다.**

천상에서 지은 역천의 대역죄를 빌려면 죗값이 필요한데 사람만이 돈을 벌 수 있다. 축생으로 태어나면 기회 자체가 박탈된 것이기에 천상으로 오를 수 없다.

인간 육신으로 태어난 것은 이 땅에 한평생 잘 먹고 잘살기 위해서 태어난 것이 아니라 전생의 죗값을 갚아 죄를 탕감받으라고 돈 벌 기회를 주시고자 사람으로 태어나게 하시었다.

종교를 믿는 것은 죽음의 길이고, 이곳 도솔자미천 천궁에 들어오는 것은 영생의 길이다. 이곳은 기존의 종교세계가 아니라 인류가 천상에서 잘못함을 찾아주고 용서를 빌게 하여 살려주는 곳이며, 용서를 빌지 않는 자들을 다시 교화해서 구해주는 하늘의 천궁이 땅으로 내린 곳이다.

지금 무소불위의 권력을 누리며 떵떵거리고 잘사는 자들아, 이제 곧 죽음의 사후세계 문이 열리니 죽기 전에 천인합체 행하고 죽어야 춥고 배고픈 거지 신세 면한다.

이병철, 정주영 재벌 회장들과 박정희 전 대통령과 육영수 여사도 완전 거지 신세로 찾아왔는데 자식들이 몰라주니 추위와 배고픔에 눈물 흘리며 살려달라고 빌지만 자식들이 찾아오지 않으면 달리 구해 줄 방법이 없다.

재물, 권력, 명예, 부귀영화 다 필요 없다고 처절하게 죽어서 후회한다. 자식과 조상들도 서로가 잘 만나야 천상으로 오른다. 천상세계는 인간들의 생활상과 판박이로 똑같기에 신분과 계급 서열이 엄격하게 나누어져 있다.

인간세계보다 더 세분화되어 있고, 천차만별이다. 인간으로 태어난 자체는 천상으로 올라오라고 기회를 주신 것이니 놓치지 말라. 그대들 마음과 자리의 높낮음을 평가할 수 있는 유일한 잣대가 돈이다.

그래서 더 많은 돈을 벌려고 혈안이 되어 있고, 높은 권력을 잡고, 결국 돈을 버는 것은 천상으로 오를 때 남들보다 더 많은 돈을 바쳐 막강한 권력을 누릴 수 있는 높은 자리에 앉기 위해서 기를 쓰고 돈을 버는 것인데, 이런 진실을 세상 사람들은 알지 못하고 종교에 갖다 바치고 있다.

앞으로 종교는 가짜세계이기에 일절 바칠 필요가 없다. 바치면 바칠수록 그대들의 죄가 커지고 쌓여만 간다. 그대들의 편안한 사후세계 보장을 위해서는 한 푼이라도 더 많은 돈을 나를 통해 천상에 예치하는 것이 그대들의 죽음 이후를 위해서 가장 현명한 선택이 될 것이다.

여기 도솔자미천 천궁에 들어와서 행하는 모든 의식비용(천공, 도공, 옥공)이 그대들의 사후세계 자리를 예약하는 것과 같기에 자신의 능력 범위 내에서 최대한 많이 바치는 것이 최고이다. 죽으면 돈 한 푼 갖고 가지 못하는 것은 다 아는 사실이다. 죽으면 돈을 하늘께 바치고 싶어도 바칠 수가 없다.

죽은 재벌 회장들의 모습을 알려 주었듯이 자식들한테 재산 다 물려주고 정작 자신들은 죽어서 추위와 배고픔에 허덕이고 힘들어하며 성폭행당하고, 깡패 귀신들로부터 얻어터져서 고통스런 사후세계 삶을 살아가고 있는데, 자손이나 후손들은 인간의 눈에 보이지 않는다고 구해 주려 하지 않는다.

제사와 차례, 묘지(매장묘지, 납골묘, 납골당, 수목장) 모두가 필요 없다. 천하의 명당자리도 천상 자미천궁과 도솔천궁만 못하다. 이제까지 진짜 하늘의 진실을 몰라서 공자의 유교사상을 받아들여 제례 풍습을 따라서 행했던 모든 제례 절차는 아무 소용이 없다는 사실이 밝혀졌으니 폐기해야 한다.

죽은 자들은 조상입천을 행하고, 산 자들은 천인합체를 행하면 된다. 이것이 바로 무릉도원 세상에서 살아가는 비결이다. 지금까지 알려진 종교의식 모두 갖다 버려라. 오직 하늘의 명을 받기만 하면 영(생령과 사령)들은 걱정 없다.

자신의 사후세계는 자신들만이 준비할 수 있다. 사랑하는 자식들이라도 죽은 아비 어미의 마음을 알아주지 않는다. 죽으면 재산 때문에 자식들 간에 싸움만 일어난다. 천상으로 가져갈 자신의 돈은 자신이 챙겨놓고 재산 분배를 해야 한다.

사후세계의 비참함을 다른 사람들의 사례를 통해서 전해 주었는데 진실 그대로이다. 믿을 것인지 말 것인지는 그대들의 선택이고 나는 진실만 전한다.

나를 만나 천상의식을 행한다는 것은 인류가 태어난 이래 전무후무한 역사적인 일이고 영광이다. 수천 년의 세월 동안 전 세계적으로 분포되어 있는 47,000개 교파의 5,527,000개 종교세계 안에서 집행되고 있는 모든 의식들이 진짜 하늘이 원하고 바라시는 천상의식과는 아무 상관없는 것이다.

지구상에 존재하는 전 세계 모든 종교가 잘못된 가짜 하늘을 받들어 섬기는 것이라고 주장하니 독자들의 입장에선 참으로 기가 막힌 일이다. 터무니없이 나의 일방적인 주장이 아니라 국내는 물론 전 세계적으로 유명한 82명의 생령과 사령들을 불러서 직접 대화를 나누어 봤기 때문에 종교를 통해서는 절대로 구원이 없다는 진실을 자신 있게 주장하는 바이다.

## 지상 자미천궁에서 일어난 기적

중풍에 걸려서 종종 걸음을 걷던 유○○(남자 74세)은 2013년도에 나의 신비한 능력을 체험하였었다. 한 걸음 보폭이 겨우 5cm이기에 300m 거리를 1시간 30분 만에 걷던 유○○이 도법주문회에 참석하기 위해 집무실에 들어서며 엉거주춤하게 인사를 하였다.

2005년도에 중풍을 맞아 걷지도 못하고 말도 제대로 못하여 어눌하고, 입이 다물어지지 않아 침을 질질 흘리는 모습이었다. 나의 집무실 안으로 들어서며 유○○ 천인으로부터 "인사올리옵나이다."라는 인사말을 받고는 너무나 답답하고 안타까움이 몰려왔는데 내게 무슨 배짱이 있었던 것일까?

**내가 의자에서 일어서며 "유진아~ 너는 걸을 수 있어. 걸어봐!"라고 말하자, "제가 어떻게 걸을 수 있어요???, 말도 안 돼요!!!" 하면서도 겨우 일어나서 비틀거리며 한 발 두 발 내딛으며 조금씩 떼고 걷는다. "걸어라, 힘차게! 걸을 수 있어~!!!"**

그러자 이변이 일어났다.

집무실 폭이 가로세로 10m쯤 되는데 정상인처럼 걷는 것이 아닌가? 그래서 집무실 밖에까지 35m 실내 거리를 뛰어갔다 오라고 말하였더니 정말 믿지 못할 정도로 정상인처럼 뛰어갔다 오는 것이 아닌가? 이 광경을 집무실 안에 들어와 있던 20여 명과 밖에서 기다리고 있는 수백 여 명의 신하와 백성들이 동시에 바라보면서 박수갈채를 보냈었다.

그러고는 한동안 소식이 없어서 전화를 하여도 받지 않고 도법주문회에 참석도 하지 않아 몇 년을 까마득히 잊고 지냈었는데 오늘 유진이가 천상 자미천궁에서 비서실장의 몸을 통해서 내려와서 우렁찬 목소리로 인사를 하였다.

"저 유○○ 천인이 폐하께 문안 인사 올리사옵나이다.

인사도 못 드리고 세상을 떠나서 너무 가슴이 아팠는데 이렇게 다시 뵙게 되어 너무나 기쁘사옵나이다"라고 말하자 전국에서 참가한 신하와 백성들이 우레와 같은 박수를 쳐주었다.

힘차고 씩씩하게 걸으며 20대 청년의 모습이라고 자랑한다. 죽을 당시에는 74세였는데 천상 자미천궁에 올라가니 영혼의 부모님이신 하늘께서 20대 청년의 모습으로 바꾸어주시었다며 입을 크게 벌리고 함박웃음을 지으며 행복해하였다.

"다리도 안 아프고, 입도 정상이고 너무나 신이 납니다. 이 모든 것이 폐하 덕분이사옵나이다. 지구상 이곳에서만 행하고 있는 천인합체가 진짜였어요! 이곳에 모인 폐하의 신하백성들 중에서 누가 천인합체를 아직도 안 했습니까?

모두들 빨리하세요!!!

나의 모습을 보세요. 천인합체의식 진짜입니다. 저는 미혼으로 장가도 못 가고 74세에 죽었지만 최후의 성공자, 최후의 승리자가 되었어요. 천상 자미천궁에서 아주 행복하게 잘 살고 있답니다. 정말 꿈을 꾸고 있는 것 같아요.

내가 죽을 때 천상에서 천룡과 신선이 함께 내려오더니 나를 순식간에 천상 자미천궁으로 데려갔어요. 너무 신기하여 내가 꿈을 꾸고 있는 것은 아닌가 싶어서 꼬집어보았더니 아프기에 꿈이 아니라는 것을 알았어요.

지상에 살아 있을 때는 정말 천인합체 행하고 죽으면 고문의 형벌을 받는 지옥세계 명부전으로 안 가고, 천상 자미천궁으로 곧바로 올라갈 수 있는 것인지 조금 의심도 들고 반신반의하였었지만 진실을 확인할 길이 없었기에 그저 도법천존 천지인황 폐하를 믿고 행할 수밖에 없었어요.

그런데 폐하께서 행하시는 의식들이 모두 사실이었기에 너무나 놀랐어요. 제가 폐하를 믿고 행한 의식들이 너무나 잘한 일이었기에 감사드리사옵나이다. 돈과 권력, 명예를 가진 통치자들과 재벌들의 사후세계 모습들을 보고 너무나 놀라웠고 저도 모르게 가슴을 쓸어내렸어요.

폐하를 못 만났으면 권력자들과 재벌들처럼 상거지가 되어 허공중천 추위와 배고픔으로 떠도는 비참한 신세가 되었을 텐데 이렇게 천상 자미천궁에서 마음 편히 살 수 있으니 최고의 행운아, 최고의 천운아가 되어 너무나 신 나고 좋아요.

권력자들과 재벌들은 100년 미만의 짧은 생을 떵떵거리며 온갖 갑질을 하고 살아가지만 죽어서는 옷도 없이 추위에 벌벌 떨면서 살아가는 꼴을 바라보니 너무나 통쾌해요. 너무 잘 살게 해주시지 않아서 정말 다행이고, 부자와 권력자가 안 되게 해주시어서 하늘께 너무나 감사드려요.

저 역시도 돈 많고 권력이 높았다면 돈과 권력에 미쳐서 이곳 도솔자미천 천궁에 안 들어갔을 거예요. 폐하께서 천인의 신분은 재벌이나 대통령보다 더 귀한 존재이고 높다고 저의 생전에 말씀하셨는데 죽어서 뼈저리게 알게 되었어요.

도법천존 천지인황 폐하~! 정말 너무너무 감사드리고 다음 일요일 도법주문회에 다시 내려올 때까지 안녕히 계세요." 4년 전과 1년 전에 두 천인들이 죽었다는 사실을 오늘 도법주문회에서야 생생히 확인할 수 있었다.

내가 평소에 말한 내용들이 모두 현실 그대로 맞아들었다. 나 역시 내가 말한 천인의 신분은 재벌이나 대통령보다 더 귀한 존재이고 높다는 내용을 확인할 길은 없었지만 마음 안에서 메시지로 내려주어서 신하와 백성들에게 전해 주었던 것인데 한 치의 오차도 없이 현실로 확인되었다.

죽은 박정희 대통령, 김일성 주석, 김정일 국방위원장, LG그룹 창업주 구인회 회장, 삼성그룹 창업주 이병철 회장, 현대그룹 창업주 정주영 회장과 이들의 배우자들이 사후세계에서 추위와 배고픔에 벌벌 떨면서 네발로 신하와 백성들 사이를 기어 다니며 신하와 백성들을 붙잡고 옷 줘~, 밥 줘~ 하면서 옷을 벗기려는 비참하고 안타까운 모습을 바라보면서 정말 내가 한 말들이 모두 맞았구나 하면서 쾌재를 불렀다.

각자들의 영(생령)과 돌아가신 부모조상님의 영(사령)들을 천상궁전으로 보내드려서 이들 생사령들이 편안해야 인간 육신의 삶이 편안해진다. 그리고 인간 육신들이 세상을 살아가면서 원하고 바라는 인생사의 목표달성, 기쁨과 행복, 천복만복의 기운을 받을 수 있는 비법을 알려준다.

인간 육신들 자체로는 천상의 하늘께서 내려주시는 좋은 기운을 절대로 받을 수가 없으니 자신의 생령과 부모조상님의 사령들을 하루빨리 천상궁전으로 올려 보내서 천상의 좋은 기운을 많이 받아오게 해야 그대들이 원하고 바라는 소원을 이룰 수 있고, 막히고 답답한 인생사 일들이 거침없이 풀어진다.

천상에서 내려주시는 좋은 기운은 영(생사령)들만이 받아올 수 있고, 인간 육신들은 천상에서 아무리 좋은 기운을 쏟아붓듯 주시어도 받아올 수 있는 방법이 없다.

하늘은 형상의 모습도, 냄새도, 소리도, 색깔도, 보이지도, 들리지도 않는 무색무취로 존재하시며 오로지 천지기운을 통해서만 존재하신다. 기운이란 우리 인간들의 마음이나 생각과 같은 무형의 에너지인데 대우주를 창조하시고, 천지삼라만상의 생로병사, 탄생과 소멸, 길흉화복, 흥망성쇠, 성공과 출세를 주관하시고 계신다.

육신이 살아 있을 때 여러분의 생령과 사령들이 천상의 좋은 기운을 많이 받을 수 있게 천상으로 보내드려야 여러분도 인생사를 살아가면서 어려움이 없다.

【제4부】

# 왕, 대통령, 재벌들의 눈물

# 天宮

## 죽은 왕들과 재벌들의 하소연

책을 읽는 그대 독자들은 하늘이 내리시는 명을 받들어야 할 행운아이자 천운아이다. 살아 있는 자들은 죽음을 너무 쉽게 생각하고 아무렇지도 않게 당연히 받아들이고 있지만 세계적 유명인들인 왕, 왕비, 대통령, 재벌들이 나를 찾아와서 사후세계가 얼마나 무서운지 적나라하게 대화를 나누어 알게 되었다.

수천 년 전에 죽은 자들이 천상에 오르지 못하고 허공중천 구천세계를 떠돌아다니며 추위와 굶주림에 고통스러워하고 있지만 살아 있는 자들은 죽음 너머의 사후세계가 얼마나 무서운지 전혀 모르고 지낸다.

인간 육신의 죽음은 그 어느 누구도 피할 수 없다는 것을 세상 모든 사람들이 알고 살아가지만, 사후세계가 얼마나 고통스러운지에 대해서는 정확히 아는 자들이 없고, 추상적으로 구원받지 못하면 힘들 것이라고만 알고 있다.

그대 독자들은 아직 죽어보지 않았기 때문에 죽음의 고통을 전혀 알 수가 없다. 돌아가신 부모, 조상, 배우자, 자식, 형제, 자매들의 육신적인 죽음은 보았지만 몸 안에 있는 영들의 사후세계에 대해서는 전혀 보이지 않고, 들리지 않기에 문외한이 될 수밖에 없는 것이 현실이다.

나는 살아 있는 자들의 생령들과 육신이 죽은 자들의 사령, 천상과 지상의 신명들을 자유자재로 부르는 대도력, 대천력, 대신력을 갖고 있다.

인류가 수천 년을 기다려온 구원자, 구세주, 메시아, 미륵, 정도령, 천도령, 진인, 신인 등의 온갖 수식어가 따라붙을 만한 무소불위의 신비의 능력을 갖고 있는 반면, 천상에서 역천하여 지구로 도망치거나 쫓겨난 자들과 천상약속을 이행하지 않고 있는 천상약속 위반자들을 찾아내어 교화하고 구하라는 생사여탈권도 갖고 왔다.

이른바 교화와 구원이란 양날의 칼을 갖고 온 것이다. 육신의 죽음 이후 삶이 어떠한지 세계적인 유명 인사들의 죽음 이후의 사후세계 삶을 통해서 간접적으로 전해 주려고 생사령들을 불러서 수시로 대화를 나누고 있다. 자신의 죽음 이후 세계를 종교에 의지하지 말고 천궁에 들어와서 미리미리 준비를 해놓고 살아가야 한다.

나의 존재가 지구촌 전 세계 영가들에게는 이미 소문이 나서 널리 알려져 있는데 인간 육신들만 아직 몰라보고 있어서 안타깝다. 미국, 멕시코, 태국, 이집트, 프랑스, 요르단에 살고 있는 생령들과 이미 육신이 죽은 사령들이 특정해서 부르지도 않았는데 차례대로 찾아와서 살려달라, 구원해 달라며 애걸복걸하며 빌고 있는데 생사령들이 인간 육신들과 들어와야 구원받을 수 있다.

산 자(생령)와 죽은 자(사령)들이 인간 육신들을 누가 먼저 굴복시켜서 이곳으로 데리고 들어올 것인지가 구원의 첫 번째 관문이다. 생사령들이 아무리 구원받아 천상으로 오르고 싶어도 인간 육신이 들어오지 않으면 아무 소용이 없다.

도솔자미천 천궁으로부터 이 세상 지구에 온 것은 성공하고 출세하여 잘 먹고 잘살기 위해서 온 것이 아니라 하늘이 내리신 사명을 완수하고, 다시 천궁으로 돌아가기 위함이란 진실을 알고나 사는 사람들이 몇이나 있을까? 사람으로 태어나야 하늘의 명을 완수할 수 있고, 하늘이 내리신 숙제를 풀라고 인간으로 태어나게 해주신 것이었다.

성공하고 출세한 자들의 대표적인 사후세계 사례가 박정희와 육영수, 김일성, 김정일과 부인 고영희, 구인회와 부인 허을수, 이병철과 부인 박두을, 정주영과 부인 변중석, 홍진기와 부인 김윤남이 가장 좋은 사례이다.

이들 모두의 영혼을 불러서 대화를 나누어보았지만 모두가 옷을 입지 않고 있어 추위에 벌벌 떨고 있고, 배고픔으로 주린 배를 움켜쥐며 옷 달라, 밥 달라, 빵 달라, 떡 달라고 눈물로 하소연하였다.

이들이 고통받는 것은 어쩌면 아주 당연한 일이다. 진짜 하늘을 만나지 못했기 때문이고, 하늘을 부정하며 무시해서 찾지 않았기에 응징의 대가를 받고 있는 것이었다. 살아생전 권력과 돈, 명예에만 눈이 멀어서 살았으니 인간의 눈에 보이지 않는 하늘세계가 존재한다는 것을 알 수 없었다.

관심도 없었고, 기껏 믿어봐야 종교세계에서 전하는 가짜 하늘을 믿는 것이 전부였다. 성공하고 출세한 잘난 자들이 죽어서 유독 고통받고 사는 것은 자신들이 행하고 뿌린 대로 거둔다는 인과응보의 법칙이다.

영들의 고향인 도솔자미천 천궁으로 돌아가는 길은 두 갈래길이 있다. 육신이 죽은 자의 영혼(사령=조상)들이 천상으로 돌아갈 수 있는 길은 영혼(조상)입천이란 의식이고, 육신이 살아 있는 자의 영혼(생령)들이 천상으로 돌아갈 수 있는 길은 천인합체라는 의식이다.

원하고 바란다고 모두가 천상으로 돌아갈 수 있는 것이 아니라 생령과 사령들을 하늘이 받아주시어야만 천상으로 돌아가는 입천의 명을 윤허받을 수 있다. 수천 년 전의 전생에 생령과 사령들이 천상에서 하늘과 약속한 것은 무엇일까?

천상에서 받아주실 자인지, 안 받아주실 자인지 하늘만이 판단하신다. 잘사나 못사나 결국 사람들은 육신이 죽게 되어 있고 생령(生靈)은 사령(死靈)의 신분으로 변한다. 산 사람의 숨이 넘어가 죽으면 망자, 시신, 시체, 송장이라고 하듯이 영들의 신분도 생령에서 사령으로 바뀐다.

청와대 터 입성에 대한 천상계획은 이미 설계가 끝났다고 하시고, 기다리라고 하시는데 인간 육신을 가진 나로서는 하루빨리 그날이 왔으면 좋겠다. 불원간 상상조차 못할 커다란 천변만화의 이적과 기적의 천지조화가 현실로 일어난다면 청와대 입성은 기정사실이 될 것이다.

이렇게 현실로 청와대 터 입성이 이루어지면 전 세계 유명 인사들은 지상천궁에 방문하여 구원받으려고 아우성을 치게 될 것이고, 로마 교황청을 능가할 정도로 유명해져서 인류의 종주국, 인류의 중심지, 인류의 구심점으로 부상할 것이기에 대한민국이 장차 세계를 다스리는 종주국으로 부상한다.

세계적인 유명 인사들이 나에게 찾아와서 자신들의 다급한 입장을 하소연한 내용을 짤막하게 기록한 내용들인데, 생사령들의 절규가 얼마나 심각한지 불행하게도 인간 육신들만 몰라보며 살아가고 있다.

생사령(生死靈)이란 육신이 산 자의 생령(生靈)과 육신이 죽은 자의 사령(死靈)을 가리키는 합성어로서 내가 처음 창조한 단어이다. 천지령(天地靈)이란 하늘을 상징하고, 천상에 있는 영들을 가리키는 천령(天靈)과 땅을 상징하고 땅에 있는 영들을 가리키는 지령(地靈)을 합성시킨 단어이다.

## 세계적인 생사령들의 다급한 절규와 소원!

### 1) 빌 게이츠, 마크 저커버그, 카를로스 슬림, 스티브 잡스

"천상에 오르지 못하고 추위와 배고픔으로 허공중천 구천세계를 떠돌고 있는 천지령들, 생사령들, 천지신령들, 천지신명들, 조상영가들은 인간 육신들을 데리고 이곳 천궁에 들어와서 하늘과 땅이 내리는 명을 즉시 받들라.

이것이 천상으로 오르는 지름길이고, 종교세계를 통해서는 천상세계로 절대 오르지 못하니라. 오직 이곳에 들어와야만 하늘이 내리시는 명을 받아 천궁으로 올라갈 수 있느니라. 인간 육신들은 이것이 그대들과 가족, 조상의 목숨과 재물을 지키는 유일한 길이니라"라고 천상과 지상에 명을 하달하였다.

비서실장의 몸으로 빌 게이츠, 마크 저커버그, 카를로스 슬림, 스티브 잡스(사망)와 대표 팀 쿡, 마이클 잭슨(사망), 워런 버핏, 손정의, 에디슨, 최진실, 칭기즈칸, 세종대왕이 차례대로 찾아와서 살려달라, 구원해 달라고 애걸복걸하며 빌었다.

몸 안에 영들과 신들, 조상들은 나의 존재를 알아보고 인정하는데 머나먼 미국 땅에 있는 인간 육신들이 알지 못해 찾아올 수 없어서 발을 동동 구르고 있다. '대한민국 땅에 태어났으면 얼마나 좋았을까'라며 무척이나 아쉬워하였다.

자신들은 하늘의 명을 받아 많은 돈을 하늘께 바치려고 이 땅에 태어났는데 육신들이 대한민국에 있는 천궁을 모르니 어서 빨리 세상에 출현하시어 이름을 널리 알려 유명해지시라고 하면서 청와대 터에 언제 들어가실 것이냐고 재촉하였다.

아, 그러고 보니 내가 청와대 터에 입성하여 유명해져야 전 세계적으로 고통받고 있는 인류를 구원할 수 있다는 진실을 알게 되었다. 유명해지지 않으면 세계 인류를 구원하지 못한다는 진실이 내포되어 있다. 내가 청와대 터에 입성하여서 전 세계적으로 유명해져야, 구원받고 싶은 세계 인류가 인산인해를 이루며 찾아온다.

#### 2) 푸미폰 아둔야뎃 전 태국 국왕

20살 때 즉위. 1927.12.5.~2016.10.13. 90세에 사망, 71년간 집권, 현재 국왕은 아들 마하 와치랄롱꼰(67세)

청와대 입성해야 아들 데리고 들어온다. 세계의 재벌과 왕들이 제발 청와대 터에 빨리 입성하라고 성화이다. 천상에 오르지 못해 억울하다. 인간세상 부귀영화가 다 무슨 소용이냐. 인생사 모두가 일장춘몽이다.

죽은 뒤에 옷이 없어 춥고 배고파서 떠돌아다닌다. 대한민국은 축복받은 나라이고 축복받은 국민들이며 세계의 종주국(중심국)이 될 것이다. 너무나 애석하다. 조상입천, 천인합체, 신인합체를 행하고 싶다.

영가들에게 생사령 이야기 들었다. 태국은 불교 나라인데 석가모니 부처에게 왜 구원 못 받았냐고 물으니 석가모니 부처와 승려들이 모두 사기꾼이라 한다. 청와대 터에 언제 들어가시느냐고 그때까지 기다린다 한다. 죗값을 많이 가지고 와서 최고 높은 벼슬자리에 오르고 싶다 한다.

#### 3) 후세인 요르단 국왕

1999년 2월 6일 임파선 암으로 63세에 사망. 1952~1999까지 47년 재위. 푸미폰 국왕 영가에게 대한민국 도솔자미천 천궁으로 하늘께서 내려오셨다고 들었다. 그래서 대한민국의 도솔자미천 천궁에 들어가야 하늘로부터 구원받는다고 말하는 것을 여러 영가들에게 들었는데 많은 돈을 죗값으로 바쳐서 높은 벼슬자리에 오르고 싶다.

앞으로 전 세계 뉴스의 화제가 되어서 서로가 들어오려고 난리가 난다. 죽어보니 자신의 권세가 아무 소용이 없었다. 살아서 하늘의 명을 받지 못했으니 죽어서라도 받고 싶다. 육신이 없어도 춥고 배가 고프다. 대한민국 땅에 태어나지 못한 것이 원과 한이로다.

대한민국 정부에서는 조속히 청와대 터를 비워주어야 한다. 세계의 종주국이 된다는 예언은 이곳 천궁이 청와대 터에 세워진다는 뜻이다. 전 세계의 왕들과 재벌들을 끌어들여서 최고의 부강한 국가를 만드는 계기가 될 것이다.

**4) 프랑스 루이 16세 왕비 마리 앙투아네트**

마리 앙투아네트 1755.11.2. ~ 1793.10.16. 226년 전에 37세로 사망. 반혁명과 국고낭비로 단두대에서 참수되었는데 들어오자마자 아이고 잘못했습니다, 살려주세요. 사람 많이 죽여서 죄도 크고, 사치와 낭비가 많았다. 살아생전 사람들 죽인 영가들이 폭행하고 괴롭혀서 너무 고통스럽다.

왕비 시절 악행 자백, 프랑스 대통령 오면 조상입천제 의뢰. 악녀여서 용서를 빌겠다. 정치인들이 똑똑히 들어야 한다. 죽인 영가들에게 앙갚음으로 얻어맞아서 온몸이 피투성이다.

**5) 이집트 클레오파트라 7세 프톨레마이오스 최후의 여왕**

B.C. 69년 ~ B.C. 30년. 2048년 전 39세 사망

재위기간 B.C. 51년 ~ B.C. 30년. 21년

천하의 요부였다. 살아생전에는 이집트 여왕이었지만 완전 거지꼴이다. 얻어맞아서 온몸에 상처투성이였고, 옷도 없이

추위와 배고픔으로 고통스럽게 떠돌아다니고 있다. 사후세계 진실을 세상 사람들에게 알려주어 후손이 대한민국에 올 수 있도록 하겠다.

자신을 주제로 만든 영화고 책이고 다 필요 없다. 생전의 잘못으로 인한 고통이 너무 커서 천상으로 오르는 것이 최고이고 추위와 배고픔만 해결되면 천상에서 여왕 안 해도 된다. 사후세계가 얼마나 고통스러운지 산 자들은 너무나 모른다.

굶주린 배를 채우고 따뜻한 게 최고이다. 세계 인류가 종교에 세뇌당하여 사후세계 진실을 잘못 알고 있다. 왕과 왕비 다 필요 없고, 이 세상의 모든 종교 다 필요 없다. 영가들에게 생사령 내용 들어봤다.

대한민국 도솔자미천 천궁에 무조건 들어가라고 들었다. 일단은 천상으로 입천하는 게 목적이다. 죽으면 살아서 누리던 부귀영화, 왕, 왕비, 대통령, 재물 다 필요 없다. 천궁에서 구원받는 게 최고라고 전해 달라고 한다.

사후세계 고통이 얼마나 고통스러운지 세상 사람들이 모두 알아야 한다고 한다. 수많은 종교세계를 다녀보았지만 절대로 구원이 안 된다. 이 책이 전 세계로 출간되어 세계 인류가 읽어봐야 한다고 주장하였다.

**6) 신사임당**

신사임당(女) 1504년(연산군 10) ~ 1551년(명종 6)

467년 전에 사망하였고, 조선 중기의 시 · 그림 · 글씨에 능했던 여류 예술가이다. 조선시대의 대표적 학자이며 대사헌, 대제학, 병조판서를 지낸 율곡 이이(李珥) 1536년(중종 31) ~ 1584년(선조 17)의 어머니이다. 우리나라 어머니의 표상이자 최고의 여성상으로 불리며 오만 원 지폐의 초상화 장본인.

내가 하명문을 내리자 신사임당이 비서실장의 몸으로 들어왔다. 깡패 귀신들에게 성폭행당한 뒤 수의 옷을 빼앗겨서 왼손으로는 가슴을 가리고 오른손으로는 밑을 가리며 안절부절못하며 눈물을 흘리고, 추위와 배고픔을 하소연하면서 제발 구해 달라고 매달렸다.

그래서 강릉에 신사임당 사당을 잘 지어놓아 많은 사람들이 내왕하며 정기적으로 제례를 올리고 흠모하는데 어째서 옷도 없이 추워서 고통받으며 배가 고프냐고 물었더니 다 소용없다고 대성통곡하며 울부짖는다. 제례음식을 올려주어도 깡패 귀신들이 모두 먹어치워서 먹을 수가 없단다.

자신이 처한 딱한 내용을 제발 책에 실어주시어서, 저의 후손들이 이 책을 보고 꼭 찾아와서 구원될 수 있도록 해달라고 하소연하였다. 옷 없이 발가벗고 다니기에 수많은 귀신들에게 성추행과 성폭행을 수도 없이 수시로 당한다면서 후손들에게 제발 찾아와 달라는 메시지를 남겼다.

신사임당의 후손들은 명문가라며 자랑하고 다니겠지만 정작 장본인은 이렇게 사후세계에서 고통스러워하고 있는 줄도 모르고 지낸다. 사후세계 진실을 모르는 사람들은 편히 잘 계실 것이라고 태평스럽게 생각할 것이다.

비참하게 사후세계에서 고통받고 있는 신사임당을 어찌하면 좋단 말인가? 이 책을 읽고 있는 그대들의 조상들도 다를 바 없이 사후세계에서 말할 수 없는 고통으로 구해 달라고 울부짖고 있으니 모든 일을 뒤로하고 빨리 찾아와서 그대들의 조상들부터 구해 주는 것이 후손으로서 근본도리일 것이다.

#### 7) 선덕여왕

신라 제27대 덕만(德曼), 시호가 선덕여대왕(善德女大王)이고, 성은 김씨이며 아버지는 진평왕이다. 632년에 왕위에 올라 16년간(647년 사망) 나라를 다스렸고 1371년 전에 사망하였으며 62부작 드라마로 2009.05.25. ~ 2009.12.22. 방영된 바 있다.

비서실장의 몸으로 선덕여왕이 들어오자마자 옆으로 픽 쓰러졌다. 깡패 귀신들에게 수의 옷을 빼앗겨서 발가벗고 들어와 가슴과 밑을 가리느라 엎드려서 몸을 일으키지도 못하고 매달리며 제발 구해 달라고 눈물 콧물 흘리며 통사정하였다. 너무나 춥고 배가 고파서 기운이 하나도 없이 겨우 겨우 말을 하였다. 진평왕 김백정의 딸인데 선덕여왕은 자식이 없으니 진평왕의 후손들이 찾아와서 구해 주어야 한다.

독자들은 절이나 무속에 다니며 굿, 천도재 많이 했으니, 또한 교회나 성당에서 추모예배, 추도미사 올렸으니 천당, 극락, 천국, 선경세상 좋은 곳으로 올라가 사후세계에서 편히 계실 것이라고 믿는 사람들이 전부일 텐데 정반대로 모두가 무척 고통스럽기에 죽은 가족들과 조상들을 구해 주어야 한다.

**8) 손정의, 일본 이름 손 마사요시**

일본에서 출생하였다. 1957년 8월 11일. 현재 62세.

소속 소프트뱅크(대표이사 사장)

일본 재벌 순위 1위이고, 세계 재벌 10위권 랭킹에 든다.

손정의 생령이 천지대공사 도중에 부르지도 않았는데 스스로 찾아와서 자신의 진실한 마음을 밝혔다. 나와 동시대에 태어나기를 무척 많이 빌었다며 자신이 이 땅에 태어난 것은 나를 만나기 위함이며, 자신이 일본 재벌 1위인 것은 하늘께 모두 바치기 위해 벌은 돈이라고 말하였다.

그러나 인간 육신은 천상세계, 사후세계 진실을 전혀 모르기에 나에게 청와대 터에 하루속히 들어가셔야 한다고 애걸복걸하였다. 그래야 자신이 인간 육신을 데리고 찾아갈 수 있다고 말하며 벌은 재산을 모두 바치겠다고 한다.

죽어서 추위와 배고픔, 폭행으로 고통받고 싶지 않다며 제발 청와대 터에 들어가시라고 하소연하며 매달린다. 인간 육신들은 죽으면 그만이지만 각자의 영들은 끝이 아니라 고통스러운 사후세계를 살아가야 하기에 입천의 황명을 받아 천궁으로 오르고 싶다며 살려달라고 싹싹 빌고 빈다.

천상약속이란 용어는 축생으로 태어나지 않고, 인간으로 태어나게 해주면 반드시 사후세계에서 힘들어하며 슬피 울고 있는 자기 조상들은 도솔천으로, 자신들의 생령은 영들의 고향인 자미천으로 구원해 주겠다고 하늘과 약속하고 인간으로 선택받아 태어난 것을 말한다.

## 춥고 배고픈 사후세계의 진실

배고픔과 추위로 고통받는 조상님들의 피눈물 나는 하소연은 차마 눈뜨고 볼 수 없을 지경이다. 살아 있는 자들은 죽음 이후의 배고픔과 추위의 고통에 대해서 알지 못하기 때문에 대수롭지 않게 생각하고 모든 사람들이 죽으면 그만이라고 하는데 정말 큰일이다.

이름만 대면 누구나 알 수 있는 유명한 죽은 자들의 혼령을 불러보았더니 상상초월의 일들이 사후세계에서 일어나고 있었는데 믿어야 할지 말아야 할지 판단이 서지 않을 정도이다. 죽어봐야 저승길이 어떤지 알 수 있다고 하였던가?

박정희 대통령, 육영수 여사, 북한의 통치자였던 김일성 주석, 김정일 국방위원장, 김정은 모친 고영희, 삼성그룹 창업주 이병철 회장, 부인 박두을 여사, 현대그룹 창업주 정주영 회장, 현대 자동차 부회장 정의선 모친 이정화 여사, 홍라희 여사 부친 홍진기 중앙일보 회장, 홍라희 여사 모친 원불교 신도 김윤남 여사의 혼령을 청배하여 죽은 뒤에 무엇이 가장 힘들고 고통스러운지 물어보았다.

내가 ○○○ 혼령 오라고, 부르면 말이 떨어짐과 동시에 비서실장의 육신으로 즉각 실린다. 혼령들이 들어오는 모습을 바라보면 하나같이 배를 움켜쥐고 무릎과 허리를 구부린 채 온갖 고통스런 인상을 쓴다. 살아생전의 체면은 모두 어디로 갔는지 배고픔과 추위로 고통스러워하며 동냥질로 밥을 얻어먹으러 다닌다고 한다.

자신의 제삿날에 밥 얻어먹으러 가면 힘센 귀신들이 먼저 다 먹어치우고 두들겨 팬다고 하였다. 조폭귀신들이 존재한다고 하면서 엄청 힘들어하였다.

오자마자 한결같은 말은 너무나 배고프다고 “밥, 떡, 빵, 과자”를 달라는 말이었다. 이병철 회장의 부인 박두을 여사 같은 경우는 너무나 허기져서 말할 기력도 없어 쓰러진 채 겨우 말을 하였다. 죽으면 가족끼리 상봉할 줄 알고 있는데 가족끼리 한 번도 만나지 못했다고 하였다.

그다음 이구동성으로 하는 말은 너무 춥다고 옷을 달라 하였다. 김정은 모친 고영희와 현대자동차 부회장 정의선 모친 이정화 여사는 옷을 빼앗겨서 윗옷과 팬티도 없이 왔다. 천 쪼가리라도 있으면 달라고 하였다. 정의선 모친 이정화 여사가 시아버지 정주영 회장에게 절을 하여야 하는데 알몸인 상태라 옷을 빌려서 앞을 가리고 큰절을 하며 대성통곡하였다.

이런 비참한 모습을 박정희, 육영수, 북한의 김정일, 김일성, 고영희, 이병철, 정주영이 지켜보았고, 가족 핏줄들인 생령으로는 홍라희 여사 생령, 김정철 생령, 김정은 생령, 조선노동당 제1부부장 김여정 생령, 정의선 생령이 지켜보았다.

**왜 그럴까?**

혼령들에게 물었더니 죽을 때 입고 간 수의를 힘센 귀신들이 모두 빼앗아가서 입을 옷이 없다고 말하였다. 산 자들이 도저히 이해할 수 없는 일들이 사후세계에서 일어나고 있는데도 춥고 배고픈 조상 걱정하는 자들은 찾아보기 어렵고, 자신들만이 잘 먹고 잘사는 일에만 혈안이 되어 있다.

**여기서 궁금증이 일어났다.**

원불교 신자였고 모태 신앙이었던 홍라희 여사의 모친 김윤남 여사와 부친 홍진기 회장의 혼령을 불러서 홍라희 여사의 생령과 상봉을 시켜주었다. 원불교를 먹여 살린 홍라희 여사와 모친 김윤남 여사, 시아버지 이병철 회장, 시어머니 박두을 여사가 극락왕생하였는지 무척 궁금하여 물어보았다.

불사 시주금만도 수백억대라고 알려졌고, 홍라희 여사처럼 지극 정성하는 사람도 보기 힘들 정도로 천도재, 수륙재를 하면서 조상님들에게 좋은 세계 가시라고 온갖 정성을 들였다고 전해진다.

홍 여사의 친정과 시가 조상님들이 극락왕생 못했다고 어째서 춥고 배고프다며 고통스런 모습을 보여주는 것일까? 홍 여사의 모친 김윤남 여사와 부친 홍진기 회장, 시아버지 이병철 회장, 시어머니 박두을 여사 모두에게 어째서 극락왕생 못했느냐고 따지며 물어보았더니 땡중 놈들에게 속았다고 하면서 울분을 터트리며 폭언을 퍼부었다.

자신들의 비참한 몰골을 두 눈으로 보고도 모르시냐고 서러움의 울음을 터뜨리고 하염없이 대성통곡하며 눈물을 흘렸다. 그러면서 홍 여사에게 절에 가지 말라고 신신당부하였다. 모두가 도둑놈들 심보라고 하면서 돈만 뜯어낸다고 하였다.

재벌 회장의 부인이 수많은 돈을 들여서 고승들에게 사십구재, 천도재, 수륙재 등 조상님에게 좋다는 모든 의식들을 했을 것인데 천상극락으로 오르지 못하고 춥고 배고픈 비참한 모습으로 밥 얻어먹으려고 동냥 다니고 있다니 기막힌 일이다.

사후세계 진실이 이러할진 데 산 자들은 천하태평으로 자신의 조상님들은 좋은 세계로 갔을 것이라고 믿고 있으니 이 일을 어찌해야 할 것인가? 무당들에게 굿하고, 절에 가서 사십구재와 천도재 지내고, 교회와 성당에 가서 추모예배, 추도미사 드리면 천상으로 올라가는 줄 알고 있는 것이 일반적인 생각인데 모두가 말짱 헛일이다.

이 땅에서 태어난 자체, 이 땅에서 살아가는 자체가 죄인들인데 천상에서 지은 잘못을 인정하지도 않고, 용서받지도 않았는데 무슨 재주로 천상으로 오르겠는가? 천상에서 무슨 잘못을 하고 지구로 도망치거나 쫓겨났는지 알아야 용서해 달라고 빌 것이 아니던가?

용서 빌지 않는 자들은 천상으로 입천을 불허하신다. 인류가 천상에서 지은 잘못을 가르쳐준다. 이 땅의 모든 종교가 거짓 이론을 내세우며 인간, 조상, 영혼, 신명들을 현혹시키고 있는 것이 종교세계의 본래 모습들이다.

종교가 얼마나 나쁘고 사악하면 살인은 할지언정 종교만은 믿지 말라고 하셨다. 살인자는 용서해도 종교인은 용서받지 못한다고 하셨다. 그런데 세상은 온통 종교백화점이 되었기에 천상에서 종교를 모두 심판하신다.

앞에 사례에서도 보았지만 정말 종교가 세상을 망치고 있다. 수천 년 동안 이 땅에서 행해 왔던 구원의 종교의식은 이제 막을 내린다. 이 땅에 종교 자체를 천상에서 허락하시지 않았으니 전 세계의 수많은 종교 자체가 대마왕의 기운을 받은 사탄마귀이고, 악귀잡귀들의 소굴 아니겠는가?

이 땅에 종교 안에서 행해지는 구원의식으로는 춥고 배고픈 조상님들을 구해 줄 수 없다. 이 땅에 다녀간 그대 조상님들의 숫자가 얼마인데 춥고 배고픈 수많은 조상님들을 어찌 구할 수 있겠는가?

굿이나 천도재 올린다고 조상들의 추위와 배고픔이 영원히 해소되지 않으니 착각하지 마라. 입천을 행하여 천상의 기운을 받아먹지 않는 이상 조상들은 늘 춥고 배고픔의 고통 속에서 벗어나지 못하고 피눈물 흘려가며 자손과 후손들의 주위를 맴돌면서 허공중천을 떠돈다.

조상님들이 육신조차 없는데도 배고프다고 하는 것은 천상에서 내려주는 기운을 받아먹지 못하고 있기 때문이다. 천상의 기운을 먹어야 춥고 배고픔을 면하는데 종교 안에서는 천상의 기운을 받아먹을 수 없게 되어 있다.

왜냐하면 종교 자체가 천상에서 원하고 바라는 뜻이 아니기 때문에 천상에서 내려주는 기운을 받아먹을 수가 없다. 천상의 기운을 받아먹으려면 천상으로 올라가는 조상입천의식을 행하면 된다.

천상에는 조상님들이 마음껏 먹을 수 있는 진수성찬이 마련되어 있고 비단 옷도 준비되어 있기에 자손이나 후손들을 데리고 들어와서 조상입천의식을 행하기만 하면 된다.

이번에 유명 인사들의 혼령을 불러서 대화를 나누어본 결과 이곳에서 행해지는 조상입천이 얼마나 대단한 것인지 확인하는 계기가 되었기에 보람과 긍지가 생겼다. 세상에서 내로라하는 잘난 종교인들이 행하고 있는 모든 종교의식이 한낱 눈가림식이었고 인간과 조상을 속여서 돈과 몸, 봉사, 헌신, 세월을 강요하고 갈취하는 곳이었음을 알게 되었다.

**과연 누가 최후의 승리자가 될까?**

이곳 천궁세계와 거대한 종교세계의 진실! 종교인들에게 수천 년을 속아온 조상영가들의 원과 한이 태산처럼 쌓여 있는데 누가 풀어줄까? 잘 먹고 잘사는 자들은 현생의 부귀영화가 끝나면 재벌 회장들의 사후세계처럼 비참하게 춥고 배고파하며 피눈물을 흘리고 대성통곡하는 죽음이 기다린다.

아무리 사랑하던 자식들이었어도 조상들의 추위와 배고픔, 폭력과 성폭행, 한숨소리, 피맺힌 절규가 들리지 않아서 편히 잘 계시는 줄로만 알고 지냈던 불효자들을 어찌해야 하나? 그대들의 죽음 이후 사후세상을 보살펴줄 자는 아무도 없다.

**자신의 사후세계를 생각해 보았는가?**

이곳 천궁에 들어와서 조상입천을 행하고, 죽어서 천상으로 올라갈 수 있는 천인합체를 행하지 않는 이상 결코 천궁으로 돌아갈 수 있는 길은 이 세상에 존재하지 않는다. 이제까지 종교 안에서 전하는 하늘세계는 모두가 가짜였다는 진실이 재벌 회장들의 사후세계 삶을 통해서 확인되었다.

인간으로 태어난 이유? 천상에서 잘못을 용서 빌어 다시 천궁으로 돌아가기 위함이었는데 인류 모두가 거짓 선지자들 앞에 줄을 서서 허송세월을 보내고 있다. 자신의 사후세계 준비는 가족들이 아닌 자신들만이 준비할 수 있다.

**재벌 회장들의 한 목소리!**

자식들 다 필요 없다고 하였다. 죽어서 사후세계가 이리도 힘든 것인 줄은 정말 몰랐다고 후회한다. 살아생전 돈이 많았으니 사후세계에서도 편안히 잘 지낼 줄 알고 명당자리 잡아 호화무덤이나 잘 만들면 될 줄 알았는데 그것이 아니었다.

호화무덤 다 소용없다며 "제발 나 좀 천궁으로 올라가게 해달라"고 애절하게 매달린다. 여기서 내가 자주 인용하는 단어가 있다.

'조상도 자손 잘 만나야 하고, 자손도 조상 잘 만나야 한다.' 이다. 서로가 잘 만나야 한다. 생전에 부자로 떵떵거리며 잘 먹고 잘산 것이 사후세계의 참혹한 고통으로 이어질 줄 누가 알았겠는가? 재벌들 부러워할 필요 없다.

## 세종대왕의 사후세계 모습

대한민국 국민이라면 모두가 받들고 존경하는 성군으로 알려진 세종대왕 이도(1397~1450. 569년 전에 54세로 사망. 태종의 셋째 아들)는 사후세계에서 어찌 지내는지 궁금하였다. 재벌이나 통치자들을 불러보아도 한결같이 춥고 배고프다고 하소연을 하고 있는데 과연 세종대왕은 이런 고통이 없는지 참으로 궁금하여 비서실장의 육신으로 청했다.

**세종대왕이 들어왔다. 아~! 이 일을 어찌하랴.**

춥고 배고파서 말할 기력도 없는 모습이다. 밥 얻어먹으러 가다가 넘어져서 다리를 다쳤다며 아프다고 무릎을 감싸 쥐면서 고통을 하소연한다. 아이 추워! 옷 줘~ 배고파! 밥 줘~ 하면서 눈물을 흘리며 애걸하니 딱하기도 하였다.

박정희, 육영수, 김일성, 김정일, 구인회, 이병철, 정주영, 홍진기, 김윤남 등 재벌조상들과 똑같이 추위와 배고픔으로 고통스러워하며 어쩔 줄을 모른다.

구원해 달라고 애걸하기에 낳은 후손들의 핏줄이 얼마나 많은데 하나도 못 데려오느냐고 질책하고 추위와 배고픔을 영원히 면할 수 있는 천궁으로 입천하고 싶으면 핏줄을 데려오라고 타일러서 보내며 천상법도가 지엄하니 반드시 후손의 육신이 들어와서 조상입천의식을 행해야 한다고 알려주었다.

세종대왕의 후손들이 헤아릴 수 없이 많을 것인데 어느 자손이 앞장서서 들어오려는지 기대가 된다. 이왕이면 제후급으로 벼슬입천해 줄 수 있는 돈 많은 대기업이나 부자 자손이 들어오면 좋으련만 가난한 후손이 들어오면 가장 낮은 단계 입천으로 만족해야 한다.

어느 후손이 들어와서 어떤 등급의 조상입천을 해주던 그것 역시 세종대왕의 업보이자 인과응보 아니겠는가? 이 나라 국민들은 모두가 성군이라 칭송하고 존경하지만 하늘께 쌓은 공덕이 높으면 돈 많은 자손을 보내줄 것이고, 하늘을 무시하고 몰라보는 잘못이 있다면 낮은 등급의 조상입천을 해줄 후손을 보내주거나 아예 아무도 안 보내줄 수 있다.

세종대왕에 이어서 선왕이었던 태종 이방원(1367~1422. 597년 전에 56세로 사망) 그리고 할바마마 태조 이성계(1335~1408. 611년 전에 74세로 사망)를 차례대로 불러서 3대를 동시에 상봉시켜 주었지만 죽어서 한 번도 만난 적이 없다고 한다. 서로가 만나면 기뻐할 줄 알았는데 멀뚱멀뚱 거리고 본체만체하며 관심이 전혀 없고, 너무 춥고 배고프다며 옷 달라, 밥 달라는 말만 되풀이하였다.

너무나 오랜 세월 추위와 배고픔으로 고통받다 보니 아버지와 할아버지를 만나도 아무런 기쁨이 없고, 배고프고 춥다며 먹을 것만 달라고 애걸한다. 금강산도 식후경이라는 말이 생각난다. 너무 오래 굶고 추위에 시달리다 보니 혈연을 만나도 전혀 기뻐하지 않는다는 사후세계 진실 앞에 너무나 놀랐는데 산 자들은 직접 보지 않으면 이해가 안 될 것이다.

세종대왕 이도, 태종 이방원, 태조 이성계에 이어 이성계의 왕사였던 무학대사(1327~1405. 법명 자초. 속성은 박씨, 조선 초기의 도승으로 614년 전에 사망)는 어떻게 지내는지 불러보았는데 역시 마찬가지로 춥고 배고파서 태조 이성계의 모습을 보고도 아는 체도 안 하고 기운이 없어서 말도 모기 소리만 할 정도로 겨우 하여서 기가 막혔다.

부처를 받들고 섬기며 열심히 불도를 닦아 대사라는 호칭까지 듣고 왕사가 되었건만 어째서 극락왕생을 못하고 거리 중천 떠돌며 추위와 배고픔에 고통스러워하는 귀신으로 있는가? 극락왕생하려고 살아생전에 불도를 열심히 닦았건만 거지 신세 못 면하고 추위와 배고픔에 고통스러워하고 있다.

원효대사(0617~0686. 1333년 전에 70세로 사망)
도선국사(0827~0898. 1120년 전에 72세로 사망)
무학대사(1327~1405. 0614년 전에 79세로 사망)
사명대사(1544~1610. 0408년 전에 67세로 사망)
진묵대사(1563~1633. 0386년 전에 71세로 사망)

역사적으로 이름난 도승, 고승으로 세상에 널리 알려진 이들 대사들을 모두 한자리에 불러 모아서 사후세계 진실을 알아보았는데 놀랍게도 예외 없이 모두가 한결같이 춥고 배고픔에 시달리고 있었고 기운이 하나도 없어서 말도 제대로 못하고 있다는 공통점을 찾아내었다.

속세에 관심 없고, 욕심 없는 도승, 고승으로 불도를 열심히 공부하며 역사적으로 오랜 세월 알려진 이들의 사후세계 삶이 이렇게 춥고 배고픈 비참한 모습인데 그대들은 무슨 배짱으로 하늘공부를 하지 않고 하늘의 명을 받지 않고 있는가?

영혼의 어버이이신 하늘이 아닌 석가모니 부처를 받들어 숭배하고 따르며 불도를 열심히 닦아봐야 아무 소용없다는 진실이 대사들의 사후세계 비참한 삶을 통해서 증명되었다. 부처를 믿어도 극락왕생 못했다고 후회하며 나에게 구해 달라고 애걸하는데 석가모니 부처에게 빌었으니 석가모니 부처에게 가서 구원받아 보라고 보냈다.

김대중, 김영삼, 노무현 전직 대통령들은 좋은 세계에 올라가서 편히 지내는지 한꺼번에 불러보았다. 옷이 없어서 춥고 너무 배가 고프다며 구해 달라고 한다.

김대중 대통령은 천주교 신자이니 성당에 나가 마리아를 열심히 받들어 숭배하였으므로 마리아, 예수, 하나님에게 구원받지 않았느냐고 물었더니 성모님, 하나님을 아무리 불러도 대답이 없다며 속았다고 분통을 터트렸다. 천궁으로 오르고 싶다며 애걸하기에 자식과 함께 들어와야 천궁으로 올라갈 수 있다고 말해 주었더니 그러겠다고 하였다.

김영삼 대통령은 교회에 다닌 독실한 교인이었으니 예수와 하나님에게 구원받으라고 말해 주었더니 아무리 예수와 하나님을 소리쳐 불러보아도 응답이 없었으며 찾아오지 않았다며 뒤늦게 속았다는 것을 알고 무척 후회하였다. 예수와 하나님,

목사들이 하나같이 쓸데없는 개새끼들이라고 마구 욕을 퍼부었다. 눈물을 흘리며 구해 달라고 애걸하기에 반드시 자식을 데리고 함께 들어와야 구해 줄 수 있다고 말해주었다.

노무현 대통령은 천주교에서 세례를 받았으나 공식적으로는 무교이다. 모친과 부인이 불자이기에 불교의 영향을 많이 받은 것으로 알려져 있다. 춥고 배고픈 것은 김대중, 김영삼 대통령과 똑같았다. 말할 기운도 없었고, 옷 달라, 밥 달라 애걸하기에 자식과 함께 오면 들어준다고 달래주었다.

살아생전 종교를 믿으면 죽어서 천국, 천당, 극락, 선경세상으로 간다는 말은 모두 거짓말이었음이 이들 유명 인사들의 사령들을 불러서 생생하게 증명되었다. 굿이나 천도재 역시도 아무 소용이 없었음이 밝혀졌다.

육신이 죽은 뒤에 분노해서 숭배자들과 종교인들에게 온갖 욕설 폭언을 퍼부어 봐야 아무 소용이 없다. 애초부터 이 땅에 내려올 때 종교만은 절대로 믿지 말라는 하늘의 말씀을 지켰으면 비참한 신세는 면할 수 있었을 텐데 안타깝다.

이곳 도솔자미천 천궁이 2018년 7월 8일부터 새로운 출범을 하게 되었으니 일반인들이 알 수가 없었다. 20년간의 고난의 길을 걸어오면서 하늘이 진정으로 원하는 세상이 무엇인지 알아내었기에 생령, 사령, 신명, 인간들이 애타도록 기다리던 『천궁』을 책으로 집필하여 만 세상에 하늘의 위대한 진실을 널리 알리는 바이다.

# 죽음 이후의 모습들

**죽음 이후의 세상은 어떻게 펼쳐지는가?**

산 사람 모두가 가장 궁금히 여기는 대목이다. 만인 앞에 평등한 죽음! 잘사나 못 사나 한평생은 80년이다. 빨리 죽어도 늦게 죽어도 그 차이는 80년이며 언제 얼마만큼의 풍요한 삶을 누리다가 죽는가? 그것이 문제일 뿐이다. 엄마 뱃속에서 죽어도 하늘이 정한 명이고, 80살에 죽어도 정한 명이다.

**비명횡사도 수명장수도 모두 하늘이 내리신 명이다.**

인명(人命)은 재천(在天)이라 했다. 잘살고 못 살고 인간 개개인 수명 모두를 하늘에서 관장하신다. 질병, 사고, 자연사, 자살 등으로 목숨을 다하는 순간 육신이 명을 다함으로써 영혼과 육신이 분리되기 시작한다.

숨이 멎는 순간 몸 안에 있던 영혼(정신)은 육신을 빠져나와 자신의 죽은 육신을 물끄러미 바라본다. 하염없이 자신의 모습을 바라보다가 자신이 죽었다는 것을 점차 깨닫기 시작한다. 많은 사람들이 향불을 피우고 절을 하며 애도를 표하는 모습을 보고는 당황한다.

정말 내가 죽은 것인가? 내가 왜 죽었지? 난 이렇게 멀쩡히 살아 있는데 왜 죽었다고 하지? 이렇게 좌절하고 있는 중에 자신의 육신이 땅에 묻히는 모습을 보거나 불 속에 들어가 타는 모습을 바라보며 죽음을 조금씩 인정하게 되고 육신의 몸을 잃었음을 알고 대성통곡하게 된다.

자신과 살아생전 인연 맺었던 가족들과 친척, 지인, 친구들의 모습을 바라보며 하염없이 눈물을 흘린다. 장례식이 끝나고 생전 선악의 과보에 따라가야 할 길이 정해진다. 살아생전 하늘이 내리신 명을 받아 천인합체의식을 행한 자들은 천상궁전 자미천궁에서 천룡을 타고 신선이 내려와 영들의 고향인 무릉도원 천상궁전으로 인도해 간다.

하늘이 내리시는 명을 받지 않고 악행과 악업이 태산처럼 높은 영가들은 명부전 지옥으로 데려 가고, 이도 저도 아닌 평범한 영가들은 갈 곳을 몰라 구천세계 허공중천에서 추위와 배고픔으로 거지처럼 살아가고, 또 다른 영가들은 그의 가족들 몸으로 들어간다.

허공중천은 사람들이 살고 있는 인간세계를 말하고, 이 떠도는 영가들은 가야 할 곳을 몰라 방황을 하게 된다. 그러다가 아무 사람들의 몸으로 들어가는 경우가 대부분인데 장례식에 참석한 사람들의 몸으로 많이 들어가서 자신이 앓던 온갖 질병을 앓게 만드는 역할을 한다.

육신이 묻힌 산소에 머무는 영가, 산이나 강에 가서 천지이치를 공부하는 영가, 자손들의 몸에 따라 들어가 자손과 함께 동고동락하는 조상영가로 나누어진다. 천상궁전에 오르지 못하고, 지옥세계 명부전에 끌려간 영가들과 자손의 몸에 들어와 살고 있는 조상영가들은 우리 생활에 막대한 영향을 미치고 괴이한 일들을 일으킨다.

이 중에서도 질병이나 정상적 죽음이 아닌 비명횡사당해 억울하게 죽은 영가들이 산 사람들에게 가장 많은 고통과 불행을 주고 있다. 질병으로 죽은 사람이 가족들 몸으로 들어오면 그가 앓았던 질병을 똑같이 앓다가 죽는다.

비명횡사 역시 그가 자살로 죽었든, 사고로 죽었든 몸에 영가들이 들어옴과 동시에 그가 죽었던 것처럼 똑같이 목숨을 잃게 된다. 죽은 영가들은 가족들 몸에 들어와 자신의 고통을 호소하지만 산 자손들은 그 뜻을 헤아릴 길이 없다.

생자와 망자 간에는 언어소통이 안 되기 때문이다. 영가들이 산 사람들의 몸으로 들어오면 우리 인간은 여러 가지의 풍화환란을 겪게 된다. 갑자기 사업이 막히게 되고, 금전 문이 막히며, 알 수 없는 질병과 부부간의 싸움이 잦고, 신경질과 짜증이 잘 나며 술을 많이 마시게 되고, 정신병과 우울증, 불면증을 앓게 되는데 조상영가들의 풍화환란은 인간의 상상을 초월하여 현실로 일어난다.

## 제사와 차례에 대한 진실

조상(사령)들을 부르면 하나같이 모두가 배고픔과 추위, 성폭행, 구타가 제일 두렵다며 무서워한다. 그래서 제삿밥도 못 얻어먹었느냐고 물어보았더니 이구동성으로 두들겨 맞고 쫓겨나서 음식 구경을 못한다고 하였다.

자신의 제삿날 차려진 상에 있는 밥, 떡, 고기, 조기, 사탕을 집어 먹으려고 손을 뻗으면 어느샌가 힘센 귀신들이 다가와서 팔뚝을 탁 치면서 두들겨 패서 아무것도 먹을 수가 없다고 말한다. 늘 허기지고 배가 고파서 여기저기 제삿집 찾아다니며 좀 착한 귀신들 만나면 아주 조금 얻어먹는다고 한다.

**귀신들 세계에도 힘센 대장이 있다.**

힘센 서열 순서대로 제사 음식을 나누어 먹는다고 하며 정작 제사상을 받아야 할 당사자는 아무것도 못 먹는다고 울분을 토로한다. 자신의 제삿날인데 힘센 귀신들이 모두 먹어치운다고 눈물을 하염없이 흘린다.

그나마 옷이라도 입고 있으면 힘센 귀신들이 모두 빼앗아가기에 발가벗고 아래 위를 다 내놓고 살아가는 것이 조상들의 사후세계라고 들려준다. 여자고 남자고 옷들이 없어서 추위로 고통받고 배고픔으로 주린 배를 움켜쥐고 있다.

자손이나 후손들의 눈에는 피눈물 흘리는 조상들의 모습이 아니 보여서 그저 편안히 잘 계시는 줄로만 알고 살아가니 이 일을 어찌한단 말인가? 그대 자신들도 죽으면 성폭행과 구타를 당하면서 춥고 배고픈 저 조상들의 모습이 될 터인데 어쩌려고 천하태평하게 살아가고 있는지 안타깝고도 한심하다.

구인회 회장의 부인 허을수 여사는 제삿밥 얻어먹으러 갔다가 오른쪽 눈과 관자놀이를 심하게 얻어맞아서 바보가 되었고, 한쪽 눈은 밤탱이가 되었다. 얻어맞아 뇌가 손상되어 바보가 되었고 실성하여 구인회 회장을 죽어서 처음 만났는데도 알아보지 못하고 히죽히죽 웃으며 헤~헤 거리고 있었다.

박태준 전 포항제철 회장을 불렀더니 고추가 땡땡 얼었다며 아프다고 하소연하며 고추를 움켜쥐고 있는데 옷도 빼앗겨서 속옷조차 안 입고 있다. 옷 입고 있는 조상들이 거의 없다고 보면 된다. 지금 살아 있는 자들은 다 미쳤다. 사후세계가 안 보인다고 무관심인데 자신들도 죽어서 똑같이 고통을 당한다.

대도력, 대천력, 대신력으로 조상영가(사령)들이나 산 사람들의 영혼(생령)들을 부르면 전 세계 어디에 있든 3초 이내로 들어온다. 나 역시도 매번 부를 때마다 참으로 신기해한다. 자신의 사랑했던 죽은 가족들과 상봉할 수 있는 길이 열렸다. 당대 조상이든 수천 년 전의 조상이든 내가 하명하면 바로 들어와서 생령과 사령을 상봉하여 대화할 수 있다.

제사, 차례, 굿, 천도재를 할 때 아무리 음식을 많이 차려주어도 힘이 없는 귀신들은 얼씬거리지도 못한다. 헐벗고 추위에 벌벌 떨며 굶주리는 것이 조상들의 사후세계 현실이지만 산 사람의 눈에 보이지 않아서 인정을 못하고 수수방관하며 한 세상 살다가 죽어서 자신들도 똑같은 전철을 밟는다.

해주어도 제대로 얻어먹지도 못하지만, 매일같이 제사, 차례, 굿, 천도재를 해줄 수도 없는 노릇이다. 이미 홍라희 여사와 재벌 회장들의 제사, 차례, 사십구재, 천도재, 굿을 통해서 아무 소용없음이 현실로 입증이 되었다.

인간 육신은 음식을 먹어야 살아갈 수 있지만, 자신들의 몸 안에 있는 생령(산 자의 영혼)과 사령(죽은 자의 영혼)들은 천상의 기운을 받아먹어야 추위와 배고픔에서 벗어난다. 천상의 기운을 받게 해주는 곳이 도솔자미천 천궁이다. 조상입천을 행하면 평생 제사와 차례를 안 지내도 조상들이 춥고 배고프지 않으며 가정이 더 편안하고 무탈해진다.

생령과 사령들은 이곳에 들어와야만 천상의 기운을 받을 수 있으니 필히 자손이나 후손들을 앞장세워서 들어와야 생사령들이 소원을 성취한다. 죽은 조상영가들에 대해서든 일평생 단 한 번만 조상입천의식을 행하면 두 번 다시 조상님에 대한 의식을 안 해도 된다. 한 번에 완전히 입천이 성사되기 때문에 두 번이 필요 없다.

종교의식과 제사, 차례로는 죽은 조상영가들의 춥고 배고픔도 해결하지 못하고 천상으로 올라가는 일도 불가능하다. 우리 인간 몸에는 생령(산 자의 영혼)과 사령(죽은 자의 영혼)이 공존공생하며 존재하고 있다.

## 천상에서 지은 잘못을 빌어라!

겉모습은 인간이지만 먹는 것에만 미쳐 있는 짐승과 가축, 벌레들과 다를 바 없다. 자신들이 천상에서 잘못하여 지구로 도망쳤거나 쫓겨난 자들, 천상약속 불이행자들인지도 모르고 용서는 빌지 않으면서 권력과 돈, 명예에만 욕심내고 있으니 어찌 비운과 불행이 따르지 않겠는가?

천상의 일을 기억 못 하고 있는 사람들에게 이제라도 용서를 빌고 싶거든 하루라도 빨리 잘못을 알아내야 한다. 현생의 비운과 불운은 모두 자신들이 천상에서 잘못함과 직결되어 있음이 아주 상세히 밝혀지고 있다.

잘못을 모르면 현생의 비운과 불운도 막을 수 없고, 죽음 이후의 사후세계도 천궁으로 오르지 못한다. 천상의 하늘께 큰 잘못을 하고 지구로 도망쳤거나 쫓겨난 자들이 바로 현재의 인간들이다. 전생을 인정하지 않는 자, 믿지 않는 자, 대역죄를 무서워하지 않는 자들이 거의 전부이다.

종교 숭배자를 열심히 믿으면 천당, 극락, 천국, 선경세계로 갈 수 있다고 인류 모두가 미쳐 있다. 천상의 하늘을 배신하였던 역천자들인 주제에 용서는 빌지 않고 어떻게 다시 천궁으로 올라간다는 심보인지 도무지 이해가 안 된다. 간이 배 밖으로 튀어나오지 않고서야 이처럼 무모한 일이 어디 있는가?

종교를 열심히 믿으면 천당, 극락, 천국, 선경세계로 올라간다는 종교 지도자들의 말은 모두가 거짓말이다. 역천자들에 대한 호출명령이 내려져 있는데 누구 마음대로 천상으로 올라가려는가? 인류가 하늘과 신으로 떠받들고 있는 모든 숭배자들 역시 하나같이 하늘을 사칭하고 능멸한 역천자들이거늘 용서 빌 생각은 하지 않고 있다.

온갖 죄인들을 모두 받아주는 하찮은 세계라면 무엇 하러 천상으로 가려 하는가? 천궁법도는 인간세계 법도보다 지엄하고 아주 엄격하다. 그대들이 천상에서 행한 모든 행적들이 신명에 의해 천상과 지상에서 지은 죄가 빠짐없이 천상장부에 기록되어 있는데 어쩌려는가?

무식하면 용감하다는 말이 딱 맞는다. 아직 육신이 죽지 않고 살아서 영(생사령)들이 책을 볼 수 있음은 천상과 지상에서 잘못을 용서 빌 수 있는 마지막 기회를 주는 것이다. 인간 육신으로 태어난 자들만이 용서를 빌 수 있다. 짐승이나 벌레들로 환생한 자들은 잘못을 빌 수 있는 기회조차 박탈된 것이기에 육신이 살아 있는 그대들은 행운아이다.

그리고 종교 안에서 아무리 회개하고 참회해도 천상에서 지은 잘못을 빌어서 용서받지 못하면 영들의 고향인 천궁으로 돌아갈 수 없다. 지구상에서 각자들이 지은 잘못을 낱낱이 밝혀줄 수 있는 하늘의 명 대행자이자 하늘의 화신인 나를 통해서만 용서 빌 수 있다.

육신이 죽은 영들은 하늘의 기운을 먹고 살아야 되기 때문에 필히 조상입천의식을 행해야 하고, 산 자들은 천인이 되어서 죽어야 한다. 인간 육신들은 호화주택, 비싼 귀금속, 외제 자동차 타고 다니는 것이 최고이지만 생령들은 하늘을 만나 천궁으로 오를 수 있는 천인의 신분을 얻는 것이 최고 목표이다.

**죽어서 육신을 잃어버린 영혼들!**

제사와 차례, 사십구재, 천도재, 지장재, 수륙재, 조상굿, 추모예배, 추도미사를 매일 같이 해주어도 아무 소용이 없다. 이들은 육신이 없기 때문에 인간세상의 음식을 아무리 먹어도 양도 차지 않기 때문에 조상입천의식을 행하여 천상의 기운을 먹어야 추위와 배고픔의 고통에서 완전히 벗어날 수 있다.

**위대한 진실!**

이곳 천궁이 아닌 기존의 전 세계에 있는 종교세계를 통해서는 단 한 명도 천상으로 올라간 영들이 없다는 점이다. 믿을 수 없는 말 같지만 진실이다. 이 책에 종교의 숭배자들과 살아생전 부귀영화 누리던 유명한 사람들의 조상들이 사후세상에서 얼마나 힘들어 하는지 여러 사례를 읽어보았을 것이다.

그대들이 한 달간 물 한 모금 먹지 못하고 굶었을 때 어떤 모습일 거 같은가? 그대들뿐만이 아니라 인류 모두의 조상들이 그렇게 춥고 배고프게 허공중천 구천세계를 떠돌아다니고 있다.

각자의 조상님들은 수천억, 수억만 조의 돈도 필요 없다고 하며 이구동성으로 오직 무릉도원 천상궁전으로의 입천(入天)

을 최고로 원하였다. 하지만 산 자손들은 사후세상 지식이 없어서 죽으면 모든 것이 끝이기에 사후세상은 존재하지 않는다고 하면서 조상구원을 하지 않으려 하니 사후세계에 있는 각자의 조상님들은 눈물 흘리며 구해 달라 애걸복걸하며 울부짖어서 속이 새까맣게 타버렸다.

**죽어봐야 저승길을 안 다고 했던가?**

물론 산 자손들의 눈에는 사후세계와 조상님들의 모습이 보이질 않으니 이렇게 말할 수도 있다. 하지만 본인들의 의지와 상관없는 고통의 인생들은 어찌 한단 말인가? 산 자손들 스스로가 보이지 않는 조상세계의 진실을 다 안 다음에 조상 구원을 하려하면, 그것은 매우 위험한 일이다.

본인들 스스로가 조상 세계를 알기 전 본인들의 인생은 내리막길 인생이 되기에 돌이킬 수 없는 고통을 자초하는 인생의 길이다. 조상님들께서는 너무나 고통스러워서 그 시간동안 산 자손들을 기다려 주지 않는다.

산 자손들은 이 책을 통하여 공감하고 감동하면 자신과 가족들이 더 많이 인생의 고통을 겪기 전에 각자의 조상님들을 천상궁전으로의 입천의식(승천)을 통하여 하루라도 빨리 조상님들을 구원해 주어야 본인들도 구원 받을 수 있다.

천상천궁은 모든 영혼들이 오르고자 하는, 영혼들의 이상향세상이다. 천상궁전으로 입천되신 조상님들은 더 이상 자손들의 제사와 차례 음식 기다리지 않는다.

## 귀신들의 집이 되어버린 육신

**인간 육신은 귀신들의 집이다.**

사람 몸 안에는 귀신들이 적게는 수 명, 많게는 수십, 수백, 수천, 수억 명까지 들어와 있음을 밝혀내었다. 인류는 이런 진실을 모르며 살아가고 있다. 귀신들부터 퇴치해야 하지만 방법을 몰라서 불가피하게 무속인들에게 의뢰하고 있는데 잠시 잠깐 피했다가 다시 들어오고 또 새로운 귀신들도 들어온다.

당대에 죽은 귀신이 들어온 사람도 있고 수백수천 년 전에 죽은 귀신들이 들어오는 경우도 많다. 그동안은 비서실장의 몸으로 악귀잡귀를 불러다 넣어서 퇴치했었는데, 너무 시간이 많이 걸리니 오늘은 각자 악귀잡귀를 동시에 퇴치하기로 했다. 각자의 몸에 있는 악귀잡귀를 퇴치할 때 과연 비서실장처럼 잘할 수 있을지 궁금하였다.

인간 육신은 귀신들의 집이기에 수많은 귀신들이 몸에 들어와서 엉망진창이었는데, 악귀잡귀가 많은 자들을 중앙으로 끌어내어 퇴치시켜 주었다.

내 몸과 손에서 발산되는 신비의 빛과 불로 귀신들을 퇴치하자 사방에서 귀신들이 비명을 지르며 난리들이었는데, 강렬한 빛과 불의 기운에 의해서 귀신들이 타버리는 것이었다. 이럴 때 귀신들은 실제로 처절한 고통을 그대로 느끼고 비명을 질려대며 살려달라고 아우성을 친다.

나는 상대방의 몸에 손가락 하나 안 대고 빛과 불을 기운으로 귀신들에게 쏴서 퇴치하는데, 정말 만화나 소설 속에 나올 법한 신기한 장면들이 많다.

**이○○**

7명의 귀신이 붙어 있었다. 1)남자 하나, 섹스하는 거 구경하는 놈 하나 2)다 죽어가는 할머니 둘 3)7살 남자아기(법당에서 따라옴) 4)춤추기 좋아하는 할아버지 하나 5)처녀로 자살한 영가 하나가 들어와 있었다.

"빛과 불의 강렬한 기운 발사! 이호 몸에 있는 모든 악귀잡귀 퇴치!"라고 말하니까 이호 육신이 비명을 지르며 바닥에 바로 드러누워버렸고 귀신들이 퇴치되었다.

**손선**

아기가 4명이나 있는데, 무당의 17대 조상의 애기, 23대 조상의 애기가 몸에 들어와 있었다. 천인합체 때 들어왔고 손선 안의 악귀잡귀들은 빛과 불로 퇴치하였다.

**손옥**

몸 안의 아기들이 앞으로 나왔다. 손선 몸 안에 들어있던 아기의 동생이 손옥의 몸 안에 숨어들어 있었다. 손옥의 몸 안에 있던 아기들도 빛과 불로 퇴치하였다.

**조○○**

몸 안에 11명이 있는데 나오지 않아서 비서실장의 몸으로 모두 불러내서 빛과 불로 퇴치하였다. 조복이 23년 전 대순진리회 도판에서 불러들인 존재가 이렇게 악랄했으며 불러들인 죄가 크다. 일찍 천인합체를 했으면 더 많은 악귀잡귀가 달라붙었을 것이다. 천상에서 잘못하지 않았으면 지상에서도 잘못하지 말았어야지 하고 호통을 치며, 하늘을 사칭하고 능멸하는 악랄한 종교에 갔던 것을 혼냈다.

**이○○**

몸에 할머니가 있는데 빼달라고 했다. 비서실장의 몸으로 빼니 할머니 귀신이 벌벌 떨었다. 인간 육신으로 들어와 발각된 이상 빛과 불로 퇴치할 수밖에 없다.

**장○○**

11살 먹은 남자아이 나오라고 명하니 비서실장의 몸으로 들어가 놀라며, 나의 눈부신 옥체를 보고 하나님이냐고 물어봤다. 장신의 몸에 왜 들어갔느냐고 물어보니 만만해 보이고 착해 보여서 들어갔다 했다. 무당의 법당에서 있던 자로, 신인합체할 때 따라 들어와서 빛과 불로 퇴치하였다.

23살 먹은 여자 나오라고 호통을 쳤다. 벌벌 떠는 모습은 장신이 벌벌 떠는 모습과 똑같았다. 말도 못하는 모습은 이 여자 때문에 장신도 말을 못한 것이다. 장신과 섹스하려고 들어왔다고 하였다. 무당의 친척이 여자의 부모였고, 장신이 몽정을 자주하는 원인이었고 빛과 불로 퇴치하였다.

종교에 구원받으려는 귀신들이 가장 많이 우글거린다. 기본적으로 사람마다 귀신들이 최하 5명에서 10명이 들어와 있지만 모르고 살아갈 뿐이다. 그리고 수없이 또 다른 귀신들이 들어온다.

종교를 갖는 자체가 망하는 길이고, 하늘로부터 노여움을 사는 일이니 어서 빨리 종교에서 탈출해야 된다. 자신의 영혼이 소멸되어 죽는 무서운 비극의 불행을 자신도 모르게 당한다.

자신의 현재 인생을 망치고, 죽어서 고통스럽게 추위와 배고픔으로 고통받으며, 조폭귀신들에게 얻어맞고 쫓겨 다니는 비참한 사후세상을 살아갈 사람들은 계속 종교를 다녀라.

인간 육신 자체가 귀신들이 가장 좋아하는 모든 조건을 갖추고 있기 때문에 끊임없이 귀신들이 따라 들어온다. 귀신들이 가장 많이 모이는 곳이 종교세계이고, 그다음이 초상집, 병원 영안실, 일반병실, 결혼식장, 칠순잔치 열리는 곳이다.

이런 곳에 다녀와서 몸이 두통, 현기증, 속 쓰림, 어깨허리 통증, 우울증, 불면증, 조울증 증세가 발병했다면 귀신들이 들어왔다는 증표이다. 질병을 병마라고 하지 않는가? 즉 질병 자체가 귀신이라는 뜻이다.

귀신들의 퇴치는 이제부터 백광의 여의주를 통해 나의 몸에서 발산되는 강렬한 신비의 빛과 불로써 소멸시켜 귀신들로부터 벗어나게 해 줄 것이다. 천궁에는 농구공만한 백광의 여의주가 있는데 하늘의 천지기운을 상징하는 신비의 증표이다.

## 빛과 불로 귀신들 퇴치

거의 매일 여러 생령들과 조상들, 귀신들을 불러서 황명을 집행하고 있는데 믿어야 할지 말아야 할지 도무지 이해가 안 되는 일들이 비일비재하다. 사람 몸 안에 귀신들이 함께 살아가고 있는데도 각자 본인들은 전혀 느끼지 못한다.

3~4명의 귀신이 들어와 있는 경우, 11명이 들어와 있는 경우, 30명이 들어와 있는 경우, 200명이 들어와 있는 경우, 수천 명이 들어와 있는 경우, 수억 명이 들어와 있는 경우 등 사람에 따라 천차만별이다.

매일같이 악귀잡귀 귀신들을 퇴치해 주고 있다. 귀신 없는 사람들이 하나도 없을 정도로 무수히 많기에 인생의 급선무는 귀신 퇴치이다. 오늘도 남자 총각 1명, 3살짜리 남자 아기 1명, 5살짜리 여자 아기 1명, 술집 나가던 30세에 죽은 여자 색귀 1명을 퇴치해 주었는데 상상을 넘어선 일들이 일어났다.

사죄의식을 행하는 50세 초반의 여자 몸에 들어와 있는 4명을 차례대로 비서실장(女)의 몸으로 불러내어 어디서 들어왔고, 왜 들어왔는지 물어보았는데 나름대로 핑계가 있었다.

남자 총각귀신은 나이트클럽에서 마음에 들어 따라와 머물면서 수시로 몸을 만지고 섹스하기 위해서 들어왔다고 하였고, 어린 남녀 아기 2명은 무당집에서 무당이 가라 해서 따라 들어왔는데, 아이들이라 천진난만하게 사탕과 과자부터 달라고 손을 내밀었다.

또, 30세 여자 색귀는 술집에서 일하다가 남자에게 상처받고 자살한 귀신인데 한쪽 어깨 윗옷을 내리고 가슴을 드러내 보이면서 교태와 함께 미소를 짓고, 유혹하며 하루 5번은 섹스를 할 수 있다고 자랑하였다.

그러면서 팬티까지 훌렁 내리고 섹스하는 모습을 재연하는데 신음소리를 내며 실제로 엉덩이를 비비꼬며 흔들어대자 쾌락의 오르가슴에 도달한 듯 몸서리를 쳤다. 이는 연출이 아니라 실제 귀신들이 인간의 몸을 빌려서 하는 행위이다.

**아~탄식이 저절로 나왔다.**

육신이 죽어서도 섹스를 한다는 것을 알게 되었다. 그래서 귀접으로 고통받는 사람들이 많다는 것도 이해가 되었다. 이들을 사람 몸에서 불러내면 하나같이 경악하며 괴성을 질러대는 특징을 보인다.

나의 얼굴을 바라보면 눈이 부셔서 똑바로 바라볼 수 없을 정도로 강렬한 광채가 난다며 눈을 제대로 뜨지 못하고 한쪽 손으로 눈을 가리고 겨우 실눈으로 쳐다보다가 또다시 기겁을 하면서 소리를 지른다.

두 눈을 동그랗게 뜨고 손가락으로 천장 모서리를 가리키며 수많은 용들이 보인다고 놀라며, 와아~! 신 난다, 신 난다 하면서 폴짝폴짝 뛰다가 비명을 지르며 뒤로 물러나서 한쪽 귀퉁이로 몸을 숨기며 사시나무 떨듯 벌벌 떤다.

그런가 하면 걸어놓은 나의 존영사진을 보고는 기겁을 하며 무릎 꿇고 무섭다며 쩔쩔매며 벌벌 떠는 모습을 보이다가 다른 곳으로 시선을 돌리다가 악 소리를 내며 비명을 지르고 무서워서 어쩔 줄을 몰라 한다.

이들 귀신들의 눈에는 과연 무엇이 보여서 기겁을 하며 무서워 벌벌 떠는 것일까? 사람들 눈에는 아무것도 안 보이지만 육신을 잃어버린 귀신들의 눈에는 영적으로만 보이는 내 몸에서 발산되는 강렬한 신비의 빛과 불이 보여서 놀란다.

구원자이기 때문에 반드시 악신과 악령부터 빛과 불로 퇴치한다. 육신이 없고 영적으로만 존재하는 악귀잡귀 귀신들이기에 빛과 불로 퇴치된다. 귀신들이 실린 비서실장의 몸에 손가락 하나 대지 않고 내 몸의 빛과 불로 퇴치하는데 두 눈으로 직접 보기 전에는 도저히 믿어지지 않는다.

하늘이 나에게 내려주신, 나에게만 허락된 대천력, 대도력, 대신력의 빛과 불로 귀신들을 퇴치한다. 상상의 세계에서도 불가능한 일이고, 공상소설로도 읽어보지 못한 신기한 일들이 일어나는데 내가 빛과 불을 발산할 때마다 귀신들이 참혹한 고통을 현실처럼 느낀다. 악령과 악신들이 고통스러워 비명을 질러대고 나뒹굴며 살려달라고 애원하며 싹싹 빌고 있다.

## 춥고 배고픈 통치자와 재벌들

인류를 교화하고 구원하는 천지대공사에 동참할 새로운 신명들을 하강시키고 영들과 조상들, 신명들에게 천상의 진실을 전해 주고 교화와 구원을 동시에 집행하는 것이 나의 일상적인 지상 업무이다. 이곳은 천상의 진실을 알려주고 교화하여 구원하는 하늘의 지상천궁으로 구원자는 인류를 구하러 온 도법천존 천지인황이다.

### 배고프다 울부짖는 재벌 회장

재벌 회장이 죽어서 허공중천을 떠돌며 거지처럼 제삿집 돌아다니면서 동냥 다녀 배고프다고 하소연하는데 이 세상 어느 누가 믿겠는가? 오늘 한 끼니도 못 얻어먹었다고 눈물을 흘리며 배고파 고통스러워한다. 육신이 죽었는데 배가 고프다고? 육신이 없는데 밥을 먹어야 하는가? 물었더니 살아생전과 똑같이 먹어야 한다고 하였다.

고 이병철 회장이 들어오더니 며칠째 밥을 못 먹어 배가 고프다고 꾸부정하게 배를 움츠려 잡고 고통스러워하였다. 옷도 다 낡아빠진 거지 옷을 입고 나타나서 춥다고 옷 좀 달라고 애걸복걸한다.

밥 얻어먹으러 절에 가면 다른 조상귀신들이 몽둥이로 두들겨 패서 얼씬거리지도 못하게 한다며 서러움의 눈물을 흘린다. 살아생전 돈병철이었을 때의 기고만장함을 복수하고자 푸대접하고 먹을 것을 하나도 주지 않는다고 하소연하였다.

이 장면을 액면 그대로 믿어야 하나 말아야 하나 독자들도 참으로 혼란스러울 줄 안다. 나 역시도 이해하기 힘든 장면을 체험하였다. 홍라희 여사가 그동안 얼마나 지극정성으로 많은 사십구재, 천도재, 수륙재를 지냈는데 아직까지 극락왕생 못하고 허공중천을 떠돌아다니고 있단 말인가?

살려달라고 손을 비비며 읍소하는데 그 모습을 바라보자니 너무나 안타깝고 측은해 보여서 방법을 알려주었다. 천상으로 올라가고 싶거든 홍라희 여사를 데려오라고 하였다. 원불교와 조계종에 시주한 돈만도 세상에 알려진 것보다 훨씬 많다.

**독자 여러분에게 알린다.**

살아생전 대통령과 재벌이었다 하더라도, 어느 종교를 믿고 있든 독자들은 조상입천의식과 본인들의 천인합체는 하늘이 무너지고 땅이 꺼질지라도 반드시 행하고 세상을 떠나야 한다는 점이다. 살아생전 권력과 재물은 죽어서는 아무 소용이 없다는 것을 실감하였다.

자손들이 승려들에게 행하는 천도재와 무당들에게 굿을 아무리 많이 해주어도 천상에 오를 수 없기 때문에 배고픔과 굶주림을 면할 수 없다는 진실을 알았다. 종교인들을 통해서 행하는 구원의식은 돈 낭비, 시간 낭비뿐이었고, 하늘이 내리시는 황명을 받들지 못하면 절대 천궁으로 못 오른다.

하늘께서 인간 육신으로 태어나게 해주신 것은 천상에서 있을 때 지은 잘못을 빌어서 천궁으로 다시 돌아갈 기회를 주시기 위함이었다 하신다. 100년도 못 사는 찰나의 삶을 잘 먹고 잘살기 위해서 인간으로 태어나게 해주신 것이 아니라는 진실을 알아야 하는데 인류의 대다수가 종교에 들어가 구원의 능력도 없는 숭배자 귀신들과 종교인들을 믿고 따르다 정신이 미쳤다.

**재벌 회장이 과자 하나에 목숨을 걸었다.**

어제에 이어서 오늘은 또 다른 재벌 회장과 마주했다. 비서실장의 몸에 실린 고 정주영 회장이 들어오더니 무릎을 꾸부정하게 구부리고 힘없는 할아버지의 전형적인 모습으로 나의 책상 의자 앞으로 다가왔다. 고개를 길게 빼고 어정어정 책상 위를 훑어보기에 컴퓨터 창의 글씨를 읽어보려나 보다 하고 그냥 지켜만 보고 있었다.

아~!, 그런데 글쎄 순식간에 일이 벌어졌다. 일회용 접시 위에 있는 쌀로 만든 김전병 과자를 한 움큼 잡더니 입으로 가져가 허겁지겁 먹으며 목이 메어 컥컥 대었다. 얼마나 다급하게 입에 쑤셔넣었던지 과자가 부서져서 책상 위와 바닥에 부스러기가 널브러졌는데 쪼가리 과자를 모두 집어먹고 아이들처럼 두 손을 벌리고 "또 주세요."하며 손을 벌린다.

마침 빵 하나가 간식거리로 있었기에 주었더니 허겁지겁 입에 쑤셔넣고 꾸역꾸역 먹으며 목이 메어 물을 달라고 하여 주었더니 감사함의 눈물을 흘린다. 자손들이 재벌인데 왜 이리 배고파하느냐고 물으니 한참 동안 먹지 못했다 한다.

이 춥고 배고픈 조상의 모습을 자식들이나 손자손녀들이 직접 보았어야 하는데 너무나 아쉽다. 눈물 없이는 차마 볼 수 없는 거지 신세였다. 남루한 옷차림에 배고픔에 허기진 재벌 조상의 모습을 누가 이해할까?

춥다고 옷을 달라기에 자식들을 데려오라 하였더니 다 소용없다고 말하기에 그래도 살길은 자식인 아들딸들이나 손자손녀들을 데려오는 길밖에 없다고 알려주었더니 그리하겠다고 말하였다.

그러면서 천궁에 올라가면 살아생전처럼 위풍당당하게 큰소리칠 수 있느냐고 물어본다. 하늘에 바칠 죗값을 많이 가져오면 높은 벼슬을 내려준다고 하니까 최고 높은 벼슬을 하고 싶다고 꼭 그렇게 하겠다고 말하였다.

지금 무소불위의 권력을 누리며 떵떵거리고 잘사는 사람들아~ 이제 곧 죽음의 사후세계 문이 활짝 열리니 죽기 전에 천인합체 행하고 죽어야 춥고 배고픈 거지 신세 면한다.

이병철, 정주영 재벌 회장들과 박정희 전 대통령과 육영수 여사도 완전 거지 신세로 찾아왔는데 자식들이 몰라주니 추위와 배고픔에 눈물 흘리며 살려달라고 빌지만 자식들이 찾아오지 않으면 달리 구해 줄 방법이 없다. 재물, 권력, 명예, 부귀영화 다 필요 없다고 처절하게 죽어서 후회한다. 자식과 조상들도 서로가 잘 만나야 천상으로 오른다.

**배고파 입 벌리는 고 김일성 주석**

고 김일성 주석을 비서실장의 몸으로 실어주었다. 얼마나 배고픔과 추위에 굶주렸는지 오자마자 아~하고 입을 벌리며 먹을 것을 달라고 한다. 마침 바나나 반쪽 다발이 있기에 하나를 까서 주었더니 허겁지겁 마구 쑤셔넣고 또 달라 해서 또 주었더니 금방 먹고 또 달라 하여 하나를 더 주었다.

그러고도 또 달라 하여 아들 김정일 국방위원장이 올 것이니 그만 먹으라고 하자 눈이 휘둥그레진다. 죽어서 한 번도 만나지 못했다고 한다. 곧이어 김정일 국방위원장을 불러서 부자간에 상봉을 시켜주었더니 울음바다가 되었다.

김정일도 낡은 옷에 배고픔으로 허덕이며 고통스러워하였다. 14년 전에 김정일 국방위원장 생령을 불러서 대화 나눈 사례 내용이 실린 책을 펼쳐 보이며 보여주자 눈물을 흘리며 그때 그 선생님이냐고 묻는다.

그렇다고 알려주고 너희 두 부자가 고통 없는 천상으로 올라가는 길은 김정은을 데려오는 길이라고 알려주고 이내 김정은을 불렀다. 아버지와 할아버지의 다 낡아 떨어진 옷과 거지꼴의 초췌한 모습을 보더니 깜짝 놀라며 눈물을 흘린다. 3대가 만나 저희들끼리 한참 동안 대화를 나누더니 김정은이가 3일만 시간을 달라고 하며 그때 다시 불러달라고 말했다.

권력자들과 재벌 회장들의 죽음 이후 사후세계는 하나같이 모두 춥고 배고픈 비참함이었다. 수천 년 동안 종교적으로 구원의식을 무수히 행하지만 천궁으로 오른 자들은 없다. 이 세상의 모든 종교는 하늘을 사칭하기 위하여 세워진 것이기 때문에 천상으로 오를 수 없는데 일반인들은 이런 진실을 알 수 없기에 그저 시류에 따라서 종교를 믿고 있을 뿐이다.

세계 인류가 진짜 하늘을 찾으려고 혈안이 되어 이 종교 저 종교로 옮겨 다니는데 진짜 하늘의 기운이 내려오는 곳은 종교세계와 다른 도솔자미천 지상천궁 단 한 곳뿐이다. 물론 독자들은 믿기 어려운 일이지만 사실이다.

하늘이신 태상천존 자미 천황태제 폐하, 도통천존 도솔천황 폐하, 재물천존 옥황천황 폐하는 형상도 없고, 보이지도 않고, 들리지도 않고, 냄새도 없고, 소리도 없고, 색깔도 없이 오직 천지기운으로만 느껴진다.

지구상에 하늘의 기운을 느끼는 곳은 여기 도솔자미천 천궁이 유일할 것이다. 생령과 사령은 천상에 있을 때는 신선들이었기에 지상천궁에 들어와야만 원래의 천상신분을 회복하여 천상천궁에 올라가 신선으로 살아갈 수 있다.

## 미래에 대한 예언

오늘날 이 땅에서 가장 필요로 하는 것이 무엇인가? 신의 찬란한 것을 알려주는 것, 믿지 않는 자들에게 그들의 경험을 통해서 이제 일어나게 해주는 것이다.

신비주의자 에드카 케이시는 후세의 인류에게 지상에 초인(神)의 나라가 세워질 것이라고 하였는데, 그 시기에 대해서는 "신의 빛이 또다시 구름 사이로 보이는 시기"라고 미묘하고도 신비스런 말을 남겼다. 천지가 개벽하여 새롭게 태어나는 순간을 말하고 있는 것이다.

극이동이 되어 지축이 바로 선다는 예언은 참으로 많이도 나왔다. 현재 76억 3,000만 명 인류 모두가 천상에서 역천자의 대역죄를 지어 지구로 도망치고 쫓겨난 자들과 그 핏줄들인데 76억 인류가 거의 전멸할 수도 있는 극이동이 현실로 이루어지려 하고 있다.

**지구 멸망? 결과는 불원간 알게 될 것이다.**

지축이 그때 바로 설 것이라고 예언과 과학적으로 제시하고 있다. 지구상에서 많은 나라들이 막대한 인명 피해를 입게 되지만 이 나라 이 땅 안의 십승지인 이곳 천궁의 신하와 백성들만이 피해 없이 온전할 것이다. 10여 년 전에 나의 꿈에도 서

해바다가 중국과 강 하나를 사이에 두고 맞닿고 있는 생생한 생몽의 꿈을 꾸었는데 이제 그날이 현실로 다가오려나 보다.

**그런데 지구 멸망보다 더 무서운 일이 있다.**

여러분 자신들의 생령(영혼)들이 천궁으로 오르느냐, 마느냐가 더 중요하다. 육신은 길어봐야 100년 미만의 삶을 살기에 오늘 내일 죽거나 몇십 년 더 살아봐야 인류의 종착역은 결국 육신의 죽음을 피할 수 없다는 점이다.

누구나가 맞이해야 할 육신의 죽음은 현대과학이나 현대의학으로는 아무도 피할 길이 없다. 그래서 몇십 년 더 살고 못 살고는 그리 중요하지가 않다. 영들이 돌아가야 할 천궁의 고향으로 올라가느냐 못 가느냐가 최대 숙제이자 관심사이다.

지구에서 천궁으로 돌아가는 길은 딱 한 곳 천상의 정기가 내려와 있는 이곳 천궁뿐이다. 천상에서 하강한 내가 영혼의 어버이께 생령(영혼)들을 구원해 달라고 천고를 올려야만 생령(영혼)들에게 천상으로의 입천(入天)을 윤허하여 주신다.

천궁으로의 입천은 지구상에서 아무도 이루어낼 수가 없기에 이 세상의 모든 종교는 가짜 하늘과 가짜 신을 전하며 금품과 봉사, 헌신을 강요하는 무서운 곳으로 변질되어 버렸다. 나의 신분이 밝혀진 지금 천상에서 매일같이 엄청난 진실들이 무수히 내려오고 있다.

수많은 천지만생만물로 반복하여 윤회시키시다가 그대들의 생령(영혼)들을 인간 육신으로 태어나게 해주신 자체가 천궁에서 지은 잘못을 빌어 다시 천궁으로 돌아오라고 천재일우의 기회를 내려주신 것인데 이런 진실을 몰라보고 전생의 축생 습성을 버리지 못하고 잘 먹고 잘사는 일에만 미쳐 있다.

세월은 유수와 같이 자꾸만 흘러가고 있는데 육신은 늙고 병들어 세상 떠날 날만 기다리고 있으니 참으로 안타깝고도 안타깝도다. 천궁으로 오르는 길을 알려주어도 종교 이론에 세뇌당하여 눈 막고 귀를 막아 알아듣지 못하고 오히려 비난하고들 있으니 이런 자들은 천궁으로 올라갈 자격을 박탈당한 대역 죄인들일 것이리라.

인류가 알아야 할 진실은 창조자이신 하늘께서 그대들을 창조하실 때의 천성은 수천 년, 수억만 년의 세월이 흘러가도, 말 못하는 축생 같은 만생만물로 태어나도 영원히 변하지 않는다는 진실을 알았다.

성경에서 6,000년 전에 인간을 흙으로 빚어 창조하였다는 말은 완전 거짓말이다. 그럼 지구의 역사가 6,000년이란 말인데 이건 앞뒤가 안 맞는 말이다. 말도 안 되는 성경으로 인류의 정신을 세뇌시키고 정신 이상자로 만들고 있다. 7만 년 전에도 인류가 15,000명이 살아 있었다고 학계에서 전하고 있으니 성경이 사람 잡는 꼴이 되었다.

예수 믿으면 천당, 천국 간다고 종교인들이 열심히 전파하는데 예수 자신도 천상에 올라가지 못하고 축생으로 윤회하다가 지금은 허공중천 떠도는 춥고 배고픈 귀신이 되어 떠돌아다니고 있는데 무슨 재주로 천당 천국으로 오르겠는가?

교인들은 어서 정신 차리고 종교를 떠나라. 진짜 하늘이 나타나도 종교 교리와 이론에 세뇌당하여 가짜라고 안 믿는 실수를 범하여 천궁으로 올라갈 수 있는 마지막 천재일우의 기회마저 놓치고 있지는 않은 것인지 자신을 뒤돌아보아라.

지구상에 존재하는 5,527,000개의 종교단체들 중에는 없더라도 그 어딘가에 진짜 하나가 있을 것인데 그곳이 바로 이곳이지만 진실을 알기까지는 많이 갈등하고 고민하며 망설일 것이고, 이 책을 종교 교주나 신부, 목사, 승려, 도인 등의 종교 지도자들에게 전달하여 판단을 받아보려는 독자들도 있을 것인데 참으로 어리석은 짓이다.

이 책의 내용이 진실이지만 그들 종교인들 입장에서는 신도들이 추풍낙엽처럼 무더기로 떨어져 나가 종교가 문을 닫고 멸망하는 일인데 옳다고 박수치며 인정해 주겠는가? 쌍심지 켜고 온갖 궤변과 감언이설로 회유하고 오히려 나를 가짜라고 비방 비난할 것은 뻔한 일이다.

독자들마다 영적 차원의 등급이 다르기에 그 어느 누구의 말에도 현혹당하여 넘어가지 말고, 자신이 추구했던 영적 세계와 맞는다고 생각되어 판단이 서면 아무에게 묻지도 말고 과감히 종교를 박차고 나오는 것이 가장 현명한 길이다.

정말 종교를 맹신하고 믿으면 천상으로의 구원이 아니라 절망뿐이 없다는 무서운 사실을 직시하여야 한다. 종교인들이 인류에게 잘한 일이 있다면 하늘이 계시다는 것, 천당이 아닌 하늘나라 천궁이 존재한다는 것, 생령(생자의 영)과 사령(망자의 영)들이 영들의 고향인 천궁으로 돌아가야 한다는 것을 알려준 것이다.

수천 년 동안 천궁의 진실을 전해 주는 신이 하강하지 않아 천궁의 진실을 몰라서 이제까지 수천 년 전의 종교세계 진실을 왜곡해서 인류에게 추상적으로 하늘세계와 신의 세계를 전한 곳이 종교세계의 현주소이다.

그래서 지금까지 수천 년의 세월 동안 왜곡된 가짜 하늘세계를 전파하는 대로 받아들이고 믿었기에 인류의 생령과 사령들이 하늘로부터 진정한 구원받지 못하고 허공중천을 떠돌아다니고 있었던 것이다.

종교인들은 천국, 천당, 극락, 선경세계가 어디인지 모르기에 추상적으로 천국이란 표현을 썼지만 내가 온 곳은 북극성 부근의 천황태제 별자리에 있는 자미천궁이다.

대우주 천지창조자이시고 만생만물을 창조하신 천상의 주인이시자 영혼의 어버이이신 태상천존 자미 천황태제 폐하와 황후폐하는 고귀하시고 존귀하신 분이시다. 인류 모두에게 영혼의 부모님이시고, 천상의 전생과 현생의 이 땅에서 잘못을 진정으로 뉘우치고 용서 비는 생령들에 대해서는 천인합체의식을 행하게 하여서 천상 자미천궁으로 받아주신다.

이제까지 종교에서 전한 하나님, 하느님, 상제님, 부처님, 예수님, 성모님, 공자님을 자손의 대를 이어가며 믿어봐야 구원받지도 못하고 금전낭비, 정력낭비, 허송세월만할 뿐이라는 천상의 진실을 알아야 한다.

생령과 사령들이 구원받으려면 먼저 자신의 뿌리를 찾아야 한다. 각자들의 몸 안에 있는 생령들과 사령들을 누가 창조하였는지 영혼의 부모님을 찾아야 하고, 대우주에 떠 있는 수천억 개의 별들 중에서 어느 별에 있다가 지구로 쫓겨났거나 도망쳤는지 알아야 구원받을 수 있을 것 아니던가?

독자 여러분의 영혼을 창조한 부모님은 수천 년 동안 종교세계를 통해서 전해지고 있는  하나님, 하느님, 상제, 부처, 예수, 성모, 마호메트, 공자가 아니란 사실을 알아야 하고, 부모가 아닌데 어떻게 여러분을 구원해주겠는가?

경전과 교리, 이론에 세뇌당하여 인류의 정신들이 모두 이스라엘과 인도로 출장 갔다. 자자손손 대를 이어서 이들을 믿어봐야 생령과 사령들이 구원받을 일은 절대로 없다는 진실을 내가 세계적인 왕과 유명인들의 생령과 사령을 불러서 대화를 통하여 직접 체험하고 확인하였다.

진실을 밝혀주어도 종교가 좋다고 종교를 계속 믿을 사람들은 그대로 종교세계 안에 남아 있고, 종교에 실망하고 아무리 봐도 종교는 아닌 것 같다는 느낌을 받은 독자들은 도솔자미천 천궁에 들어와서 하늘이 내려주시는 천지기운을 직접 받고 하늘이 실제 존재하신 다는 것을 스스로가 기운으로 체험해서 확인하연 된다.

## 사후세계는 각자들이 준비해야

천상세계 도솔자미천 천궁은 꿈의 세계, 아름다운 황홀함의 극치를 이루고, 근심걱정이 없는 무릉도원 세계이며 생령과 사령들이 돌아가야 할 영들의 영원한 고향이다.

천상의 기운이 강렬하게 내리는 곳이 지상에서는 믿어지지 않겠지만 유일하게 이곳 천궁 하나뿐이고, 영들의 고향인 천상으로 올라가는 길 또한 지구상에서 이곳 천궁 하나뿐이라는 진실을 여러 사례를 통해서 확실하게 검증하였다.

그러니까 지금 이 땅에 존재하고 있는 기존의 종교세계를 통해서는 천궁으로 올라갈 수 없다는 것이 명명백백히 검증된 것이다. 그대들이 받들고 섬기는 숭배자 귀신들도 추위와 배고픔에 떨면서 고통 속에 살려달라고 빌고 있다.

유명한 통치자들인 왕과 대통령들, 장군들, 재벌들도 사후세계에서 천상으로 오르지 못하고 비참한 사후세계 삶을 살아가고 있다.

인간들의 눈높이로는 알 수 없는 사후세계의 무서움과 두려움을 대수롭지 않게 생각하며 살아가고 있는데, 이 책을 통해서 천궁세계와 사후세계에 대한 공부를 더 많이 해야 그대들의 사후세계를 확실하게 보장받을 수 있다.

이 책을 읽고 하늘의 명을 받아 천궁으로 오를 자들은 천궁에서 나와 함께 지내게 될 것이고, 이번 생에 인간으로 태어난 자들은 천상천궁으로 오르기 위한 천재일우의 기회를 주시고자 함이다.

이 땅에서 벌은 재물을 죗값으로 하늘에 많이 바치는 자들은 순서대로 높은 벼슬자리에 임명된다. 인간으로 태어나게 해주신 것은 천궁으로 올라갈 때 어떤 벼슬을 하사받을 것인가 경쟁시키기 위함이었다.

제왕의 자리는 마음만 있다고 행할 수 있는 자리가 아니다. 거기에 합당한 대가를 올려야만 한다. 인류 모두는 하늘 아래 죄인들이기에 평가할 수 있는 잣대가 돈밖에 없다. 그렇다고 시험을 쳐서 제후 자리에 앉힐 수도 없는 입장이다.

천상세계는 인간들의 생활상과 판박이로 똑같기에 신분과 계급 서열이 엄격하게 나누어져 있다. 인간세계보다 더 세분화되어 있고 천차만별이다. 인간으로 태어난 자체는 천궁으로 올라오라고 기회를 주신 것이니 놓치지 말라.

그대들 마음과 자리의 높낮음을 평가할 수 있는 유일한 잣대가 돈이다. 그래서 더 많은 돈을 벌려고 혈안이 되어 있고, 높은 권력을 잡고, 결국 돈을 버는 것은 천상으로 오를 때 남들보다 더 많은 돈을 바쳐 막강한 권력을 누릴 수 있는 높은 자리에 앉기 위해서 기를 쓰고 돈을 버는 것인데, 이런 진실을 세상 사람들은 알지 못하고 종교에 갖다 바치고 있다.

종교는 가짜 세계이기에 일절 바칠 필요가 없다. 그대들의 편안한 사후세계 보장을 위해서는 한 푼이라도 더 많은 돈을 나를 통해 천상의 주인이신 하늘께 바치는 것이 그대들의 죽음 이후를 위해서 가장 현명한 선택이 될 것이다.

여기 들어와서 행하는 모든 의식비용(천공, 도공, 옥공, 조공)이 그대들의 사후세계 자리를 예약하는 것과 같기에 자신의 능력 범위 내에서 최대한 많이 바치는 것이 최고이다. 죽으면 돈 한 푼 갖고 가지 못하는 것은 다 아는 사실이다. 죽으면 돈을 하늘께 바치고 싶어도 바칠 수가 없다.

죽은 재벌 회장들의 모습을 보라. 자식들한테 재산 다 물려주고 정작 자신들은 죽어서 추위와 배고픔에 허덕이고 힘들어하며 성폭행당하고, 깡패 귀신들로부터 얻어터져서 고통스런 사후세계 삶을 살아가고 있는데, 자손이나 후손들은 인간의 눈에 보이지 않는다고 구해 주려 하지 않는다.

제사와 차례, 묘지(매장묘지, 납골묘, 납골당, 수목장) 모두가 필요 없다. 천하의 명당자리도 천궁만 못하다. 이제까지 진짜 하늘의 진실을 몰라서 공자의 유교사상을 받아들여 제례 풍습을 따라서 행했던 모든 제례 절차는 아무 소용이 없다는 사실이 밝혀졌으니 폐기해야 한다.

죽은 자들은 조상입천을 행하고, 산 자들은 천인합체를 행하면 된다. 이것이 바로 무릉도원 세상에서 살아가는 비결이다.

지금까지 알려진 종교의식 모두 갖다 버려라. 오직 하늘의 명을 받기만 하면 영(생령과 사령)들은 걱정 없다.

자신의 사후세계는 자신들만이 준비할 수 있다. 사랑하는 자식들이라도 죽은 아비 어미의 마음을 알아주지 않는다. 죽으면 재산 때문에 자식들 간에 싸움만 일어난다. 천상으로 가져갈 자신의 돈은 자신이 챙겨놓고 재산 분배를 해야 한다.

사후세계의 비참함을 다른 사람들의 사례를 통해서 전해 주었는데 진실 그대로이다. 믿을 것인지 말 것인지는 그대들의 선택이고 나는 진실만 전한다.

이곳 천궁에서 의식을 행하기 위하여 돈을 천상의 주인께 바치면 천상의 기운을 움직일 수 있다는 진리를 터득하였는데 결국 피와 땀의 대가인 돈은 천상의 기운을 받을 수 있는 유일한 수단이자 방법이었다. 마음과 말로 하는 정성은 전혀 받아들여지지 않는다는 진실도 인간세계 법도와 똑같다.

## 최진실이 방송사에 제보해 달란다

**최진실이 전하는 진실 메시지!**

도법주문회에 부르지도 않았는데 최진실이 찾아와서 "여러분! 방송사에 제 사연 제보해 주세요." 살아생전 교회 다니며 헌금도 많이 내고 하나님, 예수님 열심히 믿었지만 구원받지 못했다고 말하면서 죽어서야 속은 것을 알았다고 말했다.

죽어서 구원받지 못하고 이렇게 허공중천 떠돌면서 추위와 배고픔에 고통받고 있다고 울며불며 하소연하였고, 가족들에게 알려달라고 말했다. 엄마가 교회 다녀서 찾아오지 않는다면 절친이었던 연예인 이영자와 홍진경에게 이곳에 찾아와서 구원을 부탁한다는 말을 전해 달라고 하였다.

그리고 목매 자살한 남동생 최진영과 전 남편 조성민도 함께 불러봤다. 이들 역시도 추위와 배고픔에 너무나 고통스러워하며 살려달라 애걸복걸하였다. 정말 사후세계가 이렇게 힘들 줄을 모르고 자살했다며 뒤늦게 후회하였다.

**만인들의 스타였던 탤런트 최진실!**

얼마나 다급하였으면 부르지도 않았는데 찾아와서 살려달라고 싹싹 빌며 애걸복걸할까? 교회 다니는 엄마는 구원해 주지 않을 것 같으니까 동료연예인 이영자와 홍진경에게 도움을 요청하는 지경에 이르렀을까?

기독교인들 주장대로라면 최진실도 육신이 죽었으니까 사탄마귀이기에 엄마가 구해 줄 수 없다. 사탄마귀들을 왜 구해 주겠는가? 자신들의 가족들이라도 교회의 논리대로라면 모두가 죽은 뒤에는 사탄마귀의 신분으로 변신되니 정말 한심스러운 일이 아닐 수 없다.

인간 육신이 살아 있으면 생령이고, 인간 육신이 죽었으면 사령 즉 사탄마귀란 것이 기독교의 논리이다. 예수가 하나님의 아들이란 것도 잘못된 것이고, 여호와가 하나님, 하느님이란 내용도 모두가 거짓이고 잘못되었다.

하늘은 종교 자체를 싫어하시기에 이 땅에 한 번도 내려오신 적이 없다고 말씀하시는데 그럼 과연 누가 내려왔을까? 하늘을 사칭한 대마왕이란 자가 내려온 것인데 인간들의 영적 수준으로는 대마왕을 알아볼 수가 없다.

최진실도 자살하기 전까지 교회에 다니는 착실한 교인이었고, 헌금도 많이 냈다고 하는데, 죽어서 예수님, 하나님 찾으며 구해 달라고 목이 터져라 소리쳐 외쳐보아도 아무도 찾아오지 않았다며 뒤늦게 속은 것을 알았다고 후회하였다.

독자들이 이런 사후세계 진실을 어디까지 믿을지는 모르겠지만 실제 상황이고 이것이 종교의 실상이다. 진실을 전해 주어도 믿으려하지 않는 사람들이 너무나 많은데 정말 죽어봐야 사후세계의 뼈저린 고통을 알게 될 것 같다.

**최진실의 죽음!**

너무나 심한 스트레스로 고통받아 우울증에 걸려 최악의 자살을 선택하였다. 얼마나 힘들면 자살했을지는 당사자 아니면 아무도 이해하기가 어려울 것이다. 현실에서 돌파구가 없을 때 사람들은 자살을 선택하는데 죽음 이후의 고통이 얼마나 참기 어려운지 알지 못해서 쉽게 죽음을 결행한다.

나는 생령과 사령들을 수시로 불러서 대화를 나누는데 우리 인간 육신들이 알지 못하는 엄청난 공포와 두려움에 벌벌 떨고 있다. 육신들은 죽음을 피할 수도 없지만 죽으면 끝이기 때문에 생령과 사령들에 비해서 죽음을 두려워하지 않는다.

하지만 영들은 인간 육신들이 죽으면 하늘로부터 구원을 받을 수 있는 기회가 박탈되기 때문에 노심초사하며 안절부절못한다는 진실을 인간 육신들이 전혀 알 수 없다. 그래서 영들의 저주가 인간 육신에게 내려서 인생이 없어지고 뒤집어지는 악순환이 계속되는 것이다.

자기 자신에 해당하는 생령이 죽으면 사령 즉 귀신이 되는 것이다. 그런데 일단 육신이 죽으면 추위와 배고픔으로 무척 힘들어한다는 공통점을 발견하였다. 사람들은 산 자와 죽은 자의 차이가 이처럼 크다는 것을 모르고 살아간다.

종교 믿으면 죽어서 좋은 곳으로 간다는 말은 모두가 거짓말이었음이 수많은 사령들과 대화를 나누면서 알게 되었고, 종교 자체로는 구원이 안 된다는 내용도 알아냈다.

# 43년 만에 확인한 사후세계

1975년 6월 20일, 71세 나이로 돌아가신 아버지와 1990년 2월 13일 76세 나이로 돌아가신 어머니가 어느 세계 어디에서 무엇을 하고 계시나 너무나도 궁금하여 이곳 도솔자미천 천궁의 집무실에서 2018년 4월 24일 비서실장의 육신으로 하강하시라고 청배하였다.

사후세계에서 어떻게 계시는지 무척 궁금하였다.

1999년도에 강남 제일생명사거리(현 교보문고 뒷 건물)역에서 도궁(道宮)을 열어 현재의 길로 들어왔고, 하늘을 찾으러 전국 명산대천을 다니며 기도하여 현재에 이르게 되었다.

그리고 2005년도 7월에 나의 부모님과 친가와 외가, 처가와 처외가의 직계좌우 당대부터 시조조상님까지 천궁으로 오르시는 조상입천을 내가 직접 이곳에서 해드렸지만 그 이후 잘 계신지 확인하지 않고 지냈으니 벌써 13년의 세월이 흘러갔기에 참으로 궁금하였다.

삼성그룹 창업주 이병철 회장 같은 경우는 홍라희 여사가 지극정성으로 원불교와 조계종 산하 해운정사에서 큰돈을 들여서 사십구재, 천도재, 수륙재를 지내드렸는데도 지난 4월 22일까지도 춥고 배고픔에 벌벌 떨고 있음을 확인했었다.

그러면서 발가벗고 있어 춥다고 옷을 달라 하고, 한동안 물 한 모금 먹지 못했다며 배를 움켜잡고 먹을 것을 달라고 울면서 입을 아~ 하고 벌린다. 줄 것이 없다고 하자 바닥을 손톱으로 박박 긁으며 먹을 것을 찾는 비참한 모습을 직접 목격하면서 내 조상님은 과연 어찌 하고 계시려는지 궁금하였지만 사실 청배하기가 무척이나 두려웠다.

최고 재벌이었던 이병철 회장도 수백억을 불사로 시주하고 좋다는 사십구재, 천도재, 수륙재를 해마다 지내주어도 배를 굶주리며 옷이 없어 춥다며 옷 달라, 빵 달라, 밥 달라 애간장을 태우며 눈물로 하소연하면서 호소하는데 과연 내 부모조상님들이라고 다를 바가 없을 것 같아 불안 초조하였다.

불교의 역사는 3천 년의 역사를 자랑하는 정통 종교이고, 고승과 도승들이 사십구재, 천도재, 수륙재를 해주었는데도 천상극락으로 올라가지 못하고 허공중천을 떠돌며 추위와 배고픔으로 고통받고 있으니 걱정이 안 될 수가 없었다.

나는 이제 20년 전에 갓 시작한 생소하기 짝이 없는 이 지구상의 모든 종교가 하늘의 원뜻이 아니라고 외치며 종교와 정반대의 이름 없는 무명에 가까운 이곳 도솔자미천 천궁을 운영하면서 입천해 드린 조상님들이 걱정이 되었다.

이곳은 독자들의 눈과 귀에는 생소하지만 세상에 알려진 일반적인 종교가 아니라 인류를 구원하라고 천상의 하늘께서 나를 인간 육신으로 내려 보내셨기에 천상의 절대자 이외에는 그 어떤 하늘이나 신들도 섬기지 않기에 경전이나 교리 같은 것이 없고 황궁예법만 있을 뿐이다.

나는 이 세상에 구원자의 신분으로 하늘의 명을 받고 내려온 것이지 세상에 알려진 죽은 귀신들을 신격화시켜 우상화해서 받들고 섬기는 어떤 종교세계 이론과 사상을 전파하려는 것이 아니다. 대우주와 천지만생만물을 창조하시고 영혼의 어버이이신 하늘과 사후세계 진실을 전하고 있다.

막상 내 육신의 아버지와 어머니를 청배하자니 가슴이 설레고 두근거리며 혹시 이병철 회장처럼 옷도 못 입으시고 춥다며 굶주린 배를 움켜잡고 오시면 어쩌나 무척 걱정이 되었다. 마침내 아버지와 어머니가 함께 손을 잡고 하강하시었다.

금빛색이 휘황찬란한 옷과 의관을 갖추시고 두 분이 내려오시었다. 반갑게 나의 손을 잡으시고 기쁨의 눈물을 흘리시며 나에게 큰절을 올리시려 하여 놀라서 손사래 치며 괜찮다고 말렸다. 육신적으로는 사랑하는 아들이 분명하지만 천상의 아주 높은 서열인 도법천존 천지인황 폐하라 하시면서 나에게 절을 하려고 하셨던 것이다.

천궁에 계시면서 나의 모습을 오랜 세월 실시간으로 지켜보시었다고 하시며, 육신적 아들이 하늘의 명 대행자, 화신, 분신이라는 사실을 천상에서부터 알고 너무나 놀랍고 기뻤다고 하시며 감동의 눈물을 흘리시었다. 도저히 믿어지지 않는다면서 너무나 즐거워하시고 기뻐하시었다. 아들 덕분에 천궁에 높은 자리에 올라가서 호의호식하며 기쁨과 즐거움, 쾌락을 만끽하며 행복하게 잘 지내신다며 고맙다고 눈물을 흘리신다.

천상의 도솔자미천 천궁에서 한 나라를 다스리는 제왕으로서 백성들을 다스리고 있다 하시며, 나의 친가와 외가, 처가와 처외가의 직계좌우 당대부터 시조조상님까지 모두가 함께 기쁨과 즐거움, 쾌락, 행복을 마음껏 누리며 무릉도원 세계를 신나게 살고 있다 하신다.

아버지는 71세에 돌아가시었는데 28세의 모습이고, 어머니는 76세에 돌아가시었는데 18세의 소녀 모습을 하고 계시며 제왕으로서 황금의자에 앉아 집무를 보시고, 어머니는 왕비가 되시어 하루에도 몇 번씩 좋은 옷으로 갈아입으며 화장하고 온갖 비싼 보석으로 치장하시느라 바쁘시며 아무런 근심과 걱정 없이 아주 바쁘게 잘 지내고 있다 자랑하신다.

살아생전에도 성품상으로 아버지는 강인하시고 부지런하시며 카리스마가 철철 넘치는 분이셨기에 제왕의 자리에 손색이 없으시다. 5남매 중에 내가 가장 많이 아버지 성품을 닮은 판박이 아들이었다. 화가 나시어 소리 한 번 지르시면 시골 동네가 쩌렁쩌렁 울릴 정도이셨다.

나와 네 어미 그리고 네 모든 조상들은 내가 다스리는 이곳에 올라와서 모두가 근심걱정 없이 잘 먹고 잘살고 있으니 앞으로 제사와 차례, 성묘를 일절 받을 필요성이 없어졌으니 다니지 않아도 되고, 명절 차례나 제삿밥 받아먹으러 지상에 내려가지도 않는다고 하신다.

내 아들이 귀하고 높은 하늘의 명 대행자, 화신, 분신인데 감히 어느 조상들에게 절을 하냐며 제사와 차례, 성묘를 일절 다니지 말라고 신신당부하시었다. 네 조상들이 지상에 없기에 제사와 차례를 지내면 남의 조상귀신들을 불러들이고 그들에게 절하는 것이니 절대로 하지 말라신다.

휴우~ 하고 안도의 한숨이 저절로 나왔다.

부모님이 하강하시기 전까지 얼마나 간(마음)을 졸이며 근심걱정하였던가? 한평생을 농사일만 하시다가 내가 어린 나이에 돌아가시어서 아들이 성공한 모습도 보시지 못하고 빨리 가신 것이 조금은 아쉬웠다.

그리고 아버지와 어머니가 제후(왕)와 왕비의 신분으로 하강하시어 이제까지 내가 이곳에서 행한 모든 의식들이 진짜였다는 것이 현실로 검증되는 경이로운 순간이기도 하였다. 20년간을 온갖 배신과 비난 속에 묵묵히 걸어온 고난의 길이 진짜였다는 사실이 검증되니 너무나도 기쁘고 보람된다.

오늘은 일부러 부르지도 않았는데 성웅 이순신 장군, 계백장군 우윤영, 광개토대왕 담덕, 김유신 장군이 차례대로 찾아와서 구원하여 살려달라고 나에게 눈물로 하소연한다. 성웅 이순신 장군과 김유신 장군은 그의 후손들이 사당까지 지어놓고 얼마나 많은 사람들이 받들어 섬기고 제사를 잘 지내주고 있겠는가? 제사를 지내주어도 힘센 조폭귀신들이 가로채서 하나도 받아먹지를 못한다는 진실은 세상 사람들 전혀 모른다.

신라의 명장인 김유신 장군의 후손이 현 자유한국당 김무성 국회의원이라고 하지만 후손으로부터 아무런 도움을 받지 못해 천궁으로 오르지 못하고 있다. 그래서 조상들도 후손들을 잘 만나야 한다.

그런데도 옷도 없이 다니고 있고, 춥고 배고프다며 구원해서 살려달라고 눈물을 흘리면서 하소연하고 있다. 구원받아 천궁으로 오르려거든 자신의 핏줄인 후손들을 데리고 오라고 가르쳐주어서 보냈다. 사람들은 눈에 보이는 것만 믿기에 사후세계에 대하여 너무나도 모르고 지낸다.

오늘 4명의 장군들이 부르지도 않았는데 갑자기 찾아온 것은 내 육신의 아버지와 어머니를 포함한 수많은 조상님들을 도솔자미천 천궁으로 13년 전에 입천해 드렸는데 왕과 왕비가 되시어 하강하시는 모습을 생생히 지켜보고 찾아온 것이다.

사후세계에 있는 수많은 조상님들에게 내 아버지와 어머니를 천궁으로 입천해 드렸는데 왕과 왕비가 되어 하강하시었다는 소문이 전 세계로 금방 쫙 퍼져 나갔던 것이다. 그러니까 생전 처음 이름난 유명한 역사적 장군들이 4명씩이나 갑자기 찾아온 것이었다.

결과론적인 말이지만 내가 걸어온 길이 맞다는 것이 확인된 이상 위풍당당하게 나의 뜻을 펼쳐 나갈 것이다. 3,000년의 역사와 전통을 자랑하는 당대 최고의 실력파 고승과 도승들이 이병철 회장 하나를 구해 주지 못해서 추위와 배고픔으로 고통받으며 상거지로 허공중천을 떠다니며 동냥질하고 다닌다는 것은 이 세상의 모든 종교가 하늘의 원뜻이 아니라고 검증해 준 것밖에는 더 이상 설명이 안 된다.

어디 이병철 회장과 박두을 여사뿐인가? 박정희 전 대통령과 육영수 여사, 정주영 회장과 부인 변중석 여사, 구인회 회장과 허을수 여사, 김일성과 김정일 역시도 죽어서 추위와 배고픔을 못 견디고 상거지가 되어서 동냥질을 다닌다는 것은 종교세계의 허상을 낱낱이 잘 말해 주는 것이다.

자신의 조상님들이 사후세계에서 어찌하고 있는지 책을 읽어보고 이곳 도솔자미천 천궁에 찾아와서 좋은 곳으로 가시어 편히 계실 것이라고 철석같이 믿고 있는 자신의 조상님들과 상봉하여 낱낱이 알아보고 피눈물 흘리며 힘들어하는 자신의 조상님들을 구해 줄지 여부를 결정하면 된다.

사람들이 공부 많이 하여 성공하고 출세해서 고위직에 오르고 돈 많이 벌어 잘살고, 잘나갈수록 콧대가 높아지고 돈과 권력, 명예를 얻어 부귀영화 누리는 잘난 자들은 사후세계에서 슬피 울며 살려달라고 울부짖고 있는 불쌍한 조상님들에게는 반대로 냉정하고 매정한 것이 현대의 지식인들이다.

자식 잘되기만을 바라던 조상님들은 자손과 후손들에게 배신의 상처를 입고 피눈물을 흘린다는 것을 수없이 체험하였고, 사후세계에서 춥고 배고파서 힘들어하는 조상들도 모두가 살아생전에는 돈과 권력, 명예만 믿고 하늘은 물론 조상님들을 구하지 않은 응징의 대가를 죽어서 톡톡히 치르고 있다.

하늘은 그대들이 뿌리고 행한 대로 한 치의 오차도 없이 그대로 거두게 하신다. 춥고 배고픈 조상들이 찾아와서 눈물 흘릴 때는 불쌍하기는 하지만 그들 모두가 살아생전 하늘을 무시하고 부정하여 하늘이 내리신 명이 무엇인지 몰라보고 죽은 죄의 대가로 인하여 고통당하고 있는 것이다.

이곳은 하늘이 내리신 사명이 무엇인지 알고서 하늘이 내리신 명을 행하여 천궁(天宮)으로 올라갈 사람들만 인연이 되는 곳이다. 100년 미만의 아주 짧은 생을 살면서 사후세계를 준비하지 않고 천하태평으로 살아가는 사람들이 가장 똑똑한 바보들이다.

하늘세계, 사후세계는 글자 그대로 존재하고 있음이 수없이 확인되었다. 인간 육신의 죽음이 끝나면 한도 끝도 없는 만생만물로 윤회하는 영혼들의 고통스런 삶이 수억 년 이어지는데 언제 끝난다는 기약이 없다.

그대들의 조상님들이 지옥세계 명부전에 들어가면 얼마나 많이 얻어터지고, 모진 고문의 형벌을 받게 되는지 명부전 고문현장을 체험한다면 공포와 두려움에 벌벌 떨 것이다. 차마 눈뜨고 볼 수 없고, 사극에서 고문하는 형벌보다 몇 배 더 무서운 형벌을 매일같이 당하며 살아가고 있지만 독자들의 눈에만 안 보일 뿐이다.

잘 먹고 잘사는 것이 인생의 목표인 축생급들은 책을 읽어보아도 머리에 들어오지도 않고, 뭐가 뭔지 모르기에 이곳에 들어오기 어렵다. 영적 그릇이 되어야만 책을 읽고 감동하며 찾아온다. 축생급들은 현생에서 잘 먹고 잘사는 대신 죽어서는 절대로 구원이 없다.

그래서 하늘은 공평하신 분이다. 성공하고 출세하여 잘 먹고 잘살면서 하늘이 내리시는 명을 받고 살면 얼마나 금상첨화일까만, 잘난 자들은 고집도 세지만 자존심도 엄청 강하여 남에게 굴복이란 것을 모르고 살아가기에 하늘이나 조상에게도 굴복하지 않는다.

자신의 사회적 지위와 위상, 품위 유지에만 혈안이 되어 있고 하늘이나 조상에 대한 관심은 거의 전무하고, 관심 가지는 자체가 비문명인이라고 스스로 생각하는 추세이다. 제사와 차례만 지내주고 성묘 다니면 자손과 후손의 도리를 다하는 것으로 알고 살아가는 것이 현실인데 이것이 가장 어리석은 자들이고 사후세계 참극이 이어지는 길이다.

어쨌든 나는 육신의 아버지와 어머니, 선대 조상님들이 도솔자미천 천궁으로 올라가시어 편안하시고 아무런 근심과 걱정이 없다고 하시니 1차 사명인 조상님들을 구원하라는 하늘이 내리신 명을 완수하였다.

하늘의 명을 몰라보고 이행치 않으면 죽어서 대성통곡하여도 아무도 구해 주지 않는다. 조상 구원하지 않고 자신들만 죽어서 구원받는 길은 천궁법도에 존재하지 않는다는 진실을 각 종교에 다니는 신도들은 알아야 한다.

## 천궁으로 입천 검증

이곳에서 천인합체를 행한 남자 천인(74세)과 여자 천인(36세)이 어느 날부터 갑자기 연락이 안 되어 죽었는지 살았는지 알 수 있는 길이 없었다. 만일 죽었다면 내가 말한 대로 정말 도솔자미천 천궁에 올라가서 편히 잘 지내고 있는 것일까 매우 궁금하였다.

**인류 최초로 2005년 7월부터 집행한 천인합체의식!**

사람이 숨을 거두어 죽는 순간 두렵고 무서운 지옥세계 10대왕들에게 고문 형벌받는 명부전의 염라대왕에게 가지 않고 곧바로 도솔자미천 천궁으로 오를 수 있는 것이 천인합체(天人合體)라는 것을 계시로 내려 받았었다.

과연 진짜 천궁세계로 올라가는 것인지, 아니면 내가 인간들과 생령들(영혼들), 사령들(조상들)을 상대로 현혹하고 있는 것인지 현실로 확인할 길이 없었지만 그냥 믿고 20년째 진행해 오고 있었다.

인간의 눈으로는 아무리 보려 하여도 보이지 않는 세계이고, 영적으로만 보이는 세계이기에 인간들에게는 진실한 믿음 없이는 다가서기 어려운 세상이 하늘세계와 사후세계의 진실인 것이 사실이기에 가짜로 오해받기 십상이다.

수많은 사람들과 종교인들이 도솔자미천 천궁과 나를 가짜라고 무수히 매도하여 마음의 상처도 많이 받았고, 곤혹스러운 지옥 같은 고난의 세월도 있었다.

13년 만인 2018년 4월 22일(일요일)에 조상입천과 함께 천인합체가 진짜였다는 엄청난 진실이 전국의 신하와 백성들이 많이 모인 가운데 도법주문회에서 공개적으로 생생히 확인되는 대감동의 순간을 체험하게 되었다.

**생사를 알 수 없었던 두 명의 남녀 천인!**

어디에 가 있을까 궁금하여 이들 두 명의 생령(영혼)을 차례대로 비서실장의 육신으로 하강하라고 불렀더니 즉시 하강하였다. 그동안 죽음 이후의 사연을 말하며 전연은 2017년 3월에 암으로 투병하다 죽자마자 도솔자미천 천궁으로 천룡을 타고 올라갔다고 말하였다.

생기발랄하고 아주 행복한 모습으로 내려와서 애교를 떤다. 전○○ 천인/신인은 미혼으로 36세에 암으로 죽었을 때 머리가 다 빠졌는데 지금은 머리가 자라서 정상이고, 몸이 뚱뚱하였는데 현재 모습은 살이 빠져서 S라인 몸매로 17세의 아름다운 모습으로 예쁜 옷을 입고 있으며 얼굴이 많이 예뻐졌다며 자랑한다. 그리고 도솔천궁으로 입천된 동생도 만나서 놀러 다니고 공원에서 산책도 다닌다고 하였다.

천인합체와 신인합체를 하였는데 왜 암으로 죽었을까? 독자들은 매우 궁금할 것이다. 천상에서 지구로 도망친 역천자가 말해 주는 기운을 그대로 믿고 받아들였기 때문에 하늘의 보호막이 깨져서 악귀잡귀들이 침범하여 암으로 세상을 떠나게 된 것이라고 천상의 신명이 하강하여 알려주었다.

천궁의 모습은 영화나 동화 속에서 그리던 무릉도원 세계 풍경보다도 훨씬 아름답고, 그 어떤 말로 뭐라고 형언할 수 없을 정도의 상상을 초월하는 별천지 세계라고 말했다.

많은 남자들이 따르며 유혹하지만 도도하게 콧대를 높이며 뿌리치는 즐거운 비명을 지르며 행복함을 만끽하고 있단다. 비록 인간세계에서는 아주 짧은 36세의 생으로 마감하였지만 살아서는 천인의 신분이었기에 죽어서는 별도의 입천의식이나 굿과 천도재를 행하지 않았어도 천궁에 올라갈 수 있었던 것이니 천인합체의 신비로움을 생생히 확인하였다.

**상상초월의 신비로운 도법주문회!**

하늘이 내려주시는 신비로운 천지기운의 실체를 온몸으로 생생히 느끼고 하늘이 실제 존재하심을 스스로 확인할 수 있는 경이로운 도법주문회는 인류 역사상 처음이다. 자신들이 하늘이나 천자라고 자칭하는 종교인들이 지구촌에 엄청 많다.

스스로가 하늘이나 천자라고 주관적으로 주장하는 것은 신빙성이 없고, 남들이 감동으로 인정해주어야 한다. 스스로 주장하는 것은 누구나가 할 수 있지만 남들이 인정해 준다는 것은 그리 쉬운 일이 아니다.

하늘이 실제로 존재하시는데 무엇으로 입증하느냐가 가장 큰 문제이고 이슈이다. 말이나 글로서는 얼마든지 속일 수 있기 때문에 검증하기가 매우 힘들고 현실적으로 어렵지만 각자들의 온몸을 통해서 느껴지는 천지기운은 아무도 대신할 수 없고 속일 수도 없다.

각자들이 온몸의 세포를 통해서 천지기운을 받아 느끼는 하늘의 강렬한 기운은 연출과 거짓이 통하지 않는다. 말이나 글이 아닌 천지기운으로 하늘이 실제로 존재하심을 만 세상에 보여주고 있다.

그래서 위대하신 하늘은 천지기운으로 만나는 것이지 화려한 말이나 유창한 글로 만나는 것이 아니다. 악귀잡귀 가짜 하늘이 진짜 하늘로 변신하여 활개 치는 세상이다 보니까 불미스러운 일이지만 하늘도 인간들, 조상들, 생령들, 사령들, 신명들에게 검증을 받아야 할 난처한 입장에 처해 계시지만 충분히 이해하실 것이다.

이 모두가 가짜 하늘이 세상을 지배통치하고 있기 때문에 어쩔 수 없는 상황이다. 매주 일요일 열리는 도법주문회에서 하이라이트는 1시간 동안 각자들이 스스로 하늘의 천지기운을 받아서 실제로 직접 느끼고 체험할 수 있는 시간이 주어지고, 그 이외 시간에는 각자들의 생령들과 사령들을 불러서 대화를 나누는 시간이다.

도법주문회의 또 다른 하이라이트는 인류 최초로 자신의 생령과 만나고, 사령이 되어 천상궁전으로 입천된 각자의 조상들을 불러서 만나는 시간인데 전국 각지에서 모인 수많은 사람들이 지켜보는 가운데 공개적인 자리에서 진행된다.

## 생사령들의 마지막 종착역

인류가 수천 년 동안 줄기차게 외쳐온 구원은 왜 안 되는 것일까? 정작 인류가 받들어 숭배하고 있는 석가, 예수, 마리아, 야훼(여호와), 상제는 구원받지 못하고 추위와 배고픔에 떨며 허공중천 구천세계를 떠돌아다니다가 왜 하늘과 땅으로부터 소멸이라는 사형선고를 받게 된 것일까?

숭배자들로 추앙받고 있는 모두가 사후세계에서 하나같이 추위와 배고픔으로 비참하게 허공중천을 떠돌아다니고 있다는 진실을 각 종교에 다니고 있는 신도들은 전혀 믿어지지 않을 것이고, 비참하게 지내고 있다는 진실을 몰라서 세계 인류 모두가 종교에 속을 수밖에 없었다.

인류를 구원해 주겠다고 수천 년 동안 종교를 통해서 전해진 성인성자들이 왜 자신들은 구원받지 못하고 하늘로부터 버림받았을까? 결국 하늘과 천자를 사칭한 대역죄를 지었고, 반대파의 앞잡이 역할을 하였기에 구원을 받을 수 없었다.

진짜 하늘께서 이미 종교로 하강하셨더라면 이 땅에 천궁이 세워질 필요가 없었을 것이다. 그리고 하늘께서는 이 땅에 인간 육신으로 하강하신 적이 한 번도 없었다고 하시었다. 만약에 그 어떤 종교 숭배자나 종교 창시자 육신으로 하늘께서 하강하신 적이 있으셨다고 가정한다면 이 세상의 모든 종교가 잘못되었다고 전하는 내가 벌을 받아야 한다. 그리고 지금까지 행한 의식들이 가짜여야 하는데 진실임이 검증되었다.

그리고 인류가 태어나서 지금까지 아무도 알아내지 못한 천상세계의 비밀을 적나라하게 밝혀주고 계신 것은 지구상의 그 어떤 종교세계에서도 불가능한 일이다. 하늘의 명 대행자이자 화신으로서 수많은 신명, 생령, 조상들과 실시간으로 대화하며, 이들에게 명을 내릴 수 있다는 것은 내가 능력자가 아니라면 절대로 불가능한 일이다.

수천 년부터 세상에 비기와 예언으로 알려진 말세에 성군(미륵, 재림예수, 정도령, 진인)이 출현하여 인류를 구원한다는 말이 있다. 그리고 인류는 어떻게 구원한다는 것인지 알지 못하고 있는데 그것은 천상으로 오르고 싶어 하는 생사령들과 신들을 구원하는 일이었다.

이들을 구원하는 것은 각자들의 인간 육신이 이곳에 들어오면 된다. 인간 육신들이 천궁에 들어오면 나는 그대들의 몸 안에 있거나 허공중천을 떠돌아다니는 생령들과 신들을 불러들여 교화하여 구원할 수 있는 신비의 능력을 갖고 있다.

그것은 내가 명을 내리는 즉시 신명들이 지구 그 어느 곳에 있든지 거리에 상관없이 생사령들과 신들을 즉시 불러들여서 내 앞에 대령시키기 때문이다. 참으로 신기하고 꿈만 같은 일들이 현실로 일어나고 있다.

**세상의 인류는 상상조차도 할 수 없는 일이다.**

이제 인류는 종교세계에 더 이상 다닐 필요가 없기에 종교로 인해서 사기당해 마음 아파하거나 속을 염려가 없어졌다. 어마어마한 천상의 진실을 전하는 도솔자미천 天宮(천궁)의 존재가 본격적으로 세상에 알려지면 지구촌의 종교세계는 자연적으로 무너져 내려 문을 닫을 수밖에 없기 때문이다.

수천 년의 세월 동안 이 땅에서 생사령들을 기만하고 울렸던 종교세계가 그 얼마나 많던가? 그러나 천상세계와 사후세계의 진실을 인류가 알지 못하고, 확인할 수 있는 능력도 없기 때문에 세계 인류는 종교인들에게 속은 줄도 모른 채 3,000년 이상 종교 역사가 이어지고 있는 것이다.

**종교 멸망을 예언한 내용이다.**

석가의 기운은 3,000년이고, 예수의 기운은 2,000년이라 말했는데 이제 드디어 종교가 종말을 고하는 마지막 시점에 도달하였다. 불교는 북방불기와 남방불기로 나뉘는데 불기는 올해가 3,044년째이고, 남방불기는 2,562년째이다.

석가의 시대를 482년 더 연장시키고자 남방불기를 쓰고 있는 것은 3,000년을 기점으로 석가의 시대가 막을 내리고, 미륵시대가 열린다고 누군가 예언했기 때문이다.

북방불기로 석가의 기운이 끝난 시점은 44년이 지났고, 예수는 18년이 지났다. 그런데 내가 2001년 2월 4일 03시 28분 입춘 절입시간에 하늘의 기원인 天紀(천기) 元年(원년)을 선포하여 지금 천기 18년을 맞고 있다.

## 말하는 대로 이루어지는 도법세상 개막

나는 말하는 대로 이루어지는 말법세상의 도법주문 창시자로써 천상 자미천궁에서 대우주와 삼라만상의 천지만생만물과 천지인을 천지창조하신 절대자 하늘이신 영혼의 부모 태상천존 자미 천황태제 폐하, 도통을 주관하시는 도통천존 도솔천황 폐하, 금전(돈)을 주관하시는 재물천존 옥황천황 폐하의 황명을 받고 "도법천존 천지인황"이란 관명을 하사받아 이 땅으로 내려와 인류를 구원하고 있다.

여러분 육신과 생령, 사령, 신명들에게 생소한 지상 도솔자미천 천궁과 천상에서 구원자로 내려온 도법천존 천지인황이 진짜 구원자이냐? 가짜 구원자이냐를 알아보는 것은 나의 말과 글이 아니라 하늘께서 내려주시는 천지기운으로 확인하는 길밖에 없을 것이다.

종교세계에서 수천 년의 세월 동안 인간, 생령, 조상, 신명들을 구해준다고 속여 왔기에 이 세상 그 어느 누구의 말도 믿을 수 없는 불신의 세상이 되었다. 수천 년을 속아왔는데 더 이상 속을 필요는 없지 않겠는가?

천상의 신비로운 천지기운이 내리는 도법주문회!

그래서 더 이상 종교세계에 속지 말라고 매주 일요일마다 1

시부터 6시까지 천상의 하늘께서 내려주시는 천지기운을 받고 체험하는 신비의 도법주문회를 개최하고 있으니 회원으로 가입하면 참석할 수 있고, 진짜 하늘이 계심을 온몸의 천지기운으로 직접 느껴볼 수 있다.

하늘의 천지기운이 온몸으로 느껴지고 진짜라는 확신이 서면 그때 독자 여러분의 조상님들을 천상궁전으로 구원해서 보내드리는 조상입천의식을 기쁜 마음으로 행하면 된다. 각자가 온몸으로 직접 느끼는 천지기운 만이 진실이기에 앞으로는 그 어느 종교인들의 현혹하는 말도 믿을 필요가 없다. 앞으로는 더 이상 종교인들의 먹잇감이 되지 마라.

누구나 말이나 글은 얼마든지 상대방을 속이며 가짜를 진짜로 포장할 수 있지만 여러분 몸 안에서 구원받아 천상 도솔자미천 천궁으로 돌아가야 할 생령과 사령들이 느끼는 하늘의 진짜 천지기운은 아무도 속일 수가 없다.

회원가입은 기본 3개월 단위이고 주 1회 참석할 수 있다.

지금 종교세계 안에서 말법시대의 구원자이신 영혼의 창조자 하늘의 천지기운이 어떤 종교의 어느 종교인 몸으로 더 많이 내려왔는지를 찾으려고 이 종교 저 종교로 몰려다니고 있는 것이 종교세계의 현주소이다. 하지만 안타깝게도 종교세계로는 하늘의 진짜 천지기운이 안 내려간다는 진실을 모르고 있으니 너무나 답답할 뿐이다.

구원자 하늘이 정말 이 땅에 오신 것일까? 정말 궁금하지만 확인할 길이 없었다. 하늘은 형상의 모습도, 냄새도, 소리도 없으신 무색무취의 존재이시기에 인간의 두 눈과 두 귀로는 아무리 크게 눈을 뜨고, 귀로 들으며 찾으려고 하여도 보이지 않고, 들리지 않아 찾을 수 없고, 종교인들이 말로 잘난 척, 유식한 척 떠들어봐야 아무런 소용이 없다.

하늘은 맑고 깨끗한 청아함의 천지기운 그 자체이시기에 온몸의 세포와 생령과 사령을 통해서 하늘의 청아한 기운을 느끼고 마음과 일상생활이 천지개벽하게 바뀌어야 한다.

종교세계가 가짜라고 알려주는데도 전 세계적으로 수많은 인류가 종교세계 안에서 열광하며 머무는 이유가 무엇인지 궁금할 것이다. 가짜인데 가짜를 알아보는 고차원적인 영적 능력의 눈이 없기 때문에 진짜인줄 알고 환상에 빠져 있을 뿐이다.

하늘의 진실이 무엇인지 알아야 가짜인지 진짜인지 알고 판단할 것인데 종교를 믿는 사람들은 하늘의 진실을 판단할 영적 능력이 부족하기에 축생들처럼 종교인들이 시키는 대로 무조건 따라갈 뿐이다.

독자 여러분의 생령과 사령들이 함께 대를 이어가며 수천 년의 세월 동안 종교세계를 열심히 다니고 있는 것은 나중에 진짜가 나타나면 알아보기 위한 영적 세계를 공부하기 위함이었다. 진짜 하늘과 가짜 하늘을 구별하고 가려낼 수 있는 공부과정이라고 생각하면 된다. 하늘의 진실은 말로 현혹하는 것이 아니라 천지기운으로 검증하는 것이었다.

여러분의 영들을 창조하신 하늘은 실제로 존재하시는데 각자의 조상님들처럼 존재는 하시지만 눈에 보이지 않고 들리지 않는 것과 똑같다. 마음과 생각으로 끊임없이 돌아가신 조상님들의 모습이 떠오르듯이 하늘도 각자의 조상님들처럼 기운으로만 존재하시기에 사람들의 눈에는 보이지 않는다.

형상의 모습은 볼 수 없지만 기운으로 느껴지는 것이 위대하신 하늘이시다. 각자의 조상님들은 하늘의 명을 받아 천상궁전으로 오르는 것이 최대의 목표이다.

다시 말하지만 독자 여러분이 어떤 종교세계에 머물며 하늘이 가장 증오하시는 종교숭배자들과 종교 창시자, 교주, 종교지도자들을 믿고 있으면 독자들의 조상님들이나 본인의 생령들은 절대로 천상궁전 도솔자미천 천궁으로 올라갈 수 없다.

전 세계에서 유일하게 하늘의 천지기운을 직접 온몸으로 느껴보게 해주는 곳이 도솔자미천 천궁이다. 그리고 종교를 가진 사람들은 자신들이 구원했기에 천상에서 편히 지내시는 줄 알고 있는 조상님들을 불러서 대화를 나누게 해줄 것이니 직접 확인해보라.

매주 도법주문회에서는 조상상봉을 희망하는 신청자에 한해서 수많은 신하와 백성들이 지켜보는 가운데 조상님들을 하강시켜서 상봉하게 해주는데 상상초월이고 경천동지함 그 자체인데 희비가 엇갈린다. 활기차고 기쁘게 하강하는 조상, 눈물 흘리며 슬프게 하강하는 조상, 주눅 들어서 하강하는 조상 등 모습들도 천차만별 제각각이다.

## 회원으로 가입하면 하늘의 기운 느껴

인류 그 어느 누구도 느껴보지 못한 하늘의 기운은 어떤 것일까 매우 궁금할 것이다. 이곳 천궁은 화려한 언변으로 독자 여러분들을 회유, 현혹, 강요, 억압, 협박하는 곳이 아니고 각자 자신들이 스스로가 기운을 느껴 하늘을 알현할 수 있는 하늘의 천궁 자체이기에 일체의 교리나 경전, 이론이 없다.

이곳 천궁에 회원으로 가입하면 매주 일요일 1시에 도법주문회에 참석하여 하늘이 진짜로 계심을 자신들 스스로가 온몸의 기운으로 느낄 수 있다. 살아서나 죽어서나 근심걱정 없는 하늘의 백성이 되고 싶은 독자들은 방문해서 친견상담을 행하고 소정의 절차에 따라 회원으로 가입하면 된다.

사후세계에서 슬피 울며 살려달라고 애걸복걸하고 있는 자신들의 조상님들을 구원하는 조상입천의식을 행한 사람들은 정식백성의 신분이고 평생 회원자격이 부여된다. 그러나 의식행하기 전에 회원으로 가입하면 정식백성되기 전 단계인 하늘의 예비백성이란 신분이 주어진다.

이 책을 읽어보고도 이해가 안 되는 사람들도 있을 것이고, 반신반의하는 사람들도 있을 것이기에 직접 도법주문회에 참여해서 하늘이 내려주시는 기운을 체험해 보면 된다.

하늘은 말씀을 듣고 믿는 것이 아니라 실제 기운을 느껴 체험하는 것이다. 그래서 이 땅의 모든 종교가 잘못된 것이고, 경전과 교리, 이론으로 세뇌시켜서 신도들을 종교라는 보이지 않는 굴레에 가두어두고, 온갖 구실로 종교 울타리를 벗어나지 못하게 막아놓고 있다.

이곳 천궁은 강요가 없기에 마음에 안 들면 더 이상 다니라고 절대로 회유, 현혹, 강요, 억압, 협박하지 않으며 모든 것을 자율에 맡긴다. 다만 황궁법도가 있기에 예법만 잘 지키면 아무런 간섭을 하지 않는다.

또 다른 종교세계를 펼치는 곳이 아니라 하늘궁전 그 자체이고 무릉도원의 천궁세계를 전하고, 하늘이 실제로 존재하심을 각자들이 온몸의 기운으로 느껴서 체험하게 하는 곳이다.

하늘이 내려주시는 기운이 그 얼마나 강렬하면 제주도, 광주, 전주, 여수, 전남, 전북, 경남, 경북, 거제, 창원, 마산, 김해, 부산, 울산, 포항, 경주, 대구, 대전, 충남, 충북 같은 먼 거리에서 매주 도법주문회에 빠지지 않고 참석하겠는가?

하늘이 내려주시는 기운을 한 번 느껴보면 무아지경의 황홀경에 빠지고, 도법주문회에 참석하지 않고는 견딜 수 없을 정도의 매력을 느낀다. 이 세상 그 어느 곳에서도 느껴보지 못했던 하늘의 기운을 온몸으로 직접 느낄 수 있으니 당연한 일이다. 즉 천지기운으로 하늘을 만나는 경이로운 순간이다. 즉 하늘은 형상으로, 말씀으로 만나는 것이 아니라 신비스런 천지기운으로 느껴서 만나는 것임이 밝혀졌다.

## 조상입천과 천인합체 필수

재벌 회장들의 사후세계를 보고 깜짝 놀랐다. 이병철, 부인 박두을, 손녀 이윤형, 정주영, 정의선 모친 이정화, 박정희, 육영수, 김정일, 처 고영희, 김일성 등 살아생전 내로라하는 거물들의 혼령을 비서실장 육신으로 불러서 대화를 나눈 결과이다.

춥고 배고파서 먹을 거 달라고 통사정하면서 눈물 흘리며 울고 불고들 난리들이었다. 조상입천의식을 행하여 하늘의 기운을 먹지 못해서 동냥질 다니고 있단다. 말하고 싶어도 말할 기운도 없고, 울고 싶어도 울 수 있는 기운조차 없어서 푹 고꾸라지기도 하였다.

조상입천 안 하면 신분의 지위고하를 막론하고 조상들이 춥고 배고파서 동냥질 다니고, 천인합체 안 하고 죽으면 이들처럼 춥고 배고파서 허공중천 떠돌며 비참한 신세가 된다. 자식들 다 소용없다고 뒤늦게 후회한다.

조상들이 지은 잘못부터 용서 빌어야 한다. 매년 또는 수시로 해야 하는 조상굿, 천도재의 관습에서 벗어나 일평생 단 한 번이면 되는 천상의식이 조상입천이다. 그리고 조상입천을 행하면 제사나 차례, 납골, 매장 묘지가 일절 필요 없다.

하늘의 명을 받아 조상님들이 한 번에 천상으로 올라가려면 하늘로부터 입천을 윤허받아야만 가능한데 나를 통해서만 이루어주신다. 입천은 천궁(자미천궁)으로 오르는 고급형이 있고, 도궁(도솔천궁)으로 오르는 일반형 두 가지가 있다.

조상입천은 본인과 배우자의 당대부터 시조까지 직계좌우 조상님들이 일시에 입천되는 천상의식인데 등급이 있다. 등급은 일반입천, 하단입천, 중단입천, 상단입천, 벼슬입천으로 5가지 종류가 있다.

지상에만 신분이 있는 것이 아니라 천상에도 상하서열의 신분이 엄격한 계급이 있기에 입천등급을 어떻게 하느냐에 따라서 조상님들의 신분이 차등으로 정해진다. 조상입천은 한 번뿐이기에 선택을 잘해야 한다. 이해하기 쉽게 군대계급과 비교하자면 아래와 같다.

| 일반형 | 고급형 |
|---|---|
| 일반입천 ==〉 훈련병 | 일반입천 ==〉 준장급 |
| 하단입천 ==〉 이등병 | 하단입천 ==〉 소장급 |
| 중단입천 ==〉 일등병 | 중단입천 ==〉 중장급 |
| 상단입천 ==〉 상등병 | 상단입천 ==〉 대장급 |
| 벼슬입천 ==〉 병 장 | 특단입천 ==〉 원수급 |

입천등급이 낮으면 상전들이 줄줄이 있기에 최대한 높은 등급으로 입천해 드리는 것이 좋다. 군대계급처럼 위계서열이 아주 엄격하기 때문에 등급이 낮으면 그만큼 상전들을 받들어야 하기에 자연적으로 기가 눌릴 수밖에 없다.

조상입천을 행하면 조상님들은 일반천손, 하단천손, 중단천손, 상단천손, 특단천손의 관명을 받고, 그대들은 일반백성, 하단백성, 중단백성, 상단백성, 특단백성의 신분과 계급이 부여된다. 그리고 이렇게 백성의 신분이 되어야만 천인합체, 신인합체, 도인합체를 하늘로부터 명 받을 수 있는 자격이 생긴다.

이곳에서 조상입천을 행하면 축생으로 윤회하지 않고, 천상궁전에서 영원히 살아간다. 조상들이 천상법도를 어기거나 조상입천해 준 자손이나 후손들이 하늘과 나를 원망하고 배신하거나, 능멸하는 역천의 죄를 지으면 입천된 조상들이 몽땅 천상궁전에서 쫓겨나서 지옥보다 천 배나 더 가혹한 천옥도로 보낸다고 한다. 그래서 조상과 자손이 함께 천상천궁 법도와 지상천궁 법도를 어기는 죄를 지으면 안 된다.

1) 조상입천/일반, 하단, 중단, 상단, 특단(사죄의식 포함)
2) 천인합체/하단, 중단, 상단, 특단

※ 의식비용 문의는 상담할 때만 공개(전화로는 비공개)

1) 자기 생령과 만나고 마음을 알고 싶은 사람!
2) 조상님들이 어느 세계에 있는지 알고 싶은 사람!
3) 몸 안에 어떤 귀신이 살고 있는지 알고 싶은 사람!

**※ 궁금한 사람들은 친견상담 예약할 때 신청하면 된다.**

**※ 상담 올 때 배우자, 자녀, 형제, 친구, 애인, 지인 등의 동행자가 있으면 상담 불가하니 주위 사람 그 누구에게도 말하지 말고 단독으로 방문 요망하니 철저준수하고, 하늘의 명을 받아야 할 사명자가 아닌 자들은 영적 차원이 낮아서 비방 비난하며 부정하는 것이 일상적이기 때문이다.**

**※ 상담할 때 누군가를 데리고 온 사람은 지금까지 20년의 세월 동안 한 명도 인연이 안 되었기에 동행을 금지시킨다.**

## 친견상담 예약 안내

친견 예약 전화 ☎ 02) 3401-7400

책을 구독한 후 친견을 원하는 사람은 전화로 방문 날짜와 시간을 3~7일 전에 미리 전화로 예약한 후 방문하면 된다. 친견 시간은 그대들의 사연과 궁금증 정도에 따라 다르다. 친견 비용은 전화로 예약할 때 문의.

친견을 통하여 지금부터 활짝 열리는 무릉도원 세상과 하늘, 조상, 생령, 신명, 인간세상의 진실에 대하여 정확히 아는 시간이 되어 힘들고 외로웠던 지친 인생을 밝고 행복한 삶으로 바꿀 수 있는 귀한 시간이다.

인생은 왜 힘들까에 대한 자세한 해법을 찾게 되는 귀중한 시간이니 지방이라는 거리감과 바쁜 일을 모두 뒤로하고 친견부터 빨리해야 새로운 인생길이 열릴 수 있다. 지구상에서 유일하게 하늘의 문이 열린 곳이다.

# 찾아오는 길

주 소 : 서울 강동구 성안로 118 삼정빌딩 (2층)
서울 강동구 성내 3동 382-6 2/2층 전체

전 철 : 5호선 강동역 3번 출구로 나와서 140미터 직진 후 강동예식장에서 우회전 140미터 앞 화로구이 옆

KTX : 서울역에서 1호선 타고 종로 3가역에서 5호선 환승

SRT : 수서역에서 7.5km, 택시로 약 20분 거리
수서역에서 3호선 타고 오금역에서 8호선 환승

버 스 : 고속버스, 시외버스 이용할 때는 동서울터미널에서 하차하여 택시로 10분 정도 거리

[도솔자미천 천궁 위치도]

## 책을 맺으면서●●●

꽃 피고 새 우는 무릉도원 세상인 천궁과 도궁으로 올라갈 것인가? 아니면 이대로 살다 죽어서 떠나 통치자들과 재벌 회장들처럼 추위와 배고픔에 고통스러워하면서 허공중천 구천세계를 영원히 떠돌아다닐 것인가?

아니면 짐승, 가축, 벌레, 곤충으로 태어나는 무한대 윤회를 거듭할 것인지 셋 중에서 하나를 결정해야 할 시간이 왔는데 선택은 독자들의 몫이다. 죽어서 조폭귀신들에게 매를 맞아 옷도 빼앗기고, 밥도 못 얻어먹는다는 충격적인 진실 앞에 그대들은 어떻게 처신할 것이며 사후세계를 어찌 준비할 것인가?

이제 긴 말이 더 이상 필요 없다. 하늘이 내리시는 명을 받들어 행하여 인간으로 태어나게 해주신 사명을 완수하고 사람답게 살 것인가? 아니면 돈과 권력만 추구하며 하루하루 잘 먹고 잘사는 데만 혈안이 되어 있는 짐승이나 벌레처럼 살아갈 것인지 독자들의 마지막 선택만이 남았다.

그리고 그대들이 일평생을 열심히 믿고 있는 지구상의 모든 종교는 거짓 하늘의 뜻을 전하는 곳이니 하루속히 떠나는 것이 가장 현명한 길인데, 그래도 종교가 좋다고 떠나기 싫은 사람들은 그냥 다니면 된다. 이런 사람들에게는 더 이상 말리지 않는데 종교 안에서는 구원의 기회가 없다.

천상으로 돌아가야 할 영혼들에게 하늘의 길로 가는 길과는 정반대의 길을 알려주어서 진짜 하늘로부터 구원의 명이 내리는 도솔자미천 천궁으로 들어오지 못하게 일평생 동안 교리와 경전으로 철저한 세뇌 교육을 시켜놨으니 죽어서 어찌 심판받을 것인가? 생각만 하여도 끔찍하다.

당사자들은 자신이 전하는 종교사상이 맞는다고 열심히 전해 왔겠지만 하늘이 원하시는 뜻과는 너무나 거리가 멀기에 하늘의 진노를 살 수밖에 없고, 천상의 진실을 왜곡하여 전한 죄에 대한 벌을 피할 길이 없다.

76억 인류의 생령과 사령들에게 하늘을 못 만나게 종교 교리와 이론을 세뇌시키며 전파한 종교 지도자들은 수많은 생령과 사령들에게 얻어맞아 지옥세계의 형벌을 받고 있다.

모진 형벌을 한도 끝도 없이 받을지라도 굴복 안 할 자들인 줄은 알지만, 그래도 하늘께 진정으로 굴복할 수 있는 마지막 기회는 모두에게 한 번씩은 평등하게 준다.

76억 인류는 종교 숭배자들과 종교 창시자, 종교 교주, 종교 지도자들에게 감쪽같이 속았다. 종교인들 자신들도 속은 줄 모르고 잘못된 진실을 전하고 있다는 것을 전혀 알지 못하고 이용당했던 것이었다.

인류를 지배하여 하늘께 대적하려고 대마왕의 종교사상을 전 세계 인류에게 전파하여 마침내 인류의 정신을 지배 통치하는 데 성공하였다. 그래서 종교에 들어가 숭배자를 믿는 자들의 생사령들은 천궁과 도궁으로 오르지 못한다.

이런 진실을 안 이상 세상의 모든 종교로부터 탈출하고, 모든 종교를 배척하는 데 앞장서야 백의민족, 천손민족의 위상을 되찾을 수 있다. 전 세계의 종교세계는 멸문할 것이며 이곳이 전 세계의 중심이 되고 종주국으로 급부상할 것이다.

이 땅에 태어나서 살아서도 죽어서도 절대로 갖지 말아야 할 것이 바로 종교이다. 종교 없는 세상을 세우는 것이 천상의 하늘께서 가장 원하고 바라시는 뜻이다. 종교를 갖는 자체가 하늘과 대적하여 싸우겠다는 무언의 의사표시이기 때문이다.

종교에 다니는 생령과 사령들은 하늘이 내려주시는 좋은 기운을 전혀 받을 수가 없고, 천상 도솔자미천 천궁과 도궁으로 올라갈 수 없다.

– '도를 거느리는 하늘' 도솔천 著 –

**친견상담 예약문의**

도솔자미천 天宮(천궁)

**전 화 02)3401-7400**